빅데이터 시대, 잘 먹고 잘 사는

현대인의 필수 교양 정보 문해력

.

빅데이터 시대, 잘 먹고 잘 사는
현대인의 필수 교양 정보 문해력

초판 1쇄 2023년 9월 1일

지은이 로스 도슨
옮긴이 박영민
발행인 최홍석

발행처 ㈜프리렉
출판신고 2000년 3월 7일 제 13-634호
주소 경기도 부천시 길주로 77번길 19 세진프라자 201호
전화 032-326-7282(代) **팩스** 032-326-5866
URL www.freelec.co.kr

편집 박영주 서선영
표지 디자인 황인옥
본문 디자인 황지영

ISBN 978-89-6540-366-1

빅데이터 시대, 잘 먹고 잘 사는 현대인의

필수 교양 정보 문해력

THRIVING ON OVERLOAD

"정보 과부하에
지지 않는
5가지 힘을
당신에게"

로스 도슨Ross Dawson 지음 | 박영민 옮김

프리렉

나의 멋진 어머니 주디스 도슨Judith Dawson과
친절과 따스함으로 더 나은 세상을 만들어온
모든 이를 기억하기 위하여

추천사

⋮

과학자로서 우리는 이미 정보 과잉 시대에 살고 있습니다. 매주 수천 편의 논문이 발표되며, 그중에 진짜 중요한 논문을 찾아서 읽어야 합니다. 한 사람의 시민으로서 우리는 매순간 뉴스의 바다에서 살아갑니다. 올바른 정보를 현명하게 선택하고, 판별하고, 이해하지 못하면 정보의 바다에 빠져 허우적거리게 될 것입니다. 이 책은 정보 과잉 시대에 살고 있는 우리에게 실질적인 생존 전략을 제안합니다. 마치 정보 과잉 시대를 안전하게 여행할 수 있도록 도와주는 구명보트와 같습니다. 진짜 중요한 정보를 알아보는 지혜와 방법을 터득하여 진정한 정보 마스터가 되어 보세요.

— 원병묵, 성균관대학교 공과대학 신소재공학부 교수

정보의 홍수 시대입니다. 정보의 바다에서 살아남기 위해서 필요한 '정보'가 이 책 속에 담겨 있습니다. 이 정보를 잘 파악하고 학습해서 자신의 것으로 만든다면 삶은 풍성해질 것입니다. 말하자면 이 책은 정보의 바다를 헤쳐 나아가기 위한 생존수영 가이드북입니다.

— 이명현, 과학책방 '갈다' 대표

감당하기 힘든 정보의 바다를 매일 헤쳐 나가야 하는 우리들에게 선박과 지도, 나침반, 구명조끼는 물론 기본 항해술과 물에 빠졌을 때 헤엄치는 법까지 알려주는 책이 있다면 믿겠습니까? 놀랍습니다. 항상 곁에 두고 수시로 참고해야 할 유용한 책입니다.

— 이형열, '과학책 읽는 보통 사람들' 대표

우리는 매일매일 새로운 정보가 활화산처럼 폭발해서 분출되는 시대에 삽니다. 정보들 중 어떤 것들은 내게 이익을 줄 수도 있지만 다른 것들은 피해를 끼칠 수도 있습니다. 이러한 정보 홍수의 시대, 누구나 가져야 할 중요한 능력이 바로 '정보 문해력'입니다. 박영민 님의 알기 쉽고 친절한 번역으로 자칫 어려울 수 있는 책의 내용이 훨씬 쉽게 다가옵니다. 디지털 인공지능 시대가 도래함에 따라 정보 문해력이 더욱 중요해지는 시기, 이 책의 일독을 권합니다.

— 하정우, 네이버 클라우드 소장,
대통령직속 디지털플랫폼정부위원회 초거대 공공AI TF팀장

옮긴이의 글

:

어쩌다 나와 같은 생각을 하는 사람을 만나면 참 반갑지요. 오랫동안 머릿속에서 묵혀온 궁금증을 구체적으로, 혹은 학문적으로 풀어주는 이를 발견하면 와락 끌어안고 싶어질 때가 있습니다. 삶이 힘들거나 일이 막막한 순간에, 생각없이 집어든 책에서 불현듯 새 아이디어를 떠올리고는 희열을 느끼기도 합니다. 저에게 독서의 즐거움은 이런 것입니다. 이 책의 원서 《Thriving on Overload》를 읽을 때도 그런 즐거움을 여러 번 맛보았습니다. 그런데 더 큰 기쁨은 이 책을 번역할 때 찾아왔어요. 많은 사람과 이 즐거움을 함께 나눌 수 있게 되었으니까요. 눈뜨고 일어나면 또 다른 기술이 나타나는 게 당연하게 느껴지는 요즘을 살아내는 여러분에게, 들려드리고 싶은 이야기가 이 책에 가득 있습니다.

아침저녁으로 손에 들린 휴대전화를 보고 한숨 쉰 적 있으신가요? 집중하고 싶은데 마음대로 되지 않아 자책 없이 지나간 날이 없나요? 소란 속에 어떤 정보를 취하고 버릴지 난감하셨나요? 공부나 업무로 잔뜩 쌓인 자료 중 필요한 것을 내 컴퓨터에서조차 찾기 힘들지 않으세요? 미래를 대비하라고들 하면서, 그 방법은 알려주지 않아 답답하지 않으셨나요? 각종 인공지능 서비스가 상용화되는 지금, 내가 기계보다 나은 점을 찾지 못할까 두렵지 않으신가요? 서로 다른 생각과 정보를 가진 타인과 의사소통하는 것이 힘드셨나요? 기술과 정보가 내 삶의 평안을 조여오는 것 같아 무기력에 빠지셨나요? 질문을 읽으며, '어, 이거 난데?'라는 생각을 한 번이라도 하셨다면, 이 책을 잘 선택하신 겁니다.

사실 이 질문 목록은, 미래교육과 디지털 미디어 리터러시, 학습법, 교수법, 과학커뮤니케이션 등을 강의하면서 제가 많은 분으로부터 들었던 고민 중 일부입니다. 이런 현실적인 걱정을 교육자들과 부모들 자신조차 해결하기 힘들다면, 어떻게 자라나는 아이들에게 가르치고 알려줄 수 있을까요? 진화적으로나 교육적으로나 우리는 정보의 격랑을 탈 준비가 되어 있지 않은 듯한데, 과학·기술은 아랑곳않고 재빠르게 발전하고 있지요. 이것이 바로 모두에게 필요한 내용을 담은 이 책의 한국어 제목에 '필수 교양'이 붙은 이유입니다.

이미 퇴직해 유유자적한 삶을 사는 분, 꽤 오래 전 학교를 졸업해 공부와는 거리가 멀다고 느끼는 분, 자기 분야에서 탁월해지고자 하는 분, 새로운 영역을 개척하는 분, 시험과 공부로 힘겨워하는 학생, 책보다 유튜브를 먼저 접하는 아이. 이 중 정보가 전혀 없는 진공상태에서 살 수 있는 사람은 누구일까요? 정보가 숨과도 같은 시대, 우리 모두가 꼭 익혀야 할 것은 정보를 다루는 힘, 즉 '정보 문해력(information literacy)'입니다. 정보 문해력이 무엇이며 어떻게 계발할 것인지, 그 길을 이 책은 '5가지 힘'이라는 체계적인 전략과 방침, 과학적 근거와 구체적인 사례를 들어 제시하고 있습니다.

금방이라도 우리를 집어삼킬 듯한 방대한 지식과 데이터의 격랑을 헤쳐나갈 나침반이 그 어느 때보다 절실한 시기입니다. 이 책은 나침반이 되기 충분합니다. 분명 혼란이 일상이 되고 있는 정보 과부하 시대에 여러분의 가치를 찾을 방법을, 그리고 주체적으로 정보와 의미 있는 관계를 가꾸어 갈 자유를 여러분께 선사할 것입니다.

차례

서문 성공을 배우다

1장 목적의 힘 '왜'를 찾아라

2장 프레이밍(틀짜기)의 힘 생각을 매핑하라

3장 필터링(솎아내기)의 힘 쓸모 있는 것을 가려내라

4장 집중의 힘 의도에 따라 의식을 배분하라

5장 종합의 힘 창의적 통합 능력을 키워라

6장 과잉에서 풍요로 정보 문해력의 다섯 역량을 통합하라

[일러두기]

- 이 책의 [참고문헌 및 출처]는 도서 분량상 당사 홈페이지 자료실(freelec.co.kr/datacenter)에서 별도 PDF로 제공하게 되었습니다. 인용문은 본문에 '숫자 위첨자'로 표기되어 있습니다.

- '역주'나 '편집주'는 *(별표) 위첨자로 표기하고, 각주로 처리했습니다.

- 각 장의 끝에는 스스로의 정보 습관을 돌아볼 수 있는 [퍼즐 만들기] 질문지가 있습니다. 아울러 각 질문지의 뒷장에는 [퍼즐 엿보기]란 이름으로 역자가 작성한 예시 답안을 준비해 두었으니, 원할 경우 참고 바랍니다.

- [부록. 정보 문해력 자료실]은 원서의 '참고 자료(Resources for Thriving)' 섹션을 국내에서 유용하게 활용할 수 있는 자료와 서비스 위주로 정리, 보충한 것입니다.

- 역자 강의를 포함하여, 독자의 이해를 돕기 위한 이미지, 동영상 등의 멀티미디어 자료를 해당 부분에 QR코드로 제공합니다. 강의 QR코드는 일괄적으로 역자 유튜브 채널('되는공부') 재생목록으로 연결되며, 스크롤해 원하는 강의를 찾아볼 수 있습니다. 이 강의는 도서 출간을 전후하여 순차적으로 업로드됩니다.

- 이 책의 그림 일부는 독자의 이해를 돕기 위해 역자가 추가한 것입니다. 다음 QR코드로 접속하면 풀컬러 버전을 확인할 수 있습니다.

성공을 배우다

정보는 이 세상이 살아 움직이게 하는 피와 연료, 즉 생명의 원리이다. [1]
— 제임스 글릭James Gleick,
《인포메이션: 인간과 우주에 담긴 정보의 빅 히스토리The Information》저자

1970년, 앨빈 토플러Alvin Toffler는 저서《미래의 충격Future Shock》에서 현재 사회의 큰 특징을 예견했습니다. 토플러는 사람들이 점점 빨라지는 변화의 속도에 대처할 수 없다는 자신의 주장을, '정보 과잉information overload'이라는 용어로 요약했습니다. "우리는 사회의 일반화된 변화율을 점점 가속화하고 있으며, 그 속도에 사람들이 적응하도록 강요한다. 새로운 상황에 맞닥뜨리고, 짧은 시간 안에 지식과 기술을 현행화해야 하는 일이 점점 잦아진다. 골라내야 하는 선택지의 수도 점점 많아진다. 한마디로 사회 진화 속도가 느렸던 과거에 딱히 그럴 필요 없었던 사람들이 점점 빠른 속도로 정보를 처리해야만 하도록 떠밀려가고 있는 것이다." [2]

정보 과잉이란 개념은 낯설지 않습니다. 미국 정치학자 버트럼 그로스Bertram Gross는 1964년 저서《조직 관리Managing of Organizations》에서 이렇게

설명한 바 있습니다. "입력이 시스템 처리 용량을 초과할 때, 정보 과부하가 발생한다. 의사 결정자의 인지 처리 능력은 상당히 제한되어 있다. 따라서 정보 과부하 발생 시, 의사 결정의 질은 저하될 가능성이 높다."[3] 반 세기가 지난 지금, 그의 예측이 현실화되었다고 해도 과언이 아닙니다.

천재적 컴퓨터 과학자 팀 버너스 리Tim Berners-Lee는 1990년 월드 와이드 웹www, World Wide Web의 기반이 되는 프로토콜을 만들었습니다. 30년 후인 2020년 기준으로 월드 와이드 웹에는 5,000억 개 이상의 웹 페이지가 존재하며, 전 세계에서 50억 명이 넘는 사용자가 인터넷에 즉시 접속할 수 있게 되었습니다.[4] 같은 해에 생산된 데이터는 64제타바이트에 달했는데(64 다음 0이 21개), 이는 10년 전 대비 50배가 넘는 양입니다.[5] 만약 이만큼의 데이터를 책으로 출판한다면, 그 책들을 쌓아올려 지구에서 달까지 3억 번 이상 왕복할 수 있을 것입니다.[6] 정보 생산은 계속해서 기하급수적으로 성장하며, 향후 몇 년 동안 더 놀라운 수치를 보여줄 것으로 예상됩니다.

이렇게 넘치는 정보 중에서도 우리는 아주 작은 부분에만 노출될 뿐입니다. 그럼에도 보통의 미국인이 하루에 소비하는 미디어는 2021년 기준 11시간이 넘습니다.[7] 2019년에는 깨어 있는 시간에는 "거의 끊임없이" 온라인에 접속한다고 밝힌 성인이 인구의 30%를 넘었다지요(10대를 제외하고도요).[8] 우리는 스스로를 인간적으로나 물리적으로나 한계에 다다를 만큼 많은 정보에 노출시키고 있습니다(우리는 틀림없이 더 많은 노출 방법을 찾아낼 테고요!).

뉴스에는 정보에 쉽게 접근하도록 하는 엄청난 장점이 있지만, 맹공격하듯 끊임없이 쏟아지는 뉴스는 많은 이에게 종종 스트레스의 원인이 되기도 합니다. 실제 2020년 초, 66%의 미국인이 엄청난 양의 뉴스로 인해 "녹초가 되는 기분"이라고 응답한 바도 있지요.[9] 이런 중압감은 전 세계적으로 확산되고 있습니다.

이 '정보 탈진' 현상을 저는 세계 곳곳에서 직접 목격할 수 있었습니다. 지난 몇 년간 32개국을 돌면서 금융 서비스와 전문 서비스, 기술, 미디어, 소매, 의료, 교육, 행정 및 기타 여러 분야의 조직에서 기조 연설과 전략 워크숍을 진행한 바 있습니다. 고객들은 내게 매번 산업 현황은 물론 그 산업의 미래를 결정하는 요소가 무엇인지 파악하여, 구체적인 예시를 통해 그들의 독특한 지리적 맥락에서 다뤄주기를 기대합니다. 고객들에게 가치 있는 이야기를 전달하기 위해서는, 광범위한 분야와 영역을 다룬 많은 사이트를 방문해 최신 정보와 뉴스를 알고 있어야 합니다. 업무 미팅에서 제가 가장 자주 받는 질문이 "도대체 어떻게 그 많은 정보를 파악하고 계십니까?"인 것은 놀랍지 않지요.

이 책에서 알려드릴 생활방식과 통찰력은 제가 일생 동안 '정보'에 몰두하여 개발한 것입니다. 25년 전 "정보 과잉 시대에 성공하기Thriving on Information Overload"란 문구를 쓰기 시작했고, 현장의 모범 사례를 공식적으로 연구하고 개발해 왔습니다. 당시 작성한 우리 회사의 첫 제안서는 투자 은행의 트레이더와 분석가들이 무한한 정보로부터 가치를 창출하게 할 방법을 담은 것이었습니다. 그 이후로 20여 년 동안 여러 방법론을 지속적으로 개선해 왔고, 미래학자로서의 제 연구를 반영하기도 했습니다. 그렇게 만들어진 방법론은 저와 제 고객 모두에게 매우 유용했으며, 오늘날 이 세상의 놀라운 변화 속도에도 뒤처지지 않게 해주고 있습니다.

저는 이 방법론에다 귀중한 통찰을 결합할 것입니다. 바로 세계에서 가장 뛰어난 기업가와 투자자, 경영진, 전문가, 작가, 연구자들에게서 얻은 것이지요. 이 사람들을 저는 '정보 대가information master'라고 부릅니다. 정보가 넘쳐나는 세상을 아주 편안하게 느끼는 이들은, 방대한 데이터라는 금광에서 핵심적인 통찰과 효과적인 행동이라는 순금을 캐내어 뛰어난 성공과 결과를 창출해낸 사람들입니다.

그런 통찰력의 주인공들에게는 서로 얽힌 5가지 역량을 최선을 다해 계발했다는 공통점이 있습니다. 그들의 고유한 능력은 오늘날 정보 과잉 세상에서 매우 긴요하게 작용합니다. 이러한 능력은 타고난다기보다, 우리 각자가 구축하고 개선할 수 있는 것입니다. 누구나 다섯 역량을 키움으로써 압도적인 정보 과잉 속에서도 성공을 이뤄내는 법을 배울 수 있습니다.

《빅데이터 시대, 잘 먹고 잘 사는 현대인의 필수 교양 정보 문해력》은 우리의 정체성과 삶, 운명이 정보와의 상호 관계에 의해 결정된다는 기본 전제에서 출발합니다. 인간은 정보로 가득 찬 환경 속에 존재합니다. 정보는 우리가 감각을 통해 받아들이는 모든 것이며, 그 범위와 깊이는 나날이 광대해지고 있지요. 상상할 수 있는 모든 유형의 콘텐츠가 폭발적으로 출현하고 있기 때문입니다. 한 번도 겪어보지 못한 정보 집약적 세상에서 잘 살아가는 법을 우리는 배워야만 합니다. 이 배움은 매우 실용적이며 인류 진화 과정에서 반드시 필요한 부분일지도 모릅니다.

성공을 위한 첫 번째 근본 단계로, 정보 경험에 관한 인식을 바꾸는 것이 어떨까요? 바로 정보 과잉에서 풍요로 말이지요. 풍요abundance에는 반드시 처리할 일 목록이 아니라, 자유롭게 고를 수 있는 선택지가 들어 있습니다. 마음가짐을 바꾼다면 풍부한 정보를 자유롭게 경험하면서, 인류 역사상 전혀 유례없는 선물로 받아들일 수 있습니다. 우리가 살고 있는 정보의 생태를 즐기고, 맛보고, 감상하면서 말이지요.

여러분이 능력을 계발해 수준 높은 선택을 한다면 이 시대의 진정한 화수분을 최대한 활용하게 될 것입니다. 이 책은 바로 그런 능력과 선택의 기회를 여러분에게 제공하고자 합니다.

정보 과잉 시대의 5가지 성공 역량

이 책을 펼친 여러분은 이제 저와 함께 '5가지 성공 역량'을 치밀하게 탐구하는 여정을 출발하게 됩니다. 이 여정을 통해 여러분은 5가지 영역에서 '자신의 능력을 키워 성공할 방법'을 배울 것입니다. 현재 여러분이

그림 0.1 정보 과잉 시대의 5가지 성공 역량

어떤 상태에 놓여 있는지는 문제되지 않습니다. 정보의 홍수에 빠져 허우적대고 있을 수도 있고, 이미 스스로를 '정보의 지배자'라고 여길지도 모릅니다. 어느 쪽이든 여러분의 능력을 높여줄 다양한 관점과 여러 디지털 도구, 통찰력을 틀림없이 얻게 될 것입니다.

이 책의 첫 5개 장에서는 엄청난 변화의 소용돌이 속에서 성공하기 위해 꼭 필요한 역량을 소개합니다(그림 0.1 참고). 서로 분리될 수 없는 이 다섯 역량은 하나의 유기체를 이루는 부분입니다. 이 힘들이 통합적으로 함께 발휘될 때 각 역량을 단순히 모아둔 것 이상의 초능력이 탄생해, 여러분을 정보의 홍수에 휩쓸리지 않고 우뚝 서게 해줄 것입니다.

▌역량 1. 목적 | Purpose

정보가 넘쳐나는 세상에서는 정보와의 관계를 의식적으로 개선하는 일이 필수입니다. 그러자면 '왜' 우리가 끊임없이 쏟아지는 정보의 흐름을 따라 잡으려는 것인지, 분명한 목적이 있어야 합니다. 정보를 접하는 동기를 이해함으로써 일상생활에서 올바른 정보 습관과 관행을 형성할 수 있습니다.

우리 삶에는 정보에 참여하는 목적을 살펴볼 만한 여섯 영역이 있습니다. 바로 정체성, 전문지식, 창업, 사회 공동체, 웰빙 그리고 열정입니다. 이때 변치 않는 영구적 목적을 설정하는 것이 아님에 주의하세요. 정보 탐구를 지속적 여정으로 삼아 여러분이 원하는 바를 구체화하고, 가고자 하는 길을 밝히는 것이 목표입니다.

많은 경우 전공분야를 선택하는 순간, 진로와 일상생활, 사회에의 잠재적 영향력이 결정됩니다. 사회의 구성원으로서 우리는 어떤 뉴스가 적절한지, 누구의 목소리가 우리에게 중요한지, 선한 영향력 발휘를 위해 어떤 지식이 필요한지 선택할 책임이 있습니다. 1장에서는 여러 가지 '목적'을 탐색해 봅니다. 목적은 정보와의 관계를 개선하고, 여러분의 진로를 더 명확하게 이해하도록 할 것입니다.

▍역량 2. 프레이밍(틀짜기) | Framing

파편화된 정보는 무의미합니다. 습득한 정보가 의미 있으려면 정보 간 관계를 알아야 하고, 일관된 패턴을 식별해낼 수 있어야 하며, 요소 간 연관성을 설명할 수 있는 틀(프레임워크)을 구축할 수 있어야 합니다. 이러한 틀은 관심 분야와 전문지식의 범위를 명확하게 정의하고, 여러분이 어디에 집중해야 할지 알려줍니다. 또 새로운 아이디어와 정보를 마주칠 때 맥락적 틀 안에서 파악할 수 있게 합니다. 이렇게 자신만의 생각 지도를 그림으로써, 지식은 급격하게 늘어나게 될 것입니다.

2장에서는 개념 간 연관성을 인식하고 포착하는 다양한 방법을 소개합니다. 우리 두뇌는 관계를 시각적으로 파악하고 처리하는 일에 능숙합니다. 시각적으로 틀을 짜는 것은 지식 생산 과정에서 특히 유용합니다. 사고가 발달하는 과정을 있는 그대로 포착하고 설명할 수 있는 소프트웨어를 활용할 수 있다면, 이렇게 시각적 틀을 짜는 뇌의 활동이 훨씬 효율적으로 이루어질 것입니다.

따라서 이 책에서는 정보를 솎아내고 자신의 전문성과 통찰력을 다듬어줄 틀을 설정하는 다양한 방법을 보여드리려 합니다. 예를 들어 미래의 지평을 시각적으로 표현하기 위해 제가 지난 15년 동안 만들고 수정해온 매우 간단한 절차가 있습니다. 이 방법은 저 스스로의 이해력을 정교화하는 데 매우 유용했을 뿐만 아니라, 수백만 명의 사람들이 적용할 수 있도록 널리 공유되어 도움을 주고 있습니다.

▌역량 3. 필터링(솎아내기) | Filtering

인간의 인지 능력에 한계가 있음은 잘 알려진 사실입니다. 나와 관련된 정보를 발견하기 위해서는 넓은 그물을 던져야 하지만, 두뇌가 처리 못 할 정도로 많은 정보를 수확해서는 안 되겠지요. 나에게 도움되는 정보를 가려내고, 내가 가진 편견을 뛰어넘어 진주를 찾아내는 법을 배워야 합니다.

3장에서는 정보 소비 습관의 기초가 되는 포트폴리오 선택 기준을 하나씩 알려드릴 것입니다. 여기에는 주로 방문할 포털 사이트 선택과 자료 출처의 선별 방법이 포함됩니다. 여러분이 주로 다루는 콘텐츠에 가장 적절한 미디어 포맷(종이, 텍스트, 오디오, 비디오, 대화 등)을 제대로 선택하게 되면, 정보의 옥석을 가리는 능력도 향상될 것입니다.

필요한 정보를 적극적으로 찾아 끌어당기는 전략도 수립해야 하지만, 한편으로 우리 모두는 더 큰 파도가 되어 덮쳐오는 정보의 흐름을 만나기도 합니다. 몰려오는 정보를 솎아낼 필터를 개발해 명확하게 활용한다면, 매일 처리해내야 하는 정보량을 줄일 수 있습니다.

▌역량 4. 집중 | Focus

우리는 중요한 것에 집중하되 그렇지 않은 것에는 주의를 뺏기지 않아야 한다는 것을 알고 있습니다. 그런데 주의력이란 것은 존재 혹은 부재로 나뉘는 단일한 실체가 아닙니다. 밀도 높은 정보에 빠져 통찰력을 끄

집어내고 생각의 틀을 발전시켜야 할 때가 있습니다. 때로는 특정한 정보를 찾아내기 위해 여기 저기 헤매야 할 때도 있지요. 가치 있는 것을 우연히 깨닫게 되는 '우연serendipity의 순간'은 사실 정말 우연은 아닌 경우가 많습니다. 새로운 아이디어와 교묘하게 연결될 상황을 의도적으로 설계하는 기술은 분명 배울 수 있는 것이기 때문입니다. 단, '주의력'이 유한한 자원임을 인식하고, 집중력을 되살리는 방법 역시 익혀야 함을 유념하세요. 정보에서 가치를 발견하는 데 필요한 6가지 집중 모드를 알려 드리겠습니다.

4장에서는 또한 무리하지 않고 목표 달성에 필요한 정보를 찾아내는 정보 루틴 수립 방법과 정보 과부하 세상에서 성공하기 위한 기본 기술인 주의집중력을 키우는 몇 가지 훈련법을 배우게 됩니다.

▌역량 5. 종합 ▎Synthesis

종합이란 파편적인 여러 개념을 연결하고 융합하는 행위로서, 인간이 가진 가장 독특한 능력입니다. 인공지능이 부상해 인간보다 나은 능력을 보이며 여러 영역에서 우리를 대체하기 시작한 최근, 그 가치는 더 커졌습니다. 의미를 지속적으로 찾고 통합하는 행위를 통해서만 우리는 비로소 자신의 전문 분야를 진정으로 이해하고, 새롭게 등장하는 기회를 포착하며, 일상생활과 직장에서 효과적인 의사 결정을 할 수 있을 것입니다.

5장에서 여러분은 종합 능력을 뒷받침하는 필수 요소를 배양하게 될 것입니다. 기본적으로 우리는 새로운 아이디어에 마음을 열 수 있어야 합니다. 이 개방성은 가속하는 세상을 사는 우리에게 큰 장점이 됩니다.

우리가 배울 또 다른 중요한 능력은 창의적으로 아이디어의 연결을 포착하는 것입니다. 이것은 사고능력의 핵심인 머릿속 멘탈 모델을 풍부하게 합니다. 종합 역량이 커지면 궁극적으로 더 나은 결정과 더 성공적인 결과를 이끌어낼 수 있습니다.

마지막 6장은 앞선 5개 장이 전하는 교훈을 한데 모은 것입니다. 정보 과잉이 앞으로 어떤 기회와 어려움을 가져올지 예상해 봅니다. 실제로 인간의 두뇌는 진화하고 있습니다. 이 두뇌를 변화하는 현재와 미래에 더 적합하게 진화시킬 수 있을지 여부는, 바로 우리 자신에게 달려 있습니다.

역설적 결합

'정보 과부하 세상에서 성공하기'란 몇 단계로 간단히 요약되는 도전이 아닙니다. 말이야 쉽지요. 정말 간단했다면 모두가 할 수 있었을 겁니다. 우리는 서로 모순되어 보이는 법칙 사이에서 길을 찾아야 합니다. 예리하게 초점을 맞추는 동시에 광범위하게 살펴야 하지요. 세밀하게 들여다보면서 큰 그림을 볼 수 있어야 합니다. 명확하게 일을 해나가는 한편 불확실성을 인정해야 합니다. 구성 요소를 분석해내고 또 하나로 통합해야 합니다. 논리와 직관을 모두 발휘하세요. 철저하게 분별하는 동시에, 새로운 정보는 편견 없이 받아들여야 합니다.

이 과제는 천문학자이자 과학 커뮤니케이터인 칼 세이건Carl Sagon의 통찰과 일맥상통합니다. "제시된 모든 가설을 철저히 검토하고 의문을 제

기하는 동시에 새로운 개념을 너그럽게 수용하는 사고방식, 이 두 가지 상충되는 요구 사이의 절묘한 균형을 찾는 일이 우리에게 진정 필요한 일이다."[10]

신경과학자이자 철학자인 이언 맥길크리스트Iain McGilchrist는 뇌과학 베스트셀러 《주인과 심부름꾼The Master and His Emissary》에서 좌뇌의 '탐색적 주의력'과 우뇌의 '초점적 주의력'의 상호 보완적 역할에 대해 설명했습니다.[11] 맥길크리스트는 모든 지식이 '좌뇌의 넓은 시야로 보기'로부터 출발해, '우뇌의 세부적으로 이해하기'를 거친 뒤, 다시 '포괄적 견해 확립하기'에 이르는 순환과정을 거쳐 만들어진다고 주장했지요. 우리는 세상을 섬세하게 알아차림과 동시에 큰 그림을 파악하는 행위를 조화롭게 수행해야 하는데, 어느 쪽도 다른 쪽 없이는 의미가 없기 때문입니다.

이렇게 역설적인 인지 과정들을 인식하고 조화시키는 행위는 다섯 역량 영역에서 뛰어난 능력을 발휘하는 토대가 됩니다. 이 책 전반에 걸쳐 이 핵심 주제를 지속적으로 되짚어보고, 다섯 역량을 부분의 합을 능가하는 하나의 유기체로 종합해 나갈 것입니다.

이 책을 읽는 방법

이 책은 모두를 위한 실용서입니다. 누구나 이 광란의 세상에서 자유롭고 행복하도록, 일상생활의 정보 습관을 길러 삶을 더 풍부하고 성공적으로 영위하도록 도울 것입니다.

제가 드리는 조언은 책 전반 곳곳에서 찾을 수 있습니다. 현재 페이지에서 드릴 말씀은, (지금까지 읽은) 책의 첫 부분을 15~30분 동안 다시 쭉 훑어보면서 소제목, 도표 그리고 흥미를 끄는 몇 구절을 곱씹어 이 책 전체가 전하는 의미를 파악하라는 것입니다. 그런 다음에는 (물론 처음부터 끝까지 읽으시길 바라지만) 여러분에게 특히 유용해 보이는 대목을 먼저 들추어보아도 좋습니다. 자신에게 맞는 속도로 읽으세요. 가장 가치 있다고 여겨지는 대목에서는 속도를 늦춰봅니다. 매력적이지 않다면 빠르게 지나가세요.

여기서 얻은 전략과 통찰은 여러분의 실천을 통해서만 비로소 그 가치를 발하게 될 겁니다. 각 장마다 여러분이 직접 채워볼 수 있는 공간이 퍼즐 조각처럼 하나씩 제시되어 있습니다. 정보 습관과 일상의 효율을 높이는 개인 '정보 전략'을 세우는 데 도움이 될 것입니다. 각 퍼즐의 질문은 다섯 역량 영역에서 여러분의 능력을 계발하도록 해줍니다. 1장에서는 정보와의 관계를 정의하고 그 목적을 파악합니다. 2장에서는 쓸모 있는 개념틀 짜기를 시작합니다. 3장에서 정보를 찾는 포털을 선별해서 모아봅니다. 4장에서는 효과적인 정보 루틴을 설계합니다. 5장은 종합 역량을 키우며, 6장에서는 개인 정보 행동 계획을 수립합니다. 여러분의 정보 역량 성숙도와 관계없이 이 책의 퍼즐들을 꼭 풀어보실 것을 권합니다. 정보를 다루는 능력은 현재 위치에서 조금만 향상되어도 큰 효과를 보게 되기 마련이니까요.

이미 정보가 많아 부담스러운 여러분인데, 정보 정리에 관한 이 책이 너무 길어지는 것은 어불성설이죠. 이 책을 최대한 유용하고 간결하게 하기 위해서, 더 많은 공부거리는 책의 말미에 따로 두었으니 희망하는 분들은 참고하세요. [부록. 정보 문해력 자료실]에 더 읽을거리, 동영상, 앱 리스트 등을 포함한 자료가 준비되어 있습니다. 제 웹사이트 thrivingonoverload.com도 방문해 보세요. 책 집필에 활용된 모든 인터뷰를 담은 팟캐스트, 템플릿, 소프트웨어 리뷰, 심층 온라인 강의 등 광범위한 추가 자료를 확인할 수 있습니다.

자유로워지는 법 배우기

원래 인간은 정보를 닥치는 대로 모으는 동물입니다. 이런 특징은 도시와 문명, 기술을 오랫동안 발전시키는 과정에서 큰 도움이 되었습니다. 진보는 항상 선조들이 쌓은 업적에 기반을 두고 이뤄졌기 때문이지요.

의학 발전과 신소재, 신에너지원, 첨단 교통 수단을 비롯해 우리가 만들어낸 엄청난 기술은 이 세상 어디선가 이미 만들어진 것을 지속적으로 활용한 결과입니다. 이러한 인류 진보의 중심에 정보기술이 있었습니다. 수십 년 동안 기하급수적으로 발전한 정보기술은 그 밖의 모든 기술이 서로 융합, 발달하도록 도와왔습니다.

그런 문명 발전의 결과로, 이 세상은 '빠져 죽을 수도 있을 만큼' 정보가 가득 차 있게 되었지요. 이건 어쩌면 인간의 오만에 대한 벌인지도 모릅니다.

저는 정보 과부하 문제를 헤쳐 나감에 있어, 우리 각자에게 근본적인 선택권이 있다고 믿어 의심치 않습니다. 정보 과잉에 압도당하고 말 건가요, 과잉 속에서 자유롭게 성공하는 법을 배울 건가요? 여러분과 저는 어쩌다 전례 없는 변화의 시대에 태어나, 폭발적으로 생성되는 정보에 누구나 접근할 수 있는 환경에 살고 있습니다. 이런 현실을 해결할 문제로 볼 것인지, 성장과 발전의 기회로 삼을 것인지는 우리 개개인의 몫입니다.

자, 이 책에 빠져보세요. 그리고 책 내용을 활용해 강화한 여러분의 역량을 발휘하여, 오늘날의 방대한 정보 과잉 사태에 능숙히 대처할 뿐만 아니라 그 속에서 더욱 크게 성공하길 바랍니다. 여기 소개한 기술들을 잘 이용한다면 분명 여러분과 주변 가까운 이들을 위한 더 나은 삶을 맞이하게 될 것입니다.

목적의 힘

'왜'를 찾아라

프레이밍(틀짜기)
생각을 매핑하라

종합
창의적 통합
능력을 키워라

목적
'왜'를 찾아라

필터링(솎아내기)
쓸모 있는 것을
가려내라

집중
의도에 따라
의식을 배분하라

동떨어진 정보가 난무하는 세상에서, 명확함은 곧 권력이 된다.[1]

—유발 노아 하라리Yuval Noah Harari,
《21세기를 위한 21가지 제언21 Lessons for the 21st Century》 저자

우리는 신기하고 반짝이는 것에 끊임없이 주의를 뺏기고 산만해집니다. 새로운 것에 끌리는 인간의 독특한 성향 탓이지요. 그러나 우리에게는 정보와 점점 더 긍정적인 관계를 구축해 나갈 능력도 함께 있습니다. 정보를 활용하는 목적, 즉 '왜'를 파악하면 정보에 대한 행동 양식을 설계할 수 있기 때문입니다.

'목적바라기'라는 정보 습관은 일과 삶에서 가장 중요한 여섯 영역인 정체성, 전문지식, 창업, 사회 공동체, 웰빙, 열정에서 실천할 수 있습니다. 각각의 목적은 우리가 정보와의 관계를 어떻게 맺어야 할지 인도하고, 그것을 따라 우리는 정보 여정을 시작합니다. 그렇게 찾은 정보를 통해 우리의 의도를 명확히 할 수 있습니다.

각 영역에서 역량을 계발하려면 먼저 기초 지식을 확립한 다음, 새로운 발전 동향을 지속적으로 파악하는 데 집중해야 합니다. 이 과정에는 서로 다른 고유한 정보 전략이 필요합니다.

온 세상에 흐르고 있는 정보라는 급류를 결코 여러분이 필요하거나 원하는 것 이상으로 떠 마시려 하지 마세요. 균형 잡힌 목적을 세우고 내 힘으로 성취할 만한 일만 하는 것, 그것이 바로 '치명적인 과부하'를 '건설적인 풍요로움'으로 바꾸는 열쇠입니다.

∴

　이 책의 목표는 일생일대의 목적 찾기를 거들고자 함이 아닙니다. 그보다는 정보가 삶과 생계유지의 핵심인 세상에서, 여러분이 휘둘리지 않고 번영하도록 돕고자 합니다. 넘쳐나는 정보 속에서 헤매지 않기 위해 없어서는 안 될 첫 번째 단계는, 일과 삶에서 원하는 것이 무엇인지 의식하는 것입니다. 그래야만 내 삶에서 정보가 갖는 역할을 알고, 자신에게 쓸모 있는 정보와 그렇지 못한 것을 식별하며, 가능한 한 가장 생산적인 방법으로 정보를 활용하게 될 것입니다.

　우리는 각자 정보와 어떤 관계를 맺습니다. 마치 돈과 음식, 사랑하는 사람들이나 그렇지 않은 사람들과 관계를 맺는 것처럼 말이지요. 관계의 질은 우리의 사고방식과 태도, 감정, 행동에 드러납니다. 이는 정보와의 상호 작용에서도 마찬가지입니다. 좋은 관계에는 긍정적인 동력이 있어 호기심, 배움의 기쁨, 성장하려는 열망, 헌신하려는 욕구 그리고 충만함이 드러나도록 할 수 있습니다. 그렇지 않은 관계는 파괴적이어서 우리를 위축시키고, 불안, 죄책감 또는 권태에 대한 공포에 휩싸이게 만들지요. 이러한 역학 관계를 이해한다면, 정보와 바람직한 관계를 만들어가는 방법을 배울 수 있습니다.

정보와의 관계 개선은 성공과 삶의 균형을 이루는 데 중요한 역할을 합니다.

　그런데 태곳적부터 이어진 인간 두뇌의 생리학적 특성 탓에, 정보와의 관계 개선은 우리가 생각하는 것보다 훨씬 더 어렵습니다. 최초의 육상

동물 뇌 구조는 매일 먹이를 찾아다니는 데 효과적이도록 발달했습니다. 도파민의 보상 메커니즘에 기반한 이러한 먹이 찾기 행동은 사실 수학적으로 최적의 전략이라 보아도 무방합니다.[2] 영장류에 뒤이어 인류가 진화함에 따라, 기저핵과 같은 원시적 뇌 구조는 전두엽 피질을 포함한 더 복잡한 구조로 보완되었고, 탐색 기능은 한층 개선되었습니다. 그런데 먹이 찾기에 대한 보상인 도파민에서 얻는 쾌락은 훨씬 정교해진 인지 능력에도 불구하고, 인간의 목표 지향적 행동에서 여전히 중요한 위치를 차지하고 있습니다.

인간이 정보에 대해 지닌 독특한 성향을 이해하려던 연구진들은 '정보 채집information foraging'이라는 개념을 창안했고, "인간은 정보 탐색과 수집, 공유, 소비에 있어서 타 생명체의 추종을 불허할 정도로 적극적"이라는 점에 주목했습니다. 그들은 식량 채집 행위의 원리를 이용해, 인간의 정보 처리 방식에도 동일한 도파민 보상 메커니즘이 작용한다는 사실을 알아냈습니다.[3]

오늘날과 같이 누구나 양껏 먹을 수 있게 된 시대에도 인간이 타고난 성향대로 여전히 달고 기름진 음식을 탐하는 까닭에, 선진국 성인 인구의 절반 이상이 과체중 또는 비만인 것으로 나타납니다.[4] 비슷한 맥락으로, 손가락만 까딱하면 어떤 정보든 들어오는 환경에 살면서도 새로움을 갈구하는 도파민 중심의 성향은 만족할 줄을 모릅니다. 그 결과 많은 이가 건강하지 못한 정보 습관을 갖게 되었지요.

"정보 처리 동물"은 인간을 가장 잘 표현한 말입니다. 끝없이 탐구하고, 주변을 이해하려 하며, 무언가 만들어내는 것은 바로 우리의 본성입니다. 정보에 대한 갈망은 모든 문명 발달을 이끈 크나큰 축복입니다. 그러나 정보의 어두운 징후에 저항하지 않는다면, 이 갈망은 저주가 되어

버릴 수도 있습니다. 정보가 무한한 세상에서 자신의 지독한 정보 편애 성향을 어떻게 다루는지에 따라, 삶의 방향은 궁극적으로 결정됩니다.

여러분의 정체성은 다름 아닌 여러분이 소비하는 정보입니다.
어떤 정보를 취하기로 선택하느냐에 따라
여러분은 '내가' 바라는 사람이 될 수도, 타인이 바라는 사람이 될 수도 있습니다.

정보 중심 사회에서는 정보 습관 통제력이 외부 요인에 영향을 받아 우리에게 크게 불리하게 작용할 가능성이 있습니다. 불과 2007년까지만 해도 세계 시가총액 상위 10대 기업에 속한 정보기술 기업은 마이크로소프트뿐이었습니다. 그런데 2021년에는 상위 10대 기업 중 8곳이 기술 기업으로 나타났고, 이는 심지어 애플의 최대 주주로 있는 버크셔 해서웨이와 자율주행차 기업 테슬라를 제외한 수치입니다.

그 결과 "나"가 상품이 되는, 더 정확히는 나의 주의와 관심사가 가장 높은 자산가치를 갖는 경제가 탄생했습니다. 지구상에서 가장 선진적이며 기술적으로 앞선 회사들은 여러분의 주의를 낚아채는 기술을 정교화하기 위해 수십억 달러를 지출하고 있습니다. 끊임없이 정보를 찾아다니는 인간 두뇌의 성향을 감안할 때, 우리는 언제나 매력적인 최신 뉴스와 주류 매체나 소셜 미디어, 마케터들이 의도한 정보에 빠져버리고는 합니다. 그러나 이런 결말이 정보 생활의 기본값일 필요는 없습니다. 우리에게는 우리의 정체성과 정보를 다루는 방식을 선택할 힘이 있습니다.

날마다 어떤 정보를 받아들일지 선택하게 해줄 기준이 필요합니다. 정보를 활용하는 목적을 분명히 하는 것은 정보 과잉 속에서 번영할 자유를 누릴 전제 조건입니다. '목적바라기'는 또한 여러분이 이 책에서 곧 배우게 될 나머지 역량들을 계발하고 적용하기 위한 바탕이 됩니다.

사람들은 저마다 정보를 활용하는 나름의 이유가 있습니다. 이를테면 잘 살기, 호기심 충족하기, 잠재력 높은 벤처 창업하기, 국가 현황 파악하기, 관심 주제 배우기, 투자 성공하기, 선한 영향력 미치기 등이 있을 것이고, 단순히 재미를 원할 수도 있을 겁니다. 누구에게나 자신의 욕망과 목표가 있는 법이지요.

정보와의 관계를 형성하기 위해서는
정보를 활용하는 목적('왜')과 정보 습관 및 일상 업무의 방법('어떻게')을
명확하게 이해해야 합니다.

'목적purpose'이라는 단어는 상당한 무게를 지닙니다. 자기계발 전문가들이 인생의 목적 찾기를 끊임없이 역설하는 것을 보아도 알 수 있지요. 우리 모두는 "태어난 이유"를 찾아냈든 아니든 날마다 의도를 갖고 행동하긴 합니다. 그러면서 깨어 있는 시간 중 상당 부분은 무수히 다양한 형태의 정보를 다루는 데 소비하고 있지요. 그러므로 정보와 함께 하는 여정이 우리를 잘못된 길로 이끌지 않게 하려면, 우리가 '왜 이렇게 하는지'를 아는 것이 필수적입니다.

의도를 명확히 하세요. 그러면 여러분에게 가장 이로운 정보와의 관계를 제대로 규정할 수 있을 것입니다. 여러분의 정보 습관은 여러분만 가진 고유한 우선순위에 따라 형성되어야 합니다.

보통 사람들이 정보와 갖는 관계를 다음 6가지 기본 영역 안에서 생각해볼 수 있습니다(그림 1.1). 또 우리는 하나가 아닌 여러 가지 목적을 가지고 있지요. 이 장에서는 자신의 의도를 어떻게 파악할 수 있는지, 그

방법을 알아볼 예정입니다. 그 목적은 딱 하나, 여러분이 정보를 보다 유용하게 활용하도록 지원하는 것입니다. 다만 이 여섯 영역이 반드시 모든 사람에게 의미가 있다고 생각하지는 마세요. 그 외의 영역을 더 중요하게 여길지도 모르니까요. 이 장 마지막에 있는 퍼즐을 만들며 여러분 자신에게 가장 의미 있는 것이 무엇인지 되돌아볼 수 있을 겁니다.

앞으로 4개 장에 걸쳐 정보와의 긍정적인 관계를 영위해 나가는 방법을 살펴볼 것입니다. 그에 앞서 이 장에서는 여러분의 '왜'를 파악하고자 합니다. 정보를 다루는 이유를 아는 것은 개인의 목표 달성을 위해 꼭 필요합니다.

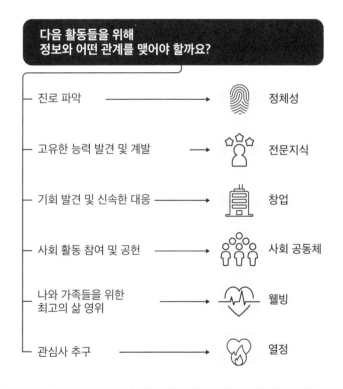

그림 1.1 정보와의 관계를 규정하는 6가지 기본 영역

이때 관건은 여러분 스스로 정보의 활용 목적과 이유가 바뀔 수 있음을 인식하는 것입니다. 여러분도, 여러분이 살고 있는 세상도 변화하고 있습니다. 세상의 변화 속도가 신나게 느껴질 수도 있고 두려울 수도 있지요. 사실 뉴스나 발전상, 혹은 새로운 통찰에 촉각을 세우는 것은 자신의 진로를 명확히 하고 발전시켜 나가기 위해 중요한 일입니다.

생활 속에서 자기 목적을 갖고 정보를 찾아내며,
찾아낸 정보로 목적을 더 구체화하는 선순환 구조를 구현하세요.

학습하면서 우리는 무엇을 배우고자 하는지 알아차리게 됩니다. 이 원리는 정보와 상호 작용하는 모든 영역에 적용 가능하며 정보와의 건설적 관계를 촉진하는 모든 요소로 확장됩니다. 이 원리의 중요성은 여섯 영역 중 가장 핵심적인 것, 즉 정체성을 키워나갈 때 가장 분명해집니다. **정체성**이란 자신에 대해 이해하고, 자신의 포부와 사회 내에서의 역할을 파악하는 것을 뜻합니다.

정체성 | Identity

여러분은 인생이 흘러가는 궤적을 의심해본 적이 있나요? 꼭 해보셨길 바랍니다. 자신의 길을 찾는 유일한 방법은 탐험이라는 여정으로, 이 여정의 본질은 경로를 이따금(혹은 자주) 벗어났다가도 결국 깨달음에 이르는 것에 있습니다.

저는 커리어를 쌓는 동안 걸어가는 길뿐 아니라, 제 자신에 대해서도 의심한 적이 수없이 많았습니다. 당시 '잘나가는' 직업을 갖고 있었는데도, 업무(근무 환경은 더욱)는 저와 너무나도 맞지 않았던 것이죠. 돌이켜 보면 당시 저는 스스로를 "물 밖에 나온 물고기"에 종종 비유하곤 했습니다. 과연 제가 바라는 삶을 이룰 수 있는 위치에 있는 것인지 의심스러웠지요. 저에게 맞는 올바른 길을 찾을 수 있을지 고민하면서, 흥미나 성취감이 결여된 지극히 무료한 삶을 살게 될지 모른다는 두려움에 힘들었던 순간도 있었습니다.

사업을 시작하고 그 어느 때보다 제 운명을 스스로 결정하게 된 후에도, 자신에게 진실한 태도를 유지하는 것이 늘 쉬운 일은 아니었습니다. 지식 기반 관계를 다룬 첫 번째 책을 출간한 후, 많은 기업으로부터 주요 고객 프로그램 개발과 고위 관계 임원 코칭에 협력해 달라는 요청을 받았지요. 저는 제 업무가 매우 가치 있음을 굳게 믿었지만, 그렇다고 그것이 깊은 영감을 불러일으키지는 않았습니다. 그래서 저는 기업의 수요가 많았음에도, 그 분야에 안주하며 실질적인 사업을 구축하려는 유혹을 뿌리쳤습니다. 대신 오롯이 미래를 연구하는 학자가 되려는 꿈에 불타, 리더들의 비전 강화와 미래 설계를 지원하는 전혀 새로운 회사를 설립하게 되었습니다. 이 여정에서 수많은 가능성을 탐색하고 다양한 길을 시도하면서 제 삶의 궤적은 한층 뚜렷해졌지만, 여전히 탐험의 여정은 계속되고 있습니다.

"나는 내 행동을 통해 진정한 자아를 알게 된다."[5] 경영학 교수 허미니아 아이바라Herminia Ibarra의 말입니다. 우리 인생의 항해는 자신에게 딱 맞는 일을 찾으려는 다양한 시도를 하는 과정입니다. 그 과정을 통해 내가 무엇을 잘하는지, 언제 만족하고 기뻐하는지를 발견할 수 있습니다.

한 걸음 한 걸음마다 눈앞에 펼쳐진 길이 보인다면, 그것은 나의 길이 아니다.
한 걸음 한 걸음 내딛을 때마다 직접 만들어가는 것,
그것이 바로 나의 길이다.[6]

-조셉 캠벨Joseph Campbell

만일 인생에서 이루려는 목표와 세상에 미치려는 선한 영향력이 무엇인지 뚜렷이 이해한다면, 여러분은 축복받은 사람입니다. 어느 정보가 자신의 의도에 부합하고 어느 정보는 무시해도 좋을지 분명해지므로, 정보를 솎아내기가 훨씬 쉬워지기 때문입니다. 자신의 존재 이유를 실현하는 데 전적으로 집중할 수 있을 테죠. 그러나 자신의 정체성과 목적을 찾는 것은 대부분의 사람에게 평생이 걸리는 아주 큰 숙제기 마련입니다.

여섯 살 재클린 노보그라츠Jacqueline Novogratz는 세상을 바꾸겠다고 결심했습니다. 하지만 방법을 몰랐지요. 전 세계를 여행할 기회가 있다는 이유만으로 일단 은행원으로 커리어를 시작했습니다. 남아메리카에서 일하던 노보그라츠는 빈민가의 생생함과 활기에 매료되었고, 그곳에서 기존 은행 시스템을 불신하여 은행 도움 없이 기업을 운영하는 뛰어난 지역 사업가들을 만났습니다. 이런 해결되지 않은 니즈에서 영감을 얻은 노보그라츠는 르완다에 마이크로파이낸스(소액 금융 기관)를 설립했고, 또 여러 어려움을 극복해 글로벌 비영리 단체인 어큐먼Acumen을 세웠습니다. 어큐먼은 혁신적인 사회적 기업들에 총 1억 달러 이상을 투자해 극심한 빈곤에 처한 3억 명 이상을 지원했습니다.[7]

어느 졸업식 축사에서 노보그라츠는 이렇게 역설했습니다. "우리는 단순한 해답, 성공으로 가는 명확한 경로를 찾습니다. (…) 하지만 인생이 그렇게 흘러가지는 않습니다. 끊임없이 답을 찾으려는 대신, 질문하는 삶에 익숙해지기를 바랍니다."[8]

자신의 길을 찾는 여정을 있는 그대로 받아들이면, 피할 수 없는 좌절이 있더라도 여정 그 자체가 길을 찾아내는 순간만큼이나 보람될 것입니다. 이는 곧 자신에게 울림이 있는 목적을 찾아내기 위해 더 넓은 범위의 경험과 가능성을 탐색할 수 있으며, 또 그래야 한다는 뜻입니다.

이 같은 호기심은 인류의 모든 발전과 학습의 중심에 있는 본질적인 동기입니다. 지식 탐구 자체가 순수한 목적이 되는 행위야말로 인간의 고귀한 동기에 부합하며, 최고의 혁신은 여기에 덤으로 따르는 멋진 선물임이 분명합니다.[9] 진정한 자아를 발견하고 싶다면, 여러분에게 매력적으로 다가오는 것을 그저 따라가세요. 삶의 목적과 방향을 명확히 하려는 결심은 곧 세상을 탐구하는 원동력이자 충분한 자격입니다. 이것이 바로 더 넓은 세상을 누빌 기회를, 삶의 목적이 이미 정해졌다고 생각하는 사람들이 아닌 여러분에게 허락해줄 테니 말입니다. 정보와 아이디어에 대한 탐구심은 여러분이 에너지를 쏟을 곳을 찾아가는 과정에 불을 지펴줄 것입니다.

인생의 목적에 대한 확신이 어느 정도이든, 최대한 명확하게 표현하도록 노력하세요. 그 목적이 당장 알맞은지 여부는 중요하지 않습니다. 더 매력적인 목적을 찾게 되면 바꿔 채울 자리를 일단 표시해 두는 것입니다. 목적에 대한 잠정적인 아이디어만 있더라도, 쓸모 있는 정보의 종류와 목표 달성에 도움이 될 행동을 분명히 파악할 수 있습니다. 정보 탐색의 여정을 자신의 정체성과 인생 목적을 밝히는 항해라 생각하세요.

전문지식 | Expertise

여러분의 정보 습관을 형성하는 가장 영향력 있는 요인은 바로 '전문 분야 선택'입니다. 특정 분야를 엄격하게 정의하고 그 분야의 깊이 있는 지식을 쌓아가는 것은 기하급수적으로 발전하는 지식을 따라 잡을 수 있는 유일한 방법입니다. 범위가 지나치게 광범위하다면, 보다 전문적인 다른 사람들이 여러분을 당연히 앞서 나갈 터입니다. 자신의 전문 분야를 선택하고 발전시키는 것은 경력 개발뿐 아니라 정보와의 관계에서도 중추적인 역할을 합니다.

2009년 잡지 〈와이어드Wired〉의 편집장이었던 크리스 앤더슨Chris Anderson은 자신의 열정을 좇아 3D 로보틱스3D Robotics란 드론 회사를 창업했습니다. 앤더슨은 공동 설립자로 누가 필요한지 정확히 알고 있었습니다. 당시 드론 매니아 커뮤니티 'DIY 드론스DIY Drones'를 운영하던 앤더슨은 그곳에서 드론 제작의 실제에 대한 굉장한 지식을 공유하고 있던 조르디 무뇨스Jordi Muñoz를 만났습니다. "무뇨스는 그 누구보다 뛰어난 회원"이었다고 앤더슨은 기억합니다.[10] 알고 보니 무뇨스는 멕시코 티후아나에 사는 10대 학생이었습니다. 이 소년은 자신의 모든 에너지와 지적 능력을 쏟아부은 끝에 (스스로 '구글 박사Google PhD'라 자부할 만큼) 독학만으로 이 매혹적인 신흥 기술 분야의 세계 최고 전문가로 거듭났고, 이내 빠르게 성장하는 드론 회사의 사장까지 된 것입니다.[11]

스스로 제너럴리스트(박식가)라고 자부하는 사람들도 있지요. 점차 가속화하는 세상에서 잡학다식하기란 매우 힘든 일이지만, 제너럴리스트의 관점을 갖는 특권을 놓치지 마세요. 그러려면 도리어 스페셜리스트,

즉 특정 분야 전문가가 되는 길밖에 없습니다. 세상을 폭넓게 이해하려면, 하나가 아닌 여러 영역에 대해 깊은 지식을 쌓아야만 합니다. 그때서야 비로소 모든 분야가 서로 어떻게 연결되고 맞물리는지 이해할 수 있기 때문이지요. 저는 제너럴리스트를 자칭할 만하다 생각하지만, 이 역시 오랜 기간 여러 국가의 다양한 산업에서 광범위한 역할을 수행하면서 많은 분야의 전문지식을 쌓아온 경험이 있기에 가능한 일입니다.

전문화가 심화되는 현대에는 한 가지 영역에 국한된 전문성만으로는 부족합니다. 그럴수록 뛰어난 협업 능력이 필요합니다. 어떤 영역이든 개별적인 전문성만으로는 한계가 있습니다. 점점 더 복잡해지고 상호 의존적이 되어가는 세상에서 깊이 있는 전문성의 가치는 다른 분야나 영역과의 관계에서 비롯됩니다. 협업을 촉진하기 위해서는 다양한 분야를 이해해야 합니다. 가장 성공한 기업가와 경영진, 과학자들은 자기의 전문 분야를 보완하기 위해 관심사의 폭을 열정적으로 넓히고 있습니다. 결제대행사 스트라이프Stripe의 억만장자 창업자 패트릭 콜리슨Patrick Collison은 분야를 가리지 않는 독서광이어서, 비즈니스와 고전 문학뿐만 아니라 과학, 역사, 사회, 건강, 영성, 경제, 철학, 기술, 전기에 관한 책도 섭렵한다고 하지요.[12]

경영 컨설팅 회사 맥킨지앤컴퍼니McKinsey & Co를 비롯한 각 분야에서 인정받는 기업이나 조직은 오랫동안 'T자형' 기술, 즉 지식의 깊이와 폭을 겸비한 인재를 발굴해 왔습니다. 그런데 오늘날과 같이 복잡한 세상에서는 두 가지 이상의 전문 분야를 포용하여 이른바 '파이(π)형' 기술을 배양하는 것이 유리할 수 있습니다. 두 다리가 있는 그리스 문자 파이(π)의 형상은 두 가지 전문 영역에서 깊이 있는 이해를 갖는 것을 상징하며, 상단 막대가 나타내는 폭넓은 지식을 보완합니다. 이러한 접근 방식은 T

자형 개인이 한 가지에 집중하는 것과는 대조적입니다. 주의를 두 군데로 분산하면 당연히 얻을 수 있는 지식의 깊이가 다소 줄어들겠지만, 다양한 영역이 고도로 밀접하게 연결된 오늘날의 세상에서 상호 보완적인 여러 영역을 이해하는 것에는 엄청난 가치가 있습니다. 과학과 예술, 비즈니스와 기술, 디자인과 코딩 등이 그 예입니다. 작가 로버트 그린Robert Greene이 말한 것처럼 "미래는 여러 가지 기술을 배워 그것을 창의적 방식으로 결합하는 사람들의 것"입니다.[13]

파이(π)형 인물

전문 분야를 선택하는 일은 평생에 걸쳐 계속되는 여정입니다. 인생에서 상당 시간을 쏟아 쌓아갈 깊이 있는 지식이라면 단순한 흥미를 넘어, 설레고 흥분되며 몰입할 수 있는 것이어야 합니다. 보상이 없더라도 말이죠. 더 깊이 파고들수록 관심은 자연스럽게 커질 것입니다. 여러분이 집중할 전문 분야를 선택할 때는 현재의 수요는 물론이고 미래의 잠재력도 함께 평가해야 합니다. 그 분야의 가치가 시간이 지남에 따라 어떻게 변화해 갈지 오랫동안 지켜보면서요. 자녀를 교육하거나 진로 분야 선택을 지도할 때도 마찬가지입니다. 직업은 사라지기도 하고 새로이 생겨나기도 하며, 아이들 역시 때로는 예상치 못한 방식으로 멋지게 꽃피우리란 사실을 알아야만 합니다.

전문성이 여러분의 삶과 커리어에 미치는 중대한 영향을 고려할 때, 전문 분야를 결정하고 이를 보완하는 폭넓은 지식을 갖추는 일에는 매우 신중을 기해야 합니다. 자, 여러분이 현재 어떤 위치에 있고, 어느 방향으로 가고 있는지 명확히 정의하는 것부터 시작합시다. 자신이 선택한 전문 분야를 발전시키거나 전혀 새로운 영역으로 전환할 가능성을 항상 열어 두세요. 현재의 지식과 그 지식을 개발하는 과정에서 습득한 기술은 앞으로 어떤 일을 하든 분명 도움이 될 것입니다. 이 책을 마저 읽으면서 어떤 분야에서 세계적인 수준의 전문성을 갖추거나 세계를 선도하는 권위자가 되고 싶은지 곰곰이 생각해 보세요. 그에 따라 여러분의 정보 습관을 설계하는 겁니다.

창업 | Ventures

2006년, 페이스북은 월스트리트에서 일하던 23세의 제프 해머바커 Jeff Hammerbacher를 고용했습니다. 데이터 분석팀을 꾸리기 위해서였지요. 이후 급성장하는 소셜 네트워크 성공의 핵심 역할을 해낸 바로 그 팀이었습니다. 해머바커는 나중에 페이스북을 떠나 데이터 플랫폼 회사 클라우데라 Cloudera를 설립했습니다. 이 회사는 몇 년 안에 10억 달러 이상의 가치 평가를 받으리란 해머바커 자신의 예상마저 훌쩍 뛰어넘어 아주 크게 성장했습니다.

해머바커는 "데이터 과학 data science"이라는 용어를 만든 장본인이지만, 이 엄청나게 강력한 기술이 사용되는 방식에는 환멸을 느꼈습니다. "우리 세대의 가장 뛰어난 인재들이 생각해내는 것이 고작 사람들이 광고를 클릭하게 유도하는 방법이라니요."라며 후회하고 좌절했지요.[14] 그는 자신의 능력을 진정 가치로운 분야에 쏟기를 갈망하던 중, 생명의학이 데이터 과학을 적용할 수 있는 이상적이며 "쉽게 흥미를 잃지 않을" 분야라는 생각에 이르렀습니다. 현장을 경험하며 해머바커는 자신의 흥미를 따라야 한다고 더욱 확신했습니다. 당시 마운트 시나이 헬스 시스템 Mount Sinai Health System의 유전학과를 막 맡게 된 친구의 도움으로, 의료 분야에 데이터 과학을 활용해볼 수 있게 된 것입니다.

해머바커는 해당 분야에 관련된 정규 교육을 받은 적이 없었는데, 습득해야 할 지식은 엄청나게 많았습니다. 자칭 독학자답게 해머바커는 필요한 지식을 스스로 찾아 공부하기 시작했습니다. 먼저 교과서와 리뷰 논문을 읽는 데 집중했습니다. 리뷰 논문은 어떤 분야의 연구를 하나로 정리해 주는 효과가 있지요. 그뿐 아니라 해당 분야에서 가장 주목할 만한 주제를 연구하는 사람들과 대화를 나누면서, 스스로 이해의 틀을 만들어 나갔습니다.

해머바커는 이렇게 설명합니다. "리뷰 논문은 저에게 열쇠와 같습니다. 어떤 주제에 대한 좋은 리뷰 논문을 찾으면, 누가 썼는지, 그들의 최근 연구가 무엇인지 파악합니다. 그렇게 저와 유사한 생각을 하는 사람들을 찾아 그들과 대화하고 상호 작용하면서 그 분야의 지도를 그려갈 수 있죠."[15] 이렇게 도메인 매핑domain mapping을 통해 의학 분야의 지식을

리뷰 논문 찾는 법

폭넓게 쌓을 수 있었던 해머바커는 유망한 의료 스타트업을 여러 곳 설립하고 투자하기에 이르렀습니다. 그는 20편의 연구 논문을 공동 저술하기도 하는 등, 의료 데이터와 암 면역 치료의 지평을 계속 확장해 나가고 있습니다.

유망한 스타트업이든 지역사회 이니셔티브든, 창업 초기 단계에서는 정보 전략을 일치시키고, 이해의 틀을 만들어가는 데 집중해야 합니다. 일단 해당 분야의 본질을 파악하면, 정보에 대한 접근 방식은 기민하게 발전하여 관련된 주변 환경 변화와 새로운 기회를 지속적으로 알아차리게 해줄 것입니다.

> 창업에 성공하려면 먼저 해당 분야의 기본 지식을 갖춘 다음,
> 변화하는 내용을 지속적으로 업데이트해야 합니다.

여러분이 창업하며 갖는 야망을 그 범위와 영향력 측면에서 정확하게 정의할수록, 정보와의 관계를 더 효과적으로 형성할 수 있습니다. 창업의 근간이 되는 이론이나 가정은 무엇인가요? 어떤 산업 분야나 지역에서 운영할 예정인가요? 사업 성공을 통해 얻고자 하는 사회적 혹은 비영리적 성과는 무엇인가요? 이러한 질문에 답을 해보고 나면 정보의 관련성 정도를 판단하기 수월해질 것입니다.

실제로 1996년 제프 베조스가 아마존을 설립했을 때 가졌던 장기적 포부를 엿보면 베조스의 회사가 출발점인 서적 산업뿐만 아니라, 급성장하는 전자 상거래 영역의 모든 측면을 면밀히 모니터링해 왔음을 알 수 있습니다.

사회 공동체 | Society

50년 전 출간된 마셜 매클루언Marshall McLuhan의 저서 《미디어는 마사지다The Medium Is the Massage》에 실린 한 명랑 만화는, "시사 문제를 싫어하는 것이 아니예요. 다만 요즘 너무 많아서 문제가 될 뿐이죠."라는 대사로 넘쳐나는 뉴스에 대한 당시 정서를 잘 표현하고 있습니다.[16]

많은 사람이 매일 쏟아지는 정보 속에서도 최신 정보를 놓치지 않으려 합니다. 우리가 속한 사회에 온전히 참여하려면, 세상 돌아가는 상황에

대한 정보를 알아야 하지요. 그래야만 무엇이 더 나은 사회 공동체, 국가, 세계를 만들 것인지, 또 우리가 선택할 수 있는 최선의 기여 방식은 무엇인지에 대한 의견과 근거를 가질 수 있으니까요. 따라서 우리는 무엇을 통해 사회를 이해하고 있는지에 주의를 기울여야 합니다. 가능하면 사람들의 일상적 경험을 직접 듣기를 바랍니다만, 불가피하게 주류 언론을 참고하게 되지요. 이런 경우 매우 신중하고 선별적인 태도를 취해야 합니다.

우리가 뉴스를 소비하고자 하는 이유가 무엇인지, 그것이 과연 우리를 더 나은 삶에 이르게 하는지 깊이 생각해 보는 것은 통찰력을 얻을 수 있는 훈련입니다. 뉴스와 긍정적인 관계를 최대한 쌓아가기 위해서는 뉴스를 접하는 개인적 동기를 이해하는 일이 필요합니다. 정보에 입각해 투표권을 행사하거나, 의견을 표출하는 민주 시민이 되기 위해서인가요? 친구들과 세계 정세에 대해 지적인 대화를 나누기 위해서인가요? 여러분이 속한 공동체를 지원하는 방법을 알고 싶은 건가요? 인류의 현 상황이 그저 궁금한가요? 많은 사람이 뉴스와 역기능적 관계를 맺고 있는 지금, 의도를 명확히 해야만 여러분의 목적에 가장 부합하는 행동을 취할 수 있습니다.

여러분의 삶을 지배하려는 뉴스의 영향력에 굴복하지 않으려면,
여러분이 뉴스에서 얻으려는 것이 무엇인지 명확히 파악하세요.

철학자 알랭 드 보통Alain de Botton은 이렇게 말했습니다. "뉴스는 끊임없이 자길 읽으라고 유혹하지만, 여러분은 잠시 멈춰야 할 순간이 있다는 것을 알고 있습니다. 뉴스는 우리를 가장 산만하게 하는 인류의 발명

품이지요. 뉴스가 굉장히 심각하고 중요한 듯해도, 그 의도는 우리가 공상에 잠기고, 걱정을 내려놓으며, 스스로 성찰할 수 있는 자유 시간을 다시는 갖지 못하게 하는 데 있습니다."[17] 뉴스와 더 건강한 관계를 맺는 것은 뉴스에 시간을 보내는 이유를 알아차리는 데서 시작합니다.

대개는 자신의 직업이나 전문지식 향상과 직접적으로 관련이 있는 특정 뉴스가 있습니다. 대규모로 영향력을 행사하고자 하는 사람이라면 누구나, 사회 현황에 대해 폭넓게 이해하고 있어야 합니다. 그래야만 사회 공동체와 국가, 국가 간 문제를 다루고, 산업과 사회 발전을 이끌어갈 수 있겠지요. 그렇다고 새로고침을 너무 자주 할 필요는 없습니다. 미디어나 정치 분야 종사자라면 지속적으로 최신 정보를 업데이트해야 하지만, 일반인에게 그건 엄청난 시간 낭비입니다. 하루 종일 업데이트를 받는 편이 하루 한 번보다 낫더라도, 투자한 시간을 생각하면 그 장점은 미미합니다. 뉴스와의 관계를 형성할 때는, 어떤 뉴스를 활용하고 싶은지뿐만 아니라 빈도도 고려해야 하는 것이지요.

삶의 목표가 행복하고 건강한 삶을 사는 것이라면, 뉴스에 과도하게 몰입하는 것이 정신 건강에 영향을 미친다는 사실을 인정해야 합니다. 우리 모두 알고 있습니다. 보도되는 뉴스가 거의 예외 없이 부정적이라는 것, 좋은 뉴스가 흥미와 클릭을 유도하지 못한다는 것을요. 매일 아침 눈을 뜨자마자 비관적인 뉴스에 시달리게 되는 생활이 인생관 형성에 영향을 끼치는 것은 당연한 이치입니다. 미디어 분석가인 토마스 백달 Tomas Baekdal은 "이런 현상을 보면 볼수록 오늘날의 뉴스 제작 방식이 사람들의 정신 건강에 심각하게 해롭다는 사실을 깨닫게 된다."라고 지적합니다.[18] 우리가 뉴스를 대하는 방식에 신중을 기해야 할 때인 겁니다.

사회가 어떻게 돌아가는지 올바른 정보를 얻고 싶은가요? 그럼 우선,

과장된 헤드라인, 최근의 정치적 계략 그리고 자극적인 흥미를 유발하는 저속한 이야기에서 벗어나세요. 다른 세대나 다른 국가의 사람들이 어떤 행동을 하는지에 대한 통찰을 구해야 합니다. 갈등을 유발하는 서로 다른 관점을 발견해야 합니다. 최신 예술과 문화에서 자주 나타나는 통렬한 사회적 관점은 무엇인지도 찾아야 합니다.

한 걸음 뒤로 물러나 자신이 세상에서 어떤 위치에 있는지 생각해 보세요. 세상에서 무슨 일이 일어나고 있는지 얼마나 알고 싶고, 또 알아야만 하나요? 정보를 얻고자 하는 이유는 무엇인가요? 여러분에게 가장 높은 우선순위는 무엇인가요? 뉴스의 소용돌이에 빨려 들어가기가 너무 쉽다는 것을 깨달아야 합니다. 자신의 삶에 진정으로 가치를 더하는 것이 무엇인지, 더 나은 사회를 위해 선한 영향을 끼칠 수 있는 능력을 키워줄 것이 무엇인지 결정하세요.

웰빙 | Well-Being

문명 발전사에서 의학의 진보가 우리에게 가장 직접적인 영향을 미쳤음은 의심할 여지가 없습니다. 여러 선진국에서는 기대 수명이 지난 한 세기 동안 30년 이상 늘어났습니다. 이제 흔한 질병의 대부분은 치료법이 개발되었으므로, 질병 관리법에서 웰빙과 잠재 병인 쪽으로 관심을 돌리는 사람이 많아졌습니다. 이런 관심의 변화를 뒷받침하는 것이 바로 폭발적으로 늘어난 자료와 정보입니다.

요즘 개인 정보에는 운동 및 건강 관련 지표가 엄청나게 포함되어 있습니다. 자신의 운동 시간과 걸음수, 심박수, 수면 패턴 등 다양한 데이터를 모니터링하는 사람이 많아졌습니다. 또 어떤 이들은 음식이나 비타민 섭취량, 자세까지도 추적 기록하면서 더 건강해지려고 노력하지요. 이러한 정보를 잘만 활용하면 아주 긍정적인 변화로 이어질 수 있습니다.

연사이자 작가인 크리스 댄시Chris Dancy는 40세가 되었을 때까지 샐러드, 오렌지, 수박 한 조각 중 무엇도 먹어본 적이 없었습니다. 그는 하루 평균 3,000~4,000kcal를 섭취하고, 제로 콜라를 30캔씩 마시며 담배를 두 갑씩 피워 체중이 140kg에 육박했습니다. 자신의 개인 정보를 열심히 추적해 면밀히 살펴본 댄시는 어떤 상관관계를 발견했습니다. 물을 마실 때는 담배를 거의 피우지 않아, 물이 흡연량을 줄이는 데 도움이 된다는 것이었습니다. 또한 자신에게 긍정적인 영향을 미치는 운동 유형과 효과적인 시간대도 파악했습니다. 댄시는 건강을 개선하는 행동유형을 알아보는 것을 게을리하지 않았습니다. 데이터를 통해 긍정적 습관을 기르는 가장 좋은 방법을 알게 된 그는 5년 후에 목표 체중인 80kg에 도달했습니다. 그 과정에서 비건 채식을 시작했고, 담배도 끊었지요.[19] 정보만으로 우리는 변할 수 없습니다. 우리는 자신의 행동을 주도하고 변화시키는 근본 요인을 알아내는 데 집중해야 합니다.

웰빙 정보와의 관계 설정은 우리가 아끼는 사람이 누구이며 그 사람을 어떻게 도울 수 있는지 이해하는 것에서 시작됩니다. 자신의 건강이나 잠재 병인을 어떻게 개선하고 싶은가요? 아끼고 사랑하는 사람이 있나요? 웰빙은 단순한 건강 염려를 훨씬 뛰어넘습니다. 건강 정보와의 관계는 자신과 타인을 위한 최고의 삶을 영위하는 데 필요한 것이 무엇인지에 따라 형성되어야 합니다. 감정 상태와 사회 생활, 집의 청결 상태, 정신 수행, 취미나 여가 등은 모두 삶의 질을 높이는 핵심 요소입니다.

웰빙에는 신체뿐만 아니라 재정 상황과 같은 주변 환경도 포함됩니다.

웰빙의 다른 측면과 마찬가지로, 재정이나 투자 기회, 세금 문제 같은 우리 자신의 상황과 외부 환경에 대한 정보에 관심을 가져야 합니다. 금융 정보와의 관계는 복잡할 수 있습니다. 만일 가계 예산을 관리한다면 며칠에 한 번씩 지출이 제대로 이루어지고 있는지 확인하는 것이 유용할 수 있습니다. 하지만 장기 투자 자금의 상태를 매일 확인하는 것은 도움이 되지 않지요. 여러분이 금융 전문가가 아니라면, 적극적 모니터링이 필요한 투자는 피하셔야 합니다. 그런 투자는 주의력을 엄청나게 소모하게 될 것이며, 감행하더라도 시장 움직임에 온전히 집중하는 사람들을 뛰어넘는 성과를 내기는 불가능합니다.

천천히 시간을 들여 자신이나 타인을 위한 웰빙 목표를 정의해 보세요. 만성질환을 개선하는 방법을 알고 싶은가요? 긍정적이고 행복한 하루하루를 보내고 싶은가요? 이상적 체중에 도달해서 멋지게 보이고 싶나요? 운동능력을 높이려 하나요? 올림픽 메달을 따길 원하나요? 예리함과 집중력을 갈고닦아 업무에서 뛰어난 성과를 발휘하고 싶은가요? 각자의 목표를 달성하기 위해 정보를 활용하는 가장 좋은 방법을 생각해내야 합니다.

열정 | Passion

데이비드 솔로몬David Solomon은 유서 깊은 투자은행 골드만삭스의 CEO라는 고된 직책을 맡고 있지만, 거기에 자신의 삶을 모두 쏟아붓지는 않습니다. 그의 '부캐'는 DJ입니다. 일렉트로닉 댄스 음악을 믹싱하고 유명 페스티벌에서 공연하며 스포티파이 채널에서 스트리밍도 한답니다. 그의 채널에는 월간 70만 명 이상의 청취자가 방문하죠.[20] 솔로몬은 빠르게 바뀌는 음악 트렌드에 뒤처지지 않기 위해 새로운 음악과 믹스를 샅샅이 뒤지며 최신 음반 발매 소식을 놓치지 않으려고 합니다. 열광하는 관객 앞에서 공연할 때 느끼는 짜릿함도 역시 정보 획득에 기반을 두고 있으나, 일상 업무에서 필요한 것과는 전혀 다른 성격의 정보입니다.

우리 모두는 직업 활동과 무관한 또 다른 열정을 가지고 있습니다. 스포츠광들은 각종 통계와 팀 성적을 예측하는 다양한 변수를 집요하게 파고들곤 합니다. 또 어떤 사람들은 음악가, 영화배우 등 유명인들의 팬으로, 그들 삶의 모든 면면을 지켜보며 응원합니다. 다른 이들은 최신 예술 작품이나 연극을 감상하러 다니거나, 기차나 비행기 출사, 우표, 고가구, 고전 인형 수집 등 보다 전문적인 관심사에 빠져들기도 하지요.

이러한 열정은 하나같이 탐구심을 자극해서 최신 정보를 얻거나 대상을 더 깊이 이해하려는 동기를 부여합니다. 이렇게 빠져드는 것은 인간 본연의 모습이며, 내적 욕구를 충족시키는 행위입니다. 관심 분야가 다양한 사람은 그렇지 않은 이들에 비해 적응력과 수완이 뛰어나고 유연합니다. 우리는 업무나 학업, 창업 외의 관심사가 다른 우선순위에 있는 정보와 균형을 이루어야 함을 인정해야 합니다. 흥미를 쫓아 정보를 탐색하고 몰입하는 경우가 많으므로, 이러한 관심사들도 건강한 정보 식단의 구성 요소가 됩니다.

여러분이 관심과 애착을 갖는 분야가 어떤 정보를 요구하는지 알아야 합니다. 가벼운 등산이나 낚시에는 많은 정보가 필요하지 않습니다. 반면 현대 미술 작품 수집이나 스포츠 종목의 팬이 되는 일은 상당한 정보가 필요하지요. 취미생활을 더욱 즐겁게 영위하도록 하는 정보가 무엇인지, 그 정보가 여러분의 폭넓은 정보 습관에서 어떤 위치에 있는지, 그리고 이 정보 활동에 어느 정도의 시간과 집중력을 투자할지를, 여러분의 다른 목적 정보 활동과 비교하여 생각해 보세요.

정보의 홍수 속에서

지금 급류가 흐르는 강가에 있다고 상상해 보세요. 목이 마르다고 해서 강물을 통째로 마시지는 않을 겁니다. 컵에 물을 받아 한 모금 마실 테지요. 물줄기에서 가장 깨끗한 물을 컵에 채우려고 노력할 순 있겠지만, 필요 이상으로 마시려 하지는 않을 겁니다. 많이 마신다고 해서 기분이 좋아질 것도 아니고, 거침없는 흐름에서 극히 일부분 이상을 받아들이는 것은 어떤 경우에든 불가능합니다.

우리는 무한히 흐르는 정보 속에서 유한하게 살아가는 존재입니다. 우리가 아는 한 인간의 두뇌는 우주에서 가장 특별하고 경이로운 자연 현상입니다만, 인간의 인지는 매우 제한적입니다. 아무리 더 많은 정보를 입력하고 싶어도, 우리에게는 생물학적인 한계가 있습니다. 불가능한 것을 굳이 시도할 필요는 없습니다. 우리 두뇌의 제약을 인정하고 그 범위 안에서 일해야 합니다.

시인 루미Rumi의 말을 빌리자면, "인생이란 붙잡는 것과 놓아주는 것 사이에서 균형을 잡는 일"입니다. 우리가 정보와 파괴적이지 않고 건설적인 관계를 맺으려면, 우리의 한계를 품위 있게 받아들여야 합니다.

최신 정보를 따라 잡고자 하는 마음을 내려놓게 되면,
치명적인 과부하가 건설적인 풍요로움으로 바뀝니다.

우리는 다면적 존재여서, 일과 가족, 사회 공동체, 건강 등 다방면에 걸쳐 우선순위를 정하게 됩니다. 그 모든 일을 해내려면 정보가 필요합니다. 여러분이 여러 가지 목적을 설정하고 있다면, 스스로 합리적이라 생각하거나 심지어 할 수 있는 것보다 더 많은 일을 하려고 들 가능성이 높습니다. 하지만 선택은 여러분이 하는 것입니다.

"연간 소득이 20파운드이고 지출이 19파운드 6펜스라면 행복하다. 연간 소득이 20파운드이고 지출이 20파운드 6펜스라면 불행해진다." 찰스 디킨스Charles Dickens가 대하소설 《데이비드 코퍼필드David Copperfield》에 쓴 말입니다. 이 진리는 돈뿐 아니라 정보에도 해당됩니다. 자신이 할 수 있는 것보다 조금이라도 더 많은 일을 하려고 하면 바로 부담감을 느끼게 됩니다. 반면 정보 섭취량을 현실적 수준보다 약간 낮게 유지할 때 해방감을 느낄 수 있습니다.

여러분 삶의 목적이 무엇이든, 정보와의 건설적인 관계가 그 목적을 더욱 발전시킬 것입니다. 목적 달성의 핵심은 자기 인생에서의 상대적인 우선순위를 이해하고, 그에 따라 일하는 시간을 배분하며, 할 수 있는 이상의 일을 하지 않는 것입니다.

목적 역량 강화하기

이 장에서는 삶의 주요 영역에서 여러분의 의도와 목적을 명확히 하는 틀을 제시했습니다. 여러분에게 중요한 영역을 차분히 되돌아보세요. 일과 삶의 중심이 되는 정보와 긍정적이고 건설적인 관계를 갖고자 노력한다면 충분히 보상받을 것입니다.

이어지는 장에서는 여러분이 목적을 이해하는 방식을 더욱 발전시켜 적용해 보고자 합니다. 2장에서는 우선순위를 이해하는 틀을 짜고 발전시키는 방법을 배웁니다. 3장에서는 목표에 따라 정보를 솎아내는 기준을 개발하며, 4장에서는 매일 일과에 우선순위를 포함시키는 정보 루틴을 만들게 될 것입니다.

첫 번째 퍼즐 만들기

목적바라기

삶의 목적과 그 목적을 달성하고자 하는 의지를 현재 가장 잘 표현할 수 있는 말로 써 보세요. 이것은 여러분이 정보를 어떻게 활용할 것인지를 정의하는 데 도움이 됩니다.

삶의 영역별 우선순위

이 장에서는 정보와의 관계를 고려해볼 만한 여섯 영역을 제시했습니다. 아마 여러분에게 중요한 삶의 다른 영역이 있을 수 있습니다. 그렇다면 다음 표의 빈칸에 추가해보세요.

각 영역에 상대적 중요도를 표시해 봅시다. 여러분의 집중력을 100% 이상 오롯이 배당하지 마세요. 한 영역의 중요도가 올라간다면, 다른 영역에서 중요도를 낮춰야 합니다. 그다음 각 영역에서 더 나은 결과를 가져올 수 있는 행동이나 습관을 한 가지씩 적어봅시다. 이 책을 끝까지 읽고 여러 기법을 익힌 후, 다시 이 페이지로 돌아오세요.

영역	집중력 비율 (최대 100%)	정보와의 관계 개선을 위해 할 수 있는 일은?
정체성	(%)	
전문지식	(%)	
창업	(%)	

웰빙	(%)	
사회 공동체	(%)	
열정	(%)	

전문지식

현재 여러분이 가진 전문지식과 미래에 갖게 될 잠재적 전문지식을 함께 생각해 봅시다. 각 영역에서 현재 여러분의 전문지식 수준은 1~10 중 몇 점인가요? 이를 발전시키기 위해 필요한 것이 무엇인지도 가늠해볼 수 있습니다.

질문	전문 분야	현재 수준 및 발전 방안
현재 여러분은 어떤 영역의 전문지식을 갖고 있나요?		
여러분의 목적과 목표 달성을 뒷받침할 수 있는 전문지식은 어느 영역에 있나요?		
지식의 폭을 넓히고 싶은 분야는 무엇인가요?		

3~5년 후 여러분의 전문지식은 어떨까요?	
10년 후 여러분의 전문지식은 어떨까요?	

첫 번째 퍼즐 엿보기

목적바라기

저는 30대 초반의 4년차 디지털 마케터 김지연입니다. 현재 제 삶의 목적을 가장 잘 표현할 수 있는 말은 "내 분야에서 존경받고 영향력 있는 전문가가 되자!"입니다. 저는 우리가 직면한 과제에 혁신적인 아이디어와 솔루션을 제공함으로써, 세상에 긍정적인 영향을 미치고 싶습니다. 저는 정보를 활용하여 다음과 같은 목표를 달성하고자 합니다.

1. 지식 확장: 저는 지식 기반을 넓히고 업계에 대해 더 잘 이해하고자 노력합니다. 가치 있는 정보를 적극적으로 찾음으로써 시대를 앞서 나가고 전문성을 지속적으로 향상시킬 수 있습니다.
2. 정보에 입각한 의사 결정: 저는 풍부한 정보를 걸러낼 수 있는 능력을 계발하고 싶습니다. 비판적 사고 능력을 연마하고 출처를 비판적으로 평가한다면, 신뢰할 수 있는 정보에 입각한 의사 결정을 내릴 수 있을 것입니다.
3. 지속적인 학습: 저는 정보를 개인적, 직업적 성장을 위한 수단이라고 여깁니다. 빠르게 진화하는 직업 환경에서 경쟁력을 유지하려면 배움은 필수죠. 저는 새로운 지식을 습득하고 다양한 관점을 탐구할 수 있는 기회를 끊임없이 찾으며 평생 학습을 추구할 것입니다.
4. 효과적인 커뮤니케이션: 저는 복잡한 정보를 설득력 있게 전달하여 협업을 촉진하고 긍정적인 변화를 이끌어낼 수 있는 커뮤니케이터가 되고 싶습니다.

영역	집중력 비율 (최대 100%)	정보와의 관계 개선을 위해 할 수 있는 일은?
정체성	(20%): 내 가치관, 문화, 개인적 신념에 부합하는 정보를 접하려고 노력하고 있습니다. 또 개인적인 성장과 자아 발견에 도움이 되는 정보를 탐색하는 일도 잊지 않으려 합니다.	자아에 대한 감각과 개인적 성장을 강화하기 위해 정기적으로 자기 성찰을 위한 시간을 따로 마련할 것입니다. 아마 일기 쓰기가 좋을 거고, 명상도 도움이 될 거예요. 내가 누구인지, 내게 진정으로 중요한 것이 무엇인지 성찰함으로써 정보에 대한 태도를 조정해 진정성 있고 의미 있는 정보를 취할 수 있습니다.
전문 지식	(25%): 저는 업계 정보나 타사의 성공 사례를 주기적으로 알아보는 데 상당한 시간을 할애합니다. 이를 통해 제 기술과 지식을 지속적으로 향상시켜, 전문 분야에서 가치 있는 기여자가 될 수 있습니다.	전문성을 향상시키기 위해 저는 지속적인 학습 습관을 기르겠습니다. 업계 간행물(하버드 비즈니스 리뷰) 읽기, 지디넷(ZDNet Korea)이나 이벤터스(Eventus)에서 웨비나, 컨퍼런스, 전문성 개발 과정 등의 정보를 얻어 원하는 행사를 신청하고 참여하면 좋을 겁니다.
창업	(15%): 분명 창업은 제 꿈이지만, 현재로서는 상대적으로 적은 부분을 할애하고 있습니다. 저는 창업 기회, 시장 동향 및 신기술과 관련된 정보를 수집하고 있고, 언젠가 내 스타트업을 위해 무엇이 필요할지 고민하고 있습니다.	항상 새로운 기회를 적극적으로 찾겠습니다. 페이스북이나 링크드인에서 뛰어난 사람들을 팔로우하다 보면 관련된 커뮤니티나 스타트업 이벤트를 알게 됩니다. 커뮤니티나 이벤트에서 네트워킹하면서 기회를 찾아볼 수도 있겠죠. 이렇게 창업 생태계에 적극적으로 참여함으로써 나의 열정과 목표에 부합하는 잠재 기회나 파트너십을 발견할 수 있습니다.

웰빙	(15%): 만족스러운 삶을 유지하기 위해서는 신체적, 정신적 웰빙을 돌봐야 합니다. 저는 건강 관리와 전반적인 웰빙을 증진시켜주는 정보를 챙겨봅니다. 특히 운동과 마음챙김, 자기계발 전략에 관심이 있습니다.	웰빙을 증진하기 위해 명상, 운동, 마음챙김, 취미 활동 등을 매일의 스케줄에 넣어 정기적으로 할 수 있습니다. 자기 관리에 우선순위를 두면 전반적인 웰빙과 회복력 유지에 도움이 됩니다.	
사회 공동체	(15%): 저는 사회 문제, 시사 이슈, 긍정적인 변화를 촉진하는 이니셔티브와 관련된 정보에 일정 관심을 기울이고 있습니다. 정기적으로 기부하고, 기부금이 잘 쓰이고 있는지도 신경 씁니다. 그러면서 보다 포용적이고 공평하며 지속 가능한 사회를 만드는 데 기여하고 있다고 생각합니다.	사회에 긍정적인 영향을 미치기 위해 다양한 관점을 적극적으로 찾아보고, 다양한 배경을 가진 사람들과 대화하며, 적극적인 경청을 실천할 수 있습니다. 열린 마음과 공감을 통해 이해의 폭을 넓히고 편견을 극복하려고 노력하고 있습니다.	
열정	(10%): 일이 바빠 비록 이 영역에 가장 적은 시간을 할애하고 있지만, 취미와 휴식의 중요성은 알고 있습니다. 저는 출퇴근길에 정기적으로 신곡을 살펴보고, 즐겨 듣는 아티스트의 공연 소식을 찾아보곤 합니다.	제 열정과 취미를 더 키우기 위해 따로 시간을 내보겠습니다. 악기를 한번쯤 배워 보고 싶은 생각이 있었는데, 스케줄 조정이 가능한 학원에 등록해 보려 합니다.	

전문지식

질문	전문 분야	현재 수준 및 발전 방안
현재 여러분은 어떤 영역의 전문지식을 갖고 있나요?	마케팅 및 디지털 커뮤니케이션	6점 광고홍보를 전공하고 업계 최고 현장에서 수년간 근무한 마케터로서, 제 지식과 전문성은 평균보다 살짝 높다고 생각합니다. 특히 잠재고객을 타겟팅하는 카피라이팅과 랜딩페이지 기획에 있어 동료와 상사로부터 좋은 평가를 받고 있습니다. 그렇지만 이 분야는 정말 빠르게 변화하고 있고, 늘 제 전문지식을 재조정할 필요를 느낍니다.

여러분의 목적과 목표 달성을 뒷받침할 수 있는 전문지식은 어느 영역에 있나요?	소비자 행동	7점 소비자 행동은 마케팅의 핵심 요소이며, 저는 소비자 동기, 의사 결정 과정, 시장 세분화에 대한 탄탄한 기반이 있습니다. 그렇지만 소비자 선호도가 진화함에 따라 이 분야의 전문성을 유지하기 위해서는 새로운 소비자 트렌드와 최신 연구를 지속적으로 파악해야 합니다.
지식의 폭을 넓히고 싶은 분야는 무엇인가요?	소셜 미디어 마케팅	5점 소셜 미디어 플랫폼은 현대 마케팅에서 중요한 축입니다. 소셜 미디어 마케팅에 대한 폭넓은 지식을 쌓으면 이러한 플랫폼을 활용하여 브랜드 인지도를 높이고, 고객과 소통할 수 있습니다. 이러한 전문성을 갖추기 위해서는 최신 소셜 미디어 트렌드 파악, 플랫폼 알고리즘 이해, 다양한 소셜 미디어 마케팅 도구와 기법 활용이 필요합니다.
3~5년 후 여러분의 전문지식은 어떨까요?	예측 분석 및 AI 기반 마케팅	3점 예측 분석과 AI가 발전함에 따라 이러한 기술을 마케팅 목적으로 활용하는 전문지식이 중요해지고 있습니다. 예측 모델링, 머신러닝 알고리즘, 자동화된 의사 결정 등으로 마케팅 캠페인을 최적화하고, 고객 경험을 개인화하며, 미래 트렌드를 예측해야 합니다.
10년 후 여러분의 전문지식은 어떨까요?	고객 경험 디자인	3점 경쟁이 치열한 시장에서는 고객 경험 관리가 매우 중요합니다. 사용자 경험(UX) 원칙, 인간 중심 디자인, 고객 여정 매핑에 이해를 높이다면, 의미 있는 상호 작용을 생성하고 장기 고객의 충성도를 높일 수 있으리라 생각합니다.

2장

프레이밍(틀짜기)의 힘

생각을 매핑하라

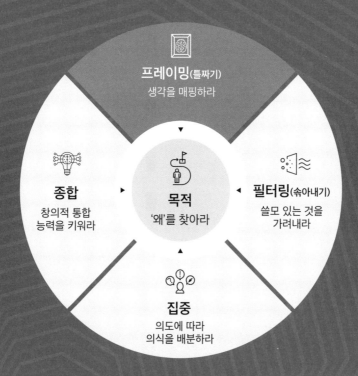

정보 과부하란 곤경에 처한 우리로선 패턴 인식이 최선의 전략입니다.[1]

— 마셜 매클루언Marshall McLuhan, 미디어 선지자,
《미디어는 마사지다The Medium Is the Massage》 저자

정보란 맥락 속에서만 의미가 있습니다. 전문지식과 이해력, 올바른 의사 결정 능력을 함양하려면 틀을 만드는 프레이밍(틀짜기) 기술을 길러야 합니다. 이 과정에는 개념틀을 구성하거나 개념 지도를 작성하는 활동이 포함되는데, 이 틀과 지도는 새로운 정보를 이해하고 정보 간 관계를 알아차리게 해줍니다.

시각적 틀은 전문지식의 기초가 되는 패턴을 형성하고 인식하는 데 매우 유용합니다. 지식의 지도를 마련할 때 주로 사용하는 구조는 총 3가지, '트리(나무구조)', '네트워크(연결망)', '시스템(체계)'입니다. 각 구조를 작성하는 시각화 기법으로는 마인드맵, 개념 지도, 시스템 다이어그램 등이 있습니다.

이러한 지식의 틀은 (종종 시각적 표현을 동반하는) 글쓰기와 색인카드, 소프트웨어를 이용한 연결 노트 작성 등을 통해 다채롭게 구축 가능합니다. 미래에 대한 생각을 체계화하면, 불필요한 정보를 걸러내거나 쓸모 있는 정보를 감지하는 데 유용한 참고 자료가 됩니다.

월드 와이드 웹이 출현한 1992년, 애널리스트 제리 미찰스키Jerry Michalski는 〈릴리즈 1.0〉의 편집자가 되었습니다. 〈릴리즈 1.0Release 1.0〉은 기술 벤처 업계의 원로인 에스더 다이슨Esther Dyson이 창간한 뉴스레터로 디지털 경제에 상당한 영향력을 행사했습니다. 당시 미찰스키가 맡은 업무는 급격히 확장되는 온라인 및 디지털 세상에서 뜨거운 관심을 끄는 것들을 취재하는 일이었는데, 그는 빠른 템포로 변화하는 업계뿐 아니라 아이디어를 제안하려 하는 스타트업 기업가들에게도 지속적으로 대응해야 했습니다.

미찰스키는 편집자로서 6년간 구독자들이 흥미진진하고 들떠 있는 상용 인터넷의 초창기를 탐색하도록 도왔고, 그 후에는 새롭게 떠오르던 온라인 북마크의 기능을 탐구하게 되었습니다. 그러던 중, 미찰스키는 더브레인TheBrain이라는 회사의 설립자 할란 휴Harlan Hugh로부터 미팅 제안을 받았지요. 그 회사의 이름과 콘셉트가 미심쩍었지만, 미찰스키는 일단 만나보기로 했습니다. 그리고 바로 그 대화가 미찰스키 인생의 전환점이 되었습니다. 휴의 제품이 단순한 정보 저장과 정리에 그치지 않고, 모든 요소를 상호 연결하여 개념에 대한 다차원 지도를 제작해 준다는 것을 미찰스키는 알아차렸습니다.

"그 소프트웨어는 제 두뇌와 똑같은 방식으로 작동하더군요." 미찰스키는 회상합니다. "저는 소프트웨어에 대해 글을 쓰고, 우리 컨퍼런스에 휴의 팀을 초대했으며, 직접 그 소프트웨어를 사용하기 시작했습니다. 그때 처음 만든 데이터 파일을 23년이 지난 지금도 큐레이션하고 있을

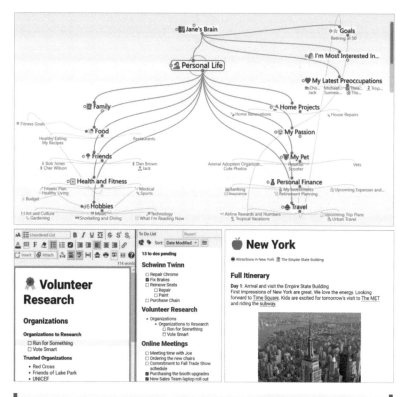

그림 2.1 '더브레인' 가이드북 (위: 제인의 뇌구조, 아래: 연결된 노트들)

줄은 몰랐지만요."[2]

　미찰스키는 콘텐츠와 링크를 선별하고 서로 긴밀하게 연결해서 컬렉션을 만들었으며, 관심을 보이는 모든 사람과 아낌없이 공유하여 세계에서 가장 큰 공개 '브레인'을 구축했습니다. jerrysbrain.com에서 볼 수 있는 이 컬렉션은 40만 건 이상의 자료가 포괄적으로 응집된 네트워크로, 미찰스키의 사고방식에 대해 심오한 통찰을 줍니다. 이는 타인들뿐 아니라 미찰스키 자신을 위한 것이기도 합니다.

　"저는 세상이 어떻게 움직이는지를 보여주는 가장 큰 퍼즐을 갖고 있습니다. 작은 조각들을 제자리에 끼워 맞추느라 바쁘게 움직이다 보면, 옥시토신이 약간 분비되어 흥분하고 삭히고를 반복하는 일종의 중독 반응이 시작됩니다. 그래서 다른 사람들이 스프레드시트 같은 곳에 링크를 붙여넣기할 때, 저는 이 큐레이션 마인드맵에 링크를 추가하지요."

'미찰스키의 브레인'
방문하기

미찰스키의 삶은 살면서 접하게 된 쓸모 있고 흥미로운 것들을 연결하는 틀을 끊임없이 만들어가는 과정입니다. 이 틀로 그는 원하는 것이 무엇이든 쉽게 발견하고, 심도 깊은 전문지식과 세상에 대한 폭넓은 이해를 모두 키울 수 있습니다.

마주치는 정보와 아이디어를 연결하는 나만의 틀을 구축하는 것은 정보 과부하 세상을 살아가는 데 필요한 근본 역량이라고 할 수 있습니다. 그럼 지금부터 지식과 전문성 강화를 위해 채택할 수 있는 '프레이밍framing', 즉 '틀짜기' 역량에 대한 몇 가지 접근 방식을 살펴보겠습니다.

개념틀

어떤 정보든 원래 단독으로는 의미가 없습니다. 정보가 쓸모 있으려면 참고가 되는 틀이 있어야 하지요. 그 틀은 지금의 세상을 이해하는 데 필요한 데이터와 개념, 아이디어가 풍부하게 모여 있는 맥락 안에서 만들어져야 합니다.

데이터와 개념, 아이디어는 우리의 '멘탈 모델mental model'입니다. 이는 우리가 머릿속으로 세상을 재구성하는 방식, 즉 세상사가 어떻게 작동하는지에 대해 우리가 이해하는 바입니다. 총체적으로 멘탈 모델은 우리 각자가 삶의 경험을 어떻게 이해해 왔는지에 기반을 두며, 모든 의사 결정과 행동에 결정적인 영향을 미칩니다.

이 책의 후반부에서는 급변하는 세상에서 멘탈 모델을 최대한 효과적으로 향상시키는 방법을 검토할 것입니다. 그 전에 이 장에서는 다채로운 아이디어를 연결하여 가치 있는 지식을 체계적으로 생성해내는 **개념틀**concept framework을 구축하는 방법을 탐구하고자 합니다. 아이디어를 분별력 있게 연결하면 더 유용한 멘탈 모델이 구축되어, 복잡한 세상을 이해하는 기초가 되어줄 것입니다.

개념틀은 지식을 유의미하게 적용할 수 있는
실질적 지능을 쌓아가는 토대를 제공합니다.

틀을 짬으로써 우리 전문지식은 매우 빠르게 발달하고 이해력은 심화됩니다. 틀을 통해 새로운 정보를 평가하고, 그 정보가 적합한 곳과 그렇지 않은 곳을 판단할 수 있으며, 전문지식과 이해력을 신장할 수 있는 것이지요. 그 결과 우리는 더 나은 행동을 선택하게 됩니다.

▌미래를 예측하는 지도

팀 오라일리Tim O'Reilly는 "실리콘 밸리의 골드러시 무리에 자신만의 전략을 학습할 기회"를 제시하고자 오라일리 미디어O'Reilly Media란 출판사를 설립했습니다. 그는 틈새 시장을 공략할 방법을 찾는 스타트업들에 새로운 트렌드를 보여주고, 정보와 자료를 제공했습니다. 비즈니스 전문지 〈인크_{Inc.}〉의 표제 기사에서는 오라일리를 "실리콘 밸리의 오라클"이라고 칭하며, "지난 30년간 거의 모든 주요 기술 개발의 중심에 섰던 사람"이라 설명했습니다.[3]

오라일리는 남들보다 한발 앞서 트렌드를 파악하는 자신의 능력은 바로 생각을 연결하는 '틀짜기(그는 지도라고 부릅니다)' 습관 덕이라고 믿습니다. "저는 제가 지도 제작자mapmaker라고 생각합니다." 오라일리에게 지도란 "이해 보조 장치"로서, 사람들로 하여금 트렌드와 그 향방을 빨리 알아차리도록 해주는 것입니다.[4] 그는 "지난 몇 년간 제가 한 일은 주변을 둘러보며 지도를 작성한 것뿐"이라고 말합니다.[5] 지도에는 이미 세상에 존재하는 요소도 있지만, 어떤 것은 아직 존재하지도 않는 경우도 있습니다. 퍼즐 조각을 연결함으로써 오라일리는 적합한 정보가 무엇인지 인식하고 더 깊은 이해를 얻습니다. "문득 '오, 빠진 조각이 저기 있구나.' 하며 누락된 조각을 찾아 제자리에 넣으면, 모든 것이 이해되기 시작합니다."[6]

이러한 사고는 한순간에 만들어지는 것이 아닙니다. 상당히 오랜 기간에 걸쳐 아이디어를 찾고 연결하면서 완성되는 것이지요. 서비스형 소프트웨어_{SaaS}의 부상을 예견했던 일을 언급하며, 오라일리는 "몇 년에 걸쳐 광범위하게 조망하며 탐색한 끝에야 비로소 모든 빈 퍼즐을 채울 수 있었다."[7]라고 전합니다.

틀 혹은 지도는 우리가 알고 있는 개념 간의 연결을 포착해 한눈에 보여줌으로써 이해도를 높이고, 나아가 다른 중요한 관계도 이해하게 합니다. 이 도구들은 또한 정보를 솎아내고 집중력을 적절히 배분하며 유용한 지식을 개발하는 능력을 키워주기도 하지요.

멘탈 모델이란?

지식 생산하기

정보와 지식은 동의어가 아닙니다. 정보는 단순히 사실을 알려줄 뿐, 우리가 무엇을 할지는 알려주지 않습니다. **지식**은 특정한 목적을 달성하기 위해 특정 행동을 하는 역량입니다.[8] 모든 경험과 학습을 이런 유용한 역량으로 전환하려면 세상을 이해하는 과정을 지속적으로 밟아 나가야 합니다.

오늘날 끊임없이 쏟아지는 정보의 소용돌이 속에 빨려 들어가는 우리에게, 가장 위험한 일은 한 발짝 물러서서 큰 그림을 보지 못하는 것입니다. 고유한 관점이 있어야 홍수같이 밀려오는 정보를 소화해, 연결고리와 중요도를 파악하고 목표 달성에 필요한 통찰을 발견해낼 수 있습니다.

쏟아지는 정보를 정복하는 것이 우리의 의도가 되어서는 안 됩니다. 그런 목표는 우리를 위태롭게 하며 결코 끝나지 않는 업데이트 지옥에서 헤매게 만들 뿐입니다. 쓸모 있는 지식을 생산하고, 하고 있는 일의 본질을 이해하며, 자기 행동의 결과를 정확하게 예측하는 것이 우리의 할 일입니다. 요컨대 우리는 세상을 이해하려 고군분투하면서, 이를 위한 '패턴'을 만들어내기도 하고, 알아차리기도 해야 합니다.

▌패턴 인식과 패턴 형성

허버트 사이먼Herbert Simon은 어린 시절 미시간 호수의 워싱턴섬에 야생 딸기 따기 체험을 간 적이 있습니다. 다른 아이들은 재빠르게 한 통 가득 채웠지만, 사이먼이 찾은 딸기는 겨우 몇 개였습니다. 빨간색은 딸기, 초록색은 잎이라는 얘기까지 들었지만 그 차이를 구분할 수 없었고, 결국 자신이 색맹이라는 사실을 알게 됩니다.[9] 그는 큰 교훈을 하나 배웠습니다. 바로 보이는 세상과 실제는 다르다는 것. 이는 비단 색맹인 사람들에게만 해당되는 말은 아닙니다.

사이먼은 시카고 대학교 경제학과에 우수한 성적으로 입학했습니다. 회계 수업을 듣기 싫어 정치학과로 전과해 행동과학을 전공한 사이먼은, "조직 이론과 경제학 양쪽에서 핵심적인 인간의 사고와 문제 해결"에 집중하기로 결심했습니다.[10] 평생에 걸친 연구를 통해 사이먼이 얻은 인간의 전문성과 의사 결정 과정에 대한 상당한 통찰은 인공지능AI 초기 개발 단계에서 중추적 역할을 했지요. 사이먼은 획기적인 연구 업적을 인정받아 1978년 노벨 경제학상을 수상하는 등 많은 영예를 안았습니다.

사이먼은 의사와 과학자, 경영자 등 전문직 종사자를 대상으로 한 광범위한 연구에서 직관과 전문성이 **패턴 인식 능력**에 바탕을 둔다는 것을 증명했습니다. 대부분의 경우 패턴(규칙성)은 무의식적으로 저장됩니다. 이것은 직관, 즉 의식적으로 설명할 수 없어도 무언가 "옳다"고 느끼는 능력을 만들어냅니다. 달리 말해 우리가 선택한 분야에서 전문성을 갖추려면, 패턴에 지속적으로 노출되어 추후에 패턴을 인식할 수 있게 되어야 한다는 뜻입니다. 그러나 단순히 패턴을 인식하는 것만으론 그다지 도움이 되지 않습니다. 성과와 연결시켜야만 합니다.

말콤 글래드웰Malcolm Gladwell의 베스트셀러인 《아웃라이어Outliers》는 '10,000시간의 법칙'을 제안하며, 어떤 분야든 그만큼의 연습 기간이 탁월함의 토대가 된다고 했습니다. 이 주장에는 사실 '전문성의 전문가'인 안데르스 에릭슨Anders Ericsson의 연구를 잘못 해석한 지점이 있습니다. 에릭슨은 후에, "유감스럽게도 이 법칙은 (…) 여러 측면에서 틀렸다."[11] 라고 말했지요. 대신 개인의 인지 모델 및 패턴 인식 발달이 모든 영역에서 탁월함의 근간이 되는 기본 요소라고 강조했습니다.

"전문가가 일반인과 구분되는 가장 큰 차별점은 수년간의 연습이 전문가 뇌의 신경회로를 변화시켜 고도로 전문화된 인지 모델을 만들어내고, 이것이 다시 놀라운 기억력, 패턴 인식, 문제 해결, 그 외의 전문 분야에서 필요한 고차원적 역량을 발휘하게 한다는 것입니다." 에릭슨은 그의 저서 《1만 시간의 재발견Peak》에서 이렇게 밝혔습니다.[12]

> 유용한 패턴을 잘 인식하고 발견한 패턴을
> 성과와 최적의 행동으로 이어지게 하려면,
> 머릿속에서 쓸모 있는 패턴을 능동적으로 만들어 보아야 합니다.
> 사실 우리의 주된 과제는 패턴을 형성하는 것입니다.

이러한 패턴은 우리 머릿속에 독특하고도 매우 개인적인 '격자lattice 구조'로 형성됩니다. 세상을 이해하는 방식은 우리가 어떻게 세상의 파편들을 결합하여 의미를 부여하느냐에 따라 달라집니다.

인간의 두뇌는 패턴을 감지하는 능력이 있어 반복 노출되는 사건을 패턴으로서 인식하며, 이후에는 비슷한 조건이 나타날 때 패턴을 예상하도록 변합니다. 테니스 선수는 익숙한 상대 선수가 언제 드롭샷을 준비할지 예측할 것입니다. 의사는 증상의 패턴을 인식하여 진단을 내립니다. 투자 전문가라면 주식이나 금융상품을 노리는 은밀한 대량 매수 주문의 징후를 알아챌 것입니다.

패턴 인식은 대부분 무의식적 과정이라는 점에서, 사실 엄청난 기회 손실로 이어질 수도 있습니다. 만일 의식적으로 패턴 형성을 인지하고, (즉시 알아차리지 못하더라도) 패턴의 요소들이 어떻게 맞물려 전체를 형성하는지 신중하게 생각한다면, 우리는 패턴 인식 과정을 가속화하고 향상시킬 수 있습니다. 그러려면 우리가 탐구하는 분야의 본질을 발견하기 위해 깊이 파고들어야 합니다. 파고들기를 위한 막강한 전략은 그 분야를 구성하는 개념과 더불어, 개념 사이를 연결하는 패턴을 보여주는 '지식의 시각화'일 것입니다.

▌시각적 사고visual thinking의 힘

레오나르도 다빈치는 천재의 대명사이지요. 역사상 가장 위대한 화가이자 조각가일 뿐 아니라, 광학과 인체 해부학, 천문학 등 다양한 분야에서 새로운 지평을 연 과학자이자 다작의 발명가이기도 한 다빈치는 전형적인 르네상스인*이었습니다.

다빈치의 노트는 자연 관찰, 발명품, 할 일 목록 등 삶에서 일어나는 모든 것을 기록하는 그의 영원한 동반자였습니다. 다빈치가 완성한 그림은 18점(물론 세계에서 가장 유명한 작품인 〈모나리자〉를 포함하여)밖에 되지 않지만, 오늘날까지 남아 있는 수천 페이지에 달하는 노트에는 무려 13,000개의 스케치가 담겨 있습니다. 이상적인 인간 비율을 묘사한 그 유명한 〈비트루비우스적 인간〉(그림 2.2)도 그중 하나입니다. 다빈치뿐 아니라 역사상 가장 뛰어난 천재들인 아인슈타인, 테슬라, 갈릴레오, 다윈도 철저하게 **시각적 사고**visual thinking를 했습니다.

글월보다 시각화가 월등한 지점은 우리로 하여금 글쓰기의 순차적 특성을 초월해서 사고하게 한다는 것입니다. 전문지식을 발전시키려면 기저 개념 간의 다층적인 관계를 이해해야 합니다. 시각화를 통해 우리는

---

* 다양한 분야를 넘나들며 문학적/기술적 능력을 발휘하는 사람 -역주

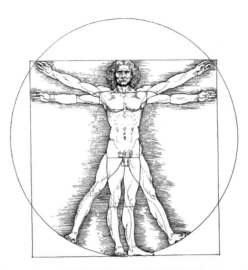

그림 2.2 레오나르도 다빈치의 〈비르투비우스적 인간〉

선형적 표현을 넘어 여러 구성 아이디어 간의 관계와 그 관계가 전체를 구성하는 방식을 하나의 관점에서 표현할 수 있습니다. "나는 본다I see"라는 말은 종종 "나는 이해한다I understand"를 뜻합니다. 사람들이 "알겠다I see"라고 말할 때, 그들은 말 그대로 머릿속에 시각적 표현을 만들어 내는 것이지요.

시각화를 통하면 세상을 이해하는 과정이 빨라집니다.

일명 '공간 메모법(지도나 그림과 같은 비선형적 노트)'을 사용하면 학습 개선 및 이해력 향상에 큰 도움이 된다고 알려져 왔습니다.[13] 공간 메모법은 개인의 노트 작성 숙련도에 따라 그 효과가 달라지므로, 우리가 살고 있는 정보 집약적인 환경에서 시각적 노트 작성은 매우 쓸모 있는 개인 역량입니다.

하지만 독서나 강의, 대화 도중에 필기하는 것은 그다지 효과적이지 않습니다. 노트 필기의 실제 가치는 자신의 전문 분야를 포괄적으로 이해하고 지속적으로 조정해 나가는 핵심 도구로 활용할 때 드러납니다. 시각적 틀은 한 분야에 대해 깊이 이해하게 하며 새로운 통찰력을 부여합니다.

지금까지 개발된 다양한 시각적 도구는 우리가 효과적으로 사고하고 이해하게 하는 멘탈 모델을 구축하며, 개념 관계의 전체 모습을 한 장으로 표현할 수 있게 해줍니다. 어떤 사람들은 수많은 기존 기법 중 하나를 골라 배우고, 또 어떤 사람들은 자신만의 방법을 고안합니다.

지난 20년 동안 데이터가 2,000배나 폭증한 결과, 자연스럽게 비즈니스나 뉴스에서 데이터 및 정보 시각화 기법이 광범위하게 사용되게 되었습니다.* 그러나 이 장에서 다루는 시각적 개념틀은 이런 시각화와는 전혀 다르다는 것을 아셔야 합니다. 적절히 설계된 정보 시각화 자료는

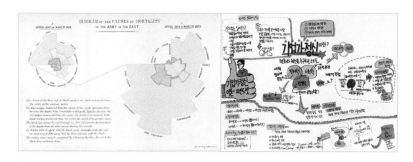

그림 2.3 데이터 시각화와 정보 시각화 기법 적용 사례 -
왼쪽: 크림 전쟁의 사망자 수와 사망 원인 데이터를 시각화한 나이팅게일의 로즈 다이어그램
오른쪽: 기업가 정신 관련 정보를 시각화한 템플릿(출처: googeo.kr/notice/580)

---

* '데이터 시각화(data visualization)'와 '정보 시각화(information visualization)'라는 용어는 종종 서로 바뀌어 사용됩니다. 후자는 더 정교한 경향이 있으며, 종종 의사 결정의 명시적인 근거가 됩니다. -역주

데이터를 간결하고 효과적으로 정제하여 독자가 쉽게 이해하도록 합니다. 반면 시각적 개념틀은 지식과 이해력을 생성하고 향상시키는 도구로, 단순히 많은 정보를 소화하는 것 이상으로 큰 가치를 창출해낼 수 있습니다.

사고의 틀을 짜다

프로 사진가와 아마추어 사진가의 큰 차이점은 사진 구도를 잡는 방식에 있습니다. 카메라를 들고 셔터를 누를 때, 사진가는 사진에 어떤 피사체를 넣을지 고릅니다. 사진의 테두리를 긋고 그 안에 들어갈 피사체와 밖으로 제거할 사물을 나누는 것이지요. 우리가 어떤 분야에서 전문지식과 이해도를 쌓아갈 때는, 사진 찍기와 마찬가지 방식으로 몇 가지 기본적인 선택을 통해 사고의 틀을 짜게 됩니다.

무엇을 이해하고 싶은가요? 전문지식을 세계적 수준으로 갖추고 싶은 분야가 있나요? 여러분이 흥미를 느끼며 집중하려는 것이 무엇인가요? 최신 정보를 알고 싶은 주제는 무엇인가요?

틀을 설정할 때 가장 중요하게 고려해야 할 것은 유용성입니다. 어떤 주제는 너무 광범위해서 따라가는 시늉조차 힘들 수 있습니다. 범위를 좁혀 더 작은 영역에 집중한다면 자신만의 우위와 전문지식을 확보할 수 있을 겁니다. 저명한 벤처 캐피털리스트 게리 스와트Gary Swart는 주목할 기업을 선택할 때 몇 가지 변수를 기준으로 삼습니다. 그중 하나는 자신이 이미 보유한 전문지식에 해당 기업이 얼마나 잘 부합하는지 여부입니다.[14]

보통 사람이라면 생명, 우주, 나아가 세상 만물을 통틀어 설명하는 틀을 만들려 들지 않습니다. 그런 일을 용감하게 시도할 몇 사람이 있겠지만, 압도감에 질려버리지 않으려면 아예 시작하지 않는 편이 좋습니다. 틀을 설정하면 자유로워집니다. 이 말은 너무 많은 일을 처리할 필요가 없다는 이야기입니다(야심 차게 바닷물을 모두 끓이려 하지 마세요!). 틀은 포함해야 할 것과 배제해야 할 것을 보여줍니다.

스타트업 창업자의 틀은 자신이 목표하는 산업 분야의 동향 및 발전상과 관련된 것을 담을 수 있습니다. 또 이 창업자가 기존 엔젤 투자자나 벤처캐피털에 의존할 필요가 없다고 생각한다면, 새로운 자금 조달 구조의 개발에 관한 틀을 만들 수도 있겠지요. 기업 리더는 업무 특성이 급격히 전환될 징후를 알아보길 원할지도 모릅니다. 물론 이는 상당히 거대한 주제입니다. 보다 쓰임새 있기를 바란다면 구체적인 틀을 선택해야 합니다. 이를테면 하이브리드 업무환경의 핵심 아이디어를 포착하고, '확장 가능한 학습'과 같은 주요 개념을 명확하게 하며, 능력 있는 직원

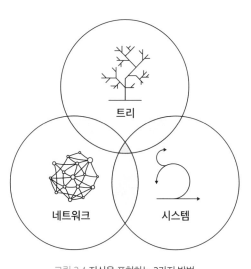

그림 2.4 지식을 표현하는 3가지 방법

들을 유치 및 유지하는 역학을 이해하는 것 말이지요.

먼저 틀의 이름을 지어주세요. 몇 단어만으로 주제를 분명히 표현하되, 포함할 것과 제외할 것이 드러나게 하세요. 바로 이 틀이 여러분의 아이디어를 구조화해 나갈 수 있는 밑그림이 됩니다. 예를 들어 제가 틀을 이용해 기조연설을 준비할 때에도, 작업의 첫 단계는 고객과의 합의를 거쳐 기조연설의 제목을 정하는 것입니다. 그리하여 고객과 저는 '공통 지침'이라는 개념을 공유하게 됩니다.

그림 2.4에서 보듯 개념틀을 짜기 위한 기본 구조로는 트리, 네트워크, 시스템의 3가지가 있습니다. 세 구조는 저마다 자연을 닮아 있는데, 이는 어쩌면 당연합니다. 이러한 사고의 구조는 자연계가 그러하듯이 각각 분리된 것이 아니라 서로 연결되고 중첩되어 있기 때문입니다. 이제 각 구조를 차례로 살펴보고 유용하게 사용하는 최적의 방법을 알아봅시다. 사람은 각자 생각하는 방식이 다릅니다. 다음에 이어지는 기법 설명을 읽으며, 여러분의 사고방식에 적합한 것이 무엇일까 생각해 보세요.

▌첫 번째 틀: 트리

아름답고 풍요로운 에덴동산의 중심에는 지식의 나무가 서 있었다고 전해집니다. 아담과 이브(최초의 남자와 여자)는 정원을 가꾸어야 했습니다. 동산에 있는 거의 모든 나무 열매는 먹을 수 있었지만 지식의 나무 열매는 절대 먹어서는 안 되었지요. 거두절미하자면 결국 아담과 이브는 그 열매를 먹어버렸고, 그 죄로 인해 에덴동산에서 영원히 추방되었지만 세상에 눈뜨게 되었습니다.

'지식의 나무'는 설득력 있는 은유입니다.
'이해'란 행위는 줄기와 뿌리, 가지, 잎사귀로 이루어진 나무로써 꽤 잘 표현됩니다.
그 나무의 열매는 개념들이 서로 어떻게 연관되어 있는지 설명합니다.

나무 줄기에서 시작하여 큰 가지, 잔가지, 잎으로 점점 나뉘는 연속적인 분열 구조는, 식물계나 기본 생물학의 여러 측면을 포함해 자연계 전반에서 뚜렷하게 나타납니다. 우리의 사고도 이와 비슷해서 종종 계층 구조를 따르며, 중심 개념이 구성 요소로 나누어지고 또다시 보조 아이디어로 나뉩니다. 나무는 여타 자연 현상처럼 프랙탈 구조를 가지고 있으며, 가지와 잔가지가 갈라지는 형태가 모든 수준에서 동일합니다. 할리우드 영화에서 CG로 자연의 이미지를 만들 때에도, 나무는 프랙탈 알

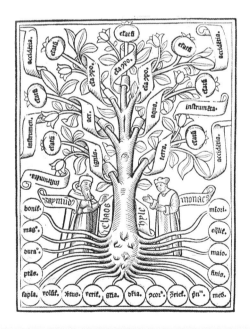

그림 2.5 과학의 구조를 나타내는 '포르피리오스 나무'

고리즘을 사용해 표현합니다.

3세기 그리스 철학자 포르피리오스Porphyry는 아리스토텔레스의 '범주' 개념을 일련의 구분체계로서 제시했는데, 이는 훗날 다른 철학자들에게 영감을 주어 '포르피리오스 나무'*로 만들어졌습니다. 이것은 그림 2.5와 같이, 개념 간의 관계 체계를 나무 형태로 표현한 그림입니다.

나무의 비유는 인간의 이해 과정에서 여전히 강력하며 유용합니다. 일론 머스크Elon Musk는 어떻게 그렇게나 많은 것을 배울 수 있느냐는 질문에 이렇게 답했습니다. "지식을 일종의 의미론적 나무로 보는 것이 주효합니다. 잎사귀(세부 사항)를 살피기 전에 기본 원리, 즉 줄기와 큰 가지를 반드시 이해해야 합니다. 줄기와 가지 없이는 잎도, 세부 사항도 있을 수 없으니까요."[15]

이러한 '의미론적 나무'의 윤곽은 지식 구축 과정을 통해 만들어집니다. 지식의 나무가 형태를 갖추기까지의 여러 과정을 고려할 때, 핵심 개념부터 아주 세세한 부분까지 다양한 수준에서 탐색하는 방법을 배워야만 합니다.

논리적 수준

1908년에 설립된 하버드 비즈니스 스쿨의 유구한 역사를 통틀어 볼 때 1963년 MBA 입학은 여느 해와 달랐습니다. 사상 처음으로 여학생들이 입학했던 것입니다. 600여 명의 유능한 신입생 중 의욕에 넘치는 여학생은 8명, 바바라 민토Barbara Minto는 그중 한 명이었습니다.[16] 철도 회사 비서였던 민토는 고용 불안을 걱정해 학교에 다니기로 했고, 학사 학위가 없었음에도 입학 시험에서 우수한 성적으로 합격했습니다.

---

* '존재의 사다리'나, '범주의 사다리'라고도 합니다. -역주

졸업과 동시에 민토는 유수 경영 컨설팅 회사 맥킨지앤컴퍼니의 첫 전문직 여성이 되었습니다. 얼마 후 컨설턴트들에게 논리적으로 사고하는 방법을 가르치는 일을 담당하게 되었지요. 민토는 미국과 유럽 지사를 오가며 '구성이 탄탄한 고객 보고서 작성법' 워크숍을 진행했는데, 그 과정에서 **피라미드 원칙**Pyramid Principle이란 기법을 고안했습니다. 이 기법은 지금까지도 맥킨지 문화에 깊이 뿌리내리고 있으며, 여타 주요 컨설팅 회사들에서도 채택하고 있습니다.

피라미드 원칙의 핵심은 사고의 계층 구조를 파악하는 것입니다. 이 구조는 그림 2.6에 나타난 것처럼, 피라미드의 정점에서 전체를 조직화하는 개념부터 이를 뒷받침하는 기본 아이디어를 거쳐, 피라미드의 기반을 이루는 보조 개념을 포괄합니다.

민토 원칙의 핵심은 두 가지 규칙으로 설명됩니다. "피라미드 각 단계의 아이디어는 항상 그 하위에 있는 아이디어 묶음의 요약이어야 한다."

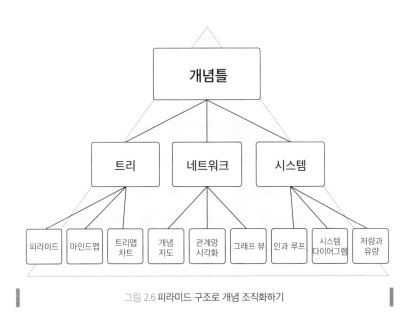

그림 2.6 피라미드 구조로 개념 조직화하기

그리고 "각 묶음에는 항상 동일한 종류의 아이디어가 있다."[17]

이 원칙에 따라 작성된 피라미드 다이어그램은 기업의 조직도를 닮아서, 마치 최상단에 위치한 CEO가 아래 단계 실무자로부터 차례로 보고를 받는 것 같은 계층 구조로 보입니다. 그렇다면 왜 여기서는 계층 구조가 아닌 '**논리적 수준**'에 대해 이야기하자고 하는 걸까요?

'계층hierarchy'이란 단어는 "거룩한 통치자"라는 뜻의 그리스어 '히에라케스hierarkhes'에서 유래했습니다. 이는 궁극적인 최고점이 존재함을 암시합니다. 그런데 우리가 우주 전체를 포괄하는 틀을 만든다면 몰라도, 계층이란 단어의 존재는 그 이상 넘어서서 생각할 수 없는 지점으로 작용해 우리의 사고를 제한하게 될 것입니다. 따라서 우리는 처음 떠오른 개념이나 틀을 기준으로 위와 아래, 혹은 높고 낮은 논리적 수준으로 오르내리는 관점에서 생각할 필요가 있습니다. 계층이라는 구조는 본질적으로 제한적입니다. 계층을 떠나 논리적 수준으로 생각하면, 자신의 의도에 따라 추상성과 구체성의 수준을 자유롭게 오갈 수 있습니다.

논리적 수준의 사고를 위해서는 정보를 '덩어리chunk'의 개념으로 생각해야 합니다. '청킹chunking'이라는 용어는 심리학에서 가장 많이 인용되는 논문 중 하나인 〈마법의 숫자 7 플러스마이너스 2: 인간 정보 처리 역량의 한계〉에서 유래합니다.[18] 하버드 대학교의 심리학자 조지 밀러George Miller는 보통 사람들은 5개에서 9개 사이의 정보를 동시에 기억한다는 것을 발견했습니다. 그러나 여러 정보를 모아 인식 가능한 단위로 '청킹(덩어리 짓기)'하면 약 7개의 정보 덩어리*를 단기기억에 저장할 수 있었습니다.

---

* 즉 7*5~9 = 35~45개의 개별 정보를 기억할 수 있는 셈입니다. -역주

이 사실은 사회과학자 허버트 사이먼Herbert Simon의 유명한 실험에서 실증되었습니다. 실험에서 체스 그랜드 마스터들은 슥 한 번 보는 것만으로 진행 중인 체스 게임의 모든 기물 위치를 기억할 수 있음을 보여주었습니다. 일반적으로 체스에서 가능한 말의 배열은 한정적인 까닭에 쉽게 기억할 수 있던 겁니다. 그러나 초보 체스 선수들은 체스 말 위치를 이렇게 덩어리로 정리하지 못했고, 각각의 위치를 하나씩 기억하려고 한 탓에 과제를 완전히 실패해 버렸습니다. 만일 실제 체스 게임이 아니라 무작위로 배치된 체스 말을 보여줬다면, 그랜드 마스터 역시 초보 선수와 다를 바 없었을 것입니다. 이미 알고 있는 패턴을 기억에 활용할 수 없기 때문이죠.[19]

논리적 수준 사이를 이동하는 능력은 우리가 지닌 가장 간단하면서도 강력한 개념 도구 중 하나입니다. 다음 간단한 질문은 사고의 논리적 수준 사이를 오가는 데 도움이 됩니다.

위로 이동하려면:
이 항목은 다른 것의 예시이거나 사례인가?

아래로 이동하려면:
이 항목에 관한 예시나 사례는 무엇인가?

자동차를 예로 들어 설명해 보겠습니다. 논리적 수준의 상위 단계를 찾는다면, 자동차가 무엇의 예시인지 질문해 보세요. 교통수단, 발명품, 지위의 상징 등 다양한 답이 나옵니다. 모두 타당한 답이지만, 각각은 자동차에 대해 생각하는 틀들이 서로 상당히 다름을 보여줍니다.

논리적 수준의 하위 단계로 이동하려면, 자동차에 연관되는 예시나 사례가 무엇인지 생각해 봅니다. 여기서도 역시 선택지는 다양합니다. 스타일에 따라 컨버터블, 세단, 스테이션 왜건, 사륜구동이 있을 수 있고, 브랜드에 따라 제너럴 모터스, 폭스바겐, 테슬라가 나올 수 있습니다. 또는 자동차 구성품인 섀시와 휠, 타이어, 계기판, 핸드 브레이크를 나열할 수도 있지요. 논리적 수준 사이를 능숙하게 이동하는 사고 과정은 새로운 개념 구조를 만들고, 새로운 가능성을 나타내는 고도의 창의적 과정입니다. 하지만 때로는 개념 간 관계가 복잡하고 미묘해서 주의를 기울여야 합니다.

메타meta적 사고

젊은 시절 어느 해 여름, 저는 더글러스 호프스태터Douglas Hofstadter의 저서 《괴델, 에셔, 바흐Gödel, Escher, Bach》 초판을 읽었습니다. 매일 한 장씩, 마음을 사로잡는 구절을 음미하면서 말이지요. 여전히 제 인생에 가장 큰 영향을 미친 책으로 남아 있답니다. 이 책은 멋진 태피스트리처럼 많은 아이디어를 엮어 짜내어, 의식의 본질을 짚어내면서 기계가 과연 의식을 가질 수 있는지 고민하게 합니다. 이 책의 주장과 구조의 핵심에는 '이상한 루프strange loops'라는 개념이 있습니다. 이는 요한 세바스찬 바흐의 무한히 상승하는 선율, M.C.에셔의 복잡하고 재귀적인 그림, 수학자 쿠르트 괴델의 구조적 불완전성 정리로 설명됩니다.[20] 특히 괴델의 정리는 내부적으로 일관된 사고 체계는 완전히 포괄적일 수 없음을 밝혀내기도 했지요.

호프스태터는 박사과정을 겨우 끝낸 신진 연구자였을 때 이 놀라운 걸작을 완성해냈습니다. 책이 퓰리처상을 비롯한 여러 논픽션 부문의 상과 찬사를 받으면서, 호프스태터는 세계 무대로 즉각 진출하게 되었습니다.

특히 작가 마틴 가드너Martin Gardner는 서평에서, "무명 작가가 심오함, 명료함, 폭넓음, 유머, 미적 감각, 독창성 등을 두루 갖춘 책을 써서 중요한 문학적 사건으로 단번에 인정받는 것은, 몇 십 년만에 한 번 나올 만한 일이다."라고 평하기도 했습니다.[21]

그 무렵 가드너는 과학잡지 《사이언티픽 아메리칸Scientific American》에 〈수학 게임Mathematical Game〉 시리즈를 30년째 연재하고 있었습니다. '유희 수학'의 즐거움을 파헤치는, 잡지의 최고 인기 칼럼이었지요. 호프스태터는 그의 뒤를 이어 칼럼의 집필자라는 막중한 업무를 맡으면서, 〈메타매지컬 테마Metamagical Themas〉라는 애너그램*을 시리즈의 새 이름으로 삼았습니다.

호프스태터가 '메타매지컬'이라는 단어를 만들 때 사용한 '메타meta'는, 원래 형이상학metaphysics에서와 같이 '위' 또는 '너머'를 의미하는 접두사였습니다. 이렇게 호프스태터가 대중화한 뒤 소프트웨어 개발 분야에서 특히 사랑받으면서 메타는 그 자체로 하나의 단어로서 자리 잡게 되었지요.

원래 메타meta는 더 높은 논리적 수준으로 이동하는 것을 뜻하며, 거의 모든 소프트웨어 아키텍처에서 이런 뜻으로 사용되고 있지요. 이제 이 단어는 '재귀'라는 보다 좁은 의미로 사용되곤 합니다. 예를 들면 데이터에 대한 데이터, 농담에 대한 농담, 생각에 대한 생각, 영화에 대한 영화(《어댑테이션》, 〈플레이어〉 또는 펠리니의 〈8과 1/2〉 같은 영화가 가장 분명합니다만, 자기 참조는 엔터테인먼트에서 만연하고 있습니다. 〈존 말코비치 되기〉, 〈데드풀〉 그리고 만화에서 영감을 받은 거의 모든 최신 영화의 요소들을 생각해 보세

---

* 단어나 문장을 구성하는 문자의 순서를 바꾸어 다른 단어나 문장을 만드는 것. 유명한 애너그램으로 소설 《해리포터》 등장인물 '톰 마볼로 리들(TOM MARVOLO RIDDLE)'이 있습니다. 이 이름을 고치면 '난 볼드모트 경이야(I AM LORD VOLDEMORT)'가 되어 그의 정체가 밝혀집니다. -역주

요.) 같은 식이지요. 안타깝게도 과거 페이스북으로 알려졌던 회사가 이 단어를 가져가고 말았지만, 메타는 가치 있는 개념이며 그 자체의 의미로 계속 사용되어야 합니다.

진화하는 정보의 흐름, 우리 삶에서 소프트웨어가 하는 기본적인 역할 그리고 움직이는 사고 패러다임으로 말미암아 세상은 점점 재귀적으로 변하고 있습니다. '메타meta적 사고'는 종종 매우 중요한 도구로 기능하여, 루프를 인식하고, 시스템을 이해하며, 새로운 생각과 아이디어에 의미 있는 구조를 부여하는 능력을 길러줍니다.

마인드맵mind map

계층 구조에 기반한 시각화 기법 중 가장 일반적인 것은 바로 **마인드맵**입니다. 마인드맵은 토니 부잔Tony Buzan이 1970년대 BBC 라디오 프로그램 〈두뇌를 쓰세요Use Your Head〉에 출연해, 아이디어를 시각적으로 표현하는 방법을 처음으로 이야기하면서 시작되었습니다. 부잔은 1996년《마인드맵 북The Mind Map Book》을 통해 더 많은 독자에게 다가갔고, 나중에는 전 세계에서 2억 5천만 명이 이 기법을 사용하게 되었다고 합니다. 이제 마인드맵은 학교에서도 흔히 쓰고 있으며, 많은 소프트웨어가 출시되어 보다 쉽게 작성할 수 있게 되었습니다.

부잔의 시각화 기법에서 도입한 눈에 띄는 혁신은 주요 개념을 다이어그램의 하단이나 측면이 아닌 중앙에 배치하는 것이었는데, 그는 이것을 '**방사형 사고**'라 명명했습니다.[22] 마인드맵은 본질적으로 계층 구조입니다. 그런데 개념을 중앙에 배치해 재구성하면, 머릿속의 지식 재현 방식에 훨씬 더 일치하게 됩니다. 마인드맵을 작성하기 위한 4가지 기본 원칙은 다음과 같습니다.

1. **개념의 중앙 배치**: 핵심 아이디어를 다이어그램의 중앙에 배치하고, 보조 아이디어는 핵심 아이디어에서 출발해 방사형으로 둡니다.

2. **계층적 구조**: 기본 개념은 보조 개념을 낳고, 이런 개념이 더 낮은 수준의 아이디어로 분기됨에 따라 이들을 연결하는 선의 굵기가 가늘어지기도 합니다.

3. **시각적 요소**: 부잔은 아이디어, 특히 중심 개념을 표현하고 연상하기 위해 가능한 한 이미지를 사용하길 추천했습니다. 또 선과 노드에 서로 다른 색상을 이용하는 것도 권합니다.

4. **연관 짓기**: 두 요소 사이에 연관이 있는 경우, 특히 마인드맵의 다른 분지 fork에 가로질러 있는 경우에 그 사이에 선을 긋습니다.

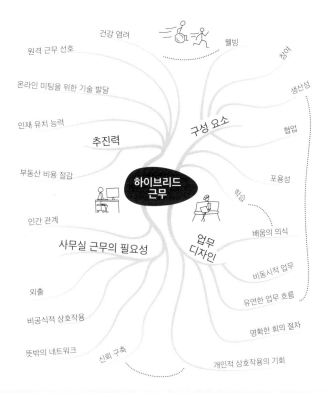

그림 2.7 '하이브리드 근무'의 핵심 개념에 대한 마인드맵

예를 들어, 어느 회사의 경영진이 직원들이 사무실, 집, 그 외 장소에서 업무 시간을 공유하며 일하는 하이브리드 근무로 전환하는 최선의 방법을 고민한다고 생각해 봅시다. 이 임원은 자신의 생각을 명확히 하고, 고려해야 할 문제들을 표면화하기 위해 핵심 아이디어의 마인드맵을 작성할 수 있습니다.

그림 2.7은 하이브리드 근무를 둘러싼 개념들에 대한 매우 간소화된 마인드맵을 보여줍니다. 이 다이어그램은 적절한 전략과 근무 정책을 논의하고 개발하는 과정에 필요한 기초적 틀의 역할을 합니다.

▌ 두 번째 틀: 네트워크

비교적 최근에 등장한 네트워크network(연결망) 과학은 우리에게 네트워크가 기술, 인프라, 사회뿐만 아니라 생물학의 여러 측면에서도 중심에 있다는 것을 보여주었습니다.[23] 우리 두뇌 역시 네트워크를 통해 가장 잘 이해할 수 있습니다. 신경망 연구는 우리 마음의 근본적인 본질을 밝혀내는 강력한 통로가 되어주면서 막대한 자금 투자를 받고 있습니다.*

우리의 인지 과정은 경험과 아이디어 사이의 연관성에 기초합니다. 잘 알려진 문구인 "함께 발화하여 연결되는 신경세포"는 신경망이 어떻게 형성되는지에 대해 우리가 오랫동안 밝혀온 바를 명쾌하게 표현해 줍니다.[24] 간단히 말해, 우리는 경험을 통해 연상을 형성합니다. 이 과정은 평생 지속되며 인지 심리학자들이 '의미망semantic networks'이라고 부르는 것을 생성합니다. 의미망은 우리가 떠올리고, 생각하고, 인지하는 의미를

---

* '인간 커넥텀 프로젝트(The Human Connectome Project)'는 이 분야의 주요 프로젝트입니다. 기본 발상은 프로젝트 창안자 중 한 명인 올라프 스폰스(Olaf Sporns)의 저서 《뇌 네트워크(Networks of the Brain)》(2010)에 잘 나타나 있습니다. -역주

서로 연결하며, 곧 우리가 세상을 생각하고 이해하는 방식의 토대가 됩니다.

여러분은 분명, 어째서 뜬금없는 생각이 간혹 떠오르는 것인지 생각해 본 적이 있을 겁니다. 기억력이 좋다면야 서로 전혀 관련 없어 보이는 생각과 생각 사이를 잇는 일련의 단계를 되짚어볼 수 있습니다. 이렇게 해낸 생각의 도약은 매우 개인적이고 고유한 것으로, 여러분이 오랜 세월에 걸쳐 쌓아온 연상 작용이 반영된 결과입니다. 저마다 마음속에 가진 아이디어의 네트워크를 포착하고 의도적으로 만들어가는 것은 지식 향상에 있어 비할 바 없이 중요한 접근 방식입니다.

범주 인식

저명 언어학자 조지 레이코프George Lakoff의 획기적인 저서 《여성, 불 그리고 위험한 것들: 범주가 마음에 대해 드러내는 것Women, Fire, and Dangerous Things: What Categories Reveal About the Mind》은 호주 토착 언어인 디르발Dyirbal에서 영감을 받은 것입니다. 제목에 있는 3개의 명사는 디르발어에서 모두 같은 범주에 속하는 말입니다. 부제(범주가 마음에 대해 드러내는 것)가 암시하듯이, 레이코프는 우리가 사용하는 범주에 객관적인 현실이 아닌 인지 구조가 반영되어 있다고 대담하게 주장합니다.[25] 실제로 범주는 우리가 세상을 인식하고 이해하는 데 중심 역할을 하지요.

최근 수십 년간 일어난 정보의 폭증으로 말미암아 우리는 정보와 아이디어를 분류하는 방법을 재검토해야 했습니다. 얼마 전까지만 해도 사서들은 듀이 십진분류법에 따라 책의 서가 배치를 결정하는 그들만의 권한이 있었습니다. 마찬가지로, 다양한 분야의 과학자들은 그들이 적절하다고 생각하는 대로 새로운 아이디어를 할당하는 분류학을 확립했습니다. 하지만 인터넷 세상에서는 일반인들도 아이디어를 자신만의 범주로 분류하는 힘을 갖게 되었습니다. 태그만 만들면 그렇게 되기 때문이죠.

이렇게 '**폭소노미**folksonomy*'가 태어났습니다. 일반인들이 각자 의미 있다고 생각하는 방식으로 콘텐츠에 태그를 붙이는 간단한 행위를 통해 새로운 범주와 연결고리를 만들기 시작한 것이지요. 우리는 이제 사람들의 인식에 따라 모든 것이 극히 다양한 범주로 분류되는, 작가 데이비드 와인버거David Weinberger의 말마따나 "모든 것이 잡다한" 세상에 살게 되었습니다.[26]

콘텐츠에 태그를 추가하는 것은 개념 네트워크 내의 연결성을 이끌어내는 가장 간단하면서 효과적인 방법입니다. 광범위한 정보에서 자신만의 지식을 구축하려고 할 때, 중요한 단계는 관심 자료를 분류하기 위해 범주를 결정하는 것입니다. 콘텐츠를 접할 때마다 유의미한 범주를 정해 태그를 붙이는 것만으로도 지식을 생성할 수 있는데, 이는 아이디어 간에 의미 있는 패턴을 만들고 관계를 드러냅니다.

개념 네트워크는 다양한 방식으로 표현할 수 있습니다. 이 장의 뒷부분에서 살펴볼 연결 노트용 소프트웨어에는 일반적으로 노트 간의 연결을 보여주는 '그래프 보기' 기능이 있습니다. 사회적 인맥을 매핑하는 데 종종 사용되는 고전적인 네트워크 시각화 기법도 아이디어를 매핑하는 데 활용할 수 있습니다. 사람들의 학습 방식을 연구하기 위해 고안된 도구도 마찬가지로 이러한 네트워크적 사고를 담아내곤 합니다.

---

* 태그에 따라 분류하는 새로운 분류 체계로서 일반인들에 의한 자발적, 협업적 분류법입니다. -역주

개념 지도

코넬 대학교 교육학과 교수인 조셉 노박Joseph Novak은 이공계 학생들이 어떻게 자신의 학문분야에 대한 이해를 발전시키는지 연구했습니다. 노박은 학생들이 자신의 지식을 구성하는 방법을 표현하도록 '개념 지도 concept map'를 고안했으며, 이렇게 작성된 개념 지도는 이후 다른 학생들이 같은 주제를 학습할 때에 도움이 되었습니다.

개념 지도는 기본적으로 아이디어 간의 관계를 묘사합니다. 개념의 기초가 되는 요소들은 그 사이의 관계를 설명하는 동사에 의해 연결됩니다. 이를 통해 인과관계, 논리적 수준, 추상적이거나 구체적인 다양한 연결을 포함하는 광범위한 관계를 자유롭게 표현할 수 있습니다.

개념 지도는 이해를 명확히 하고 소통을 원활히 하기 위해 사용됩니다. 마침맞게, 팀 버너스 리Tim Berners-Lee도 월드 와이드 웹을 위한 최초의 제안서를 아이디어 간의 관계 네트워크를 묘사하는 개념 지도로 시작했답니다.[27]

어떤 사업가가 비즈니스 사상가인 존 하겔John Hagel이 제안한 '확장 가능한 학습'이라는 아이디어에 흥미를 느낀다고 생각해 봅시다. 하겔은 기하급수적인 디지털 기술의 부상으로 인해 '성공 방정식'이 바뀌었다면서, 지난 세기 대기업의 특징이던 '확장 가능한 효율성'에서 탈피해 '확장 가능한 학습'으로 전환해야 한다고 주장했지요.[28] 이 개념을 파악하고 직원들과 공유하기 위해, 경영진은 그림 2.8과 같은 간단한 개념 지도를 작성해 기본 아이디어 간의 관계를 설명할 수 있습니다.

트리 구조와 네트워크 구조 모두 우리의 지식을 연결하고 표현하는 데 매우 적합한 기법입니다. 그러나 세상은 때때로 훨씬 더 복잡해서, 이런 구조만으로는 묘사하기 힘들지도 모릅니다. 이것이 우리가 시스템의 관

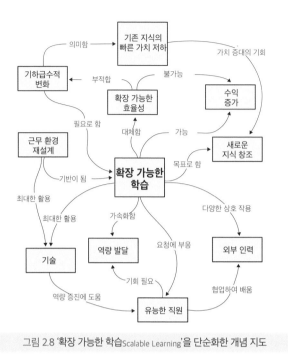

기존 지식의
빠른 가치 저하

의미함

기하급수적
변화

부적합

불가능

가치 증대의 기회

확장 가능한
효율성

수익
증가

필요로 함

대체함

가능

새로운
지식 창조

근무 환경
재설계

기반이 됨

**확장 가능한
학습**

목표로 함

최대한 활용

최대한 활용

가속화함

다양한 상호 작용

기술

역량 발달

요청에 부응

외부 인력

역량 증진에 도움

기회 필요

협업하여 배움

유능한 직원

그림 2.8 '확장 가능한 학습Scalable Learning'을 단순화한 개념 지도

점에서 생각하는 법을 배워야 하는 이유입니다.

세 번째 틀: 시스템

제이 포레스터Jay Forrester는 미국 네브래스카주 시골 목장에서 자랐기에
날씨와 농작물, 가축이 갖는 변동성뿐만 아니라 농업 경제의 복잡한 역
학 관계에도 익숙했습니다. 포레스터는 "수요와 공급, 요동치는 가격 및
비용, 농업에 가해지는 경제적 압박이 개인의 일상을 형성하고 지배하는
지극히 개인적이고 강력한 요소로 작용하더군요."란 말로 자신의 성장
배경이 인생 여정을 어떻게 형성해 왔는지 돌아보았습니다.[29] 그는 언뜻
예측할 수 없이 요동치는 농장의 운명 속에서 어떤 '패턴'을 알아차리기
시작했습니다.

제2차 세계 대전이 발발할 무렵, 포레스터는 네브래스카 대학교를 졸업하고 보스턴에 있는 MIT 대학원에 입학했습니다. 그가 소속된 연구실에서는 회전식 대포와 레이더 안테나의 위치 정확도를 향상시키기 위해 피드백 제어 시스템을 설계했습니다. (훗날 MIT 슬론 경영대학원이 되는) 대학 교수가 된 포레스터는, 제너럴 일렉트릭의 경영진에게 켄터키주에 소재한 가전제품 공장에서 발생하는 비정상적 생산 변동성을 관리할 방안을 마련해 달라는 요청을 받았습니다. 포레스터는 이러한 변동성을 발생시키는 패턴이 그가 일전에 일조해 구축했던 위치 가이드 시스템과 동일한 피드백 루프를 따른다는 사실을 발견했습니다.

이후 포레스터는 시스템이 전체적으로 어떻게 작동하는지를 연구하는 '시스템 역학'이라는 분야를 개척했습니다. 포레스터의 단순하면서도 강력한 통찰은 바로 세상이 선형적이지 않다는 것입니다. 모든 것은 스스로를 먹고 자랍니다. 작은 열정이 좋은 결과를 만들어내면 더 큰 열정을 불러일으킬 수 있습니다. 주식이나 암호화폐의 가격이 급등하면 더 많은 구매자가 유입되고, 가격은 더 큰 폭으로 상승할 수 있습니다. 세상은 아주 복잡하여 단순한 원인과 결과의 관계를 초월합니다. 따라서 우리가 아이디어를 설명하는 틀을 짤 때는 직접적 영향을 주고받는 관계뿐만 아니라 더 큰 '루프loop'를 생각할 필요가 있습니다. 우리는 두 가지 피드백 루프인 강화와 균형을 이해하고 찾아내야 합니다.

강화 피드백 루프

1980년대 후반, 복잡계 연구의 선구자인 브라이언 아서Brian Arthur는 우리가 현재 당연하게 생각하는 명백한 사실을 하나 지적했습니다. 바로 특정 시장에서는 (기술 플랫폼뿐만 아니라) 성공이 성공을 낳는다는 것입니다. 인스타그램은 2010년 말 출시와 동시에 인기를 끌었고, 13개월 만에 1,000만 명의 사용자를 확보했습니다. 10억 달러에 페이스북에 인수된 7개월 후에는 사용자가 5,000만 명에 도달했지요. 현재는 사용자가 10억 명이 넘습니다.[30]

　아마존은 설립 후 첫 10년 동안 해마다 적자를 기록했으며, 투자자들은 아마존의 비즈니스 모델이 과연 수익을 낼 수 있을지 회의적이었습니다. 제프 베조스Jeff Bezos는 자신이 이루고자 하는 목표를 명확히 했습니다. 그 목표는 개선된 성과가 자체적인 발전을 이끄는 모델이었지요. 2000년, 그는 냅킨 위에 아마존의 비즈니스 모델 개념을 그렸습니다(그림 2.9).[31] 베조스가 상상했던 강화 피드백 루프, 플라이휠은 지속해서 성장을 견인했고, 2020년 1월 아마존은 시가총액 1조 달러를 돌파했습니다.

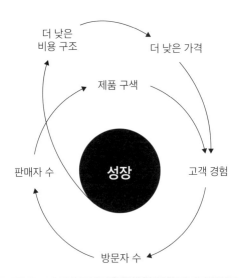

그림 2.9 아마존 비즈니스 모델의 강화 피드백 루프(플라이휠)

피드백 루프의 강화가 반드시 더 큰 부나 기대한 결과로 귀결되지는 않습니다. 가령 기업에서 직원이 퇴사하면 남은 직원의 업무량이 증가하고, 스트레스 상승, 사기 저하, 추가 사직으로 이어집니다. 거시적인 예로 지구 온난화를 살펴보면, 고온으로 인해 다양한 메커니즘이 발동하고 그 결과 기온이 더욱 상승합니다. 극지방의 빙하가 녹아 메탄을 방출하고 태양광선을 반사하는 표면적이 감소하여, 빙하가 유실되는 속도가 가속되는 패턴입니다.

또한 모든 피드백 루프가 결과를 증폭시키는 것은 아닙니다. 일부는 균형을 맞추어 변화를 상쇄하기도 합니다.

균형 피드백 루프

균형 피드백 루프는 시스템을 안정화하는 역할을 합니다. 모든 생명체는 균형을 잡는 놀라운 메커니즘이 있습니다. 그렇지 않으면 생명체를 죽음에 이르게 하는 무엇인가로 인해 결국 죽게 될 것입니다. 간단한 예로 인간의 체온을 생각해 봅시다. 너무 더워지면 우리는 땀을 흘리고, 바람이 불면 땀이 마르며 체온을 떨어뜨립니다. 반대로 추워지면 본능적으로 몸을 떨면서 체온을 높이게 됩니다.

균형 피드백 루프의 사례는 경영 분야에도 많습니다. 대규모 조직에서 변경 관리 프로세스를 겪어본 사람이라면 누구나 직원들의 광범위한 대응이 경영진의 개선 활동을 상쇄하는 것을 보았을 겁니다. 이러한 '기업 내 항체'는 조직을 이전 상태로 되돌리려고 합니다. 지난 수년간 미국 의료 시스템의 고질적 문제를 개혁하려던 다방면의 노력 역시, 기득권을 유지하려는 균형 피드백 루프에 늘 가로막히고 있습니다.

시스템 다이어그램

시스템 다이어그램system diagram은 자연계와 사회, 조직 등 복잡한 시스템(복잡계)을 심층적으로 이해하는 유용한 방법입니다. 이러한 시각화는 시스템을 구성하는 필수 메커니즘인 강화 및 균형 피드백 루프를 파악하고자 합니다. 목표는 선형적 사고를 넘어 더 다채로운 현실 세계로 여러분을 이끄는 것입니다.

조직의 리더라면 인재 유치와 고용 유지의 역학 관계를 검토할 때, 조직에서의 피드백 루프 강화 과정에서 나타날 수 있는 잠재적인 위험 요소와 긍정적인 결과 모두를 알고자 할 것입니다. 그림 2.10은 리더가 이

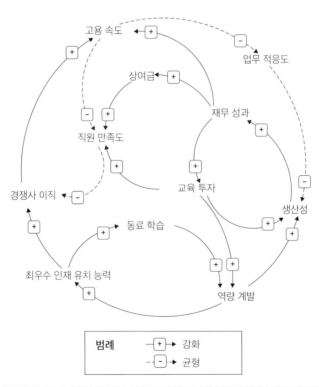

그림 2.10 인재 유치 및 고용 유지의 역학 관계를 시각화한 시스템 다이어그램

러한 역학 관계에서 생각해볼 만한 사항을 단순화해 요약한 시스템 다이어그램입니다. 다이어그램에서 양(+)의 화살표는 연결 요소를 보강하는 강화 관계를, 음(-)의 화살표는 연결 요소를 감쇄하는 균형 관계를 나타냅니다. 경우에 따라 양의 피드백 루프가 만들어질 때 억제 요인이 함께 보이기도 합니다.

시스템 다이어그램을 설계하는 작업은 섬세한 과정이기도 해서 종종 심층적 사고가 필요합니다. 인과 루프causal loops, 저량과 유량stocks and flows 등 시스템 다이어그램의 여러 스타일을 포함하여 시스템 사고를 적용하는 방법에 관해 자세히 알아보려면, 이 책의 부록 [정보 문해력 자료실]을 참조하세요.

시스템을 시각적으로 표현하지 않더라도, 피드백 루프를 강화하고 균형을 맞추는 일은 늘 중요합니다. 피드백 루프가 눈에 띄면 메모해 두었다가 작성 중인 개념틀에 포함할 수 있는지 살펴보세요. 이 하나의 단계만으로도 여러분이 종사하는 전문 분야에서 기본이 되는 원칙을 더 잘 이해하게 됩니다. 피드백과 재귀를 민감하게 알아차리는 역량은 복잡한 세상을 살아가기 위해 불가결한 것입니다.

더 나은 사고를 이끌어내는 틀은 본질적으로 시각적인 경우가 많습니다. 그렇지만 아이디어 간의 연결을 포착하는 목적이라면, 색인카드와 소프트웨어, 글쓰기 등의 다른 접근 방식도 유용할 것입니다.

▌또 다른 틀: 글쓰기와 연결 노트

문자의 발명이 인류 역사의 중추적 역할을 했음은 분명해 보입니다. 글로써 우리는 지식을 파악하고, 다음 세대에 이야기와 교훈을 전하며, 기억에 내재된 오류 가능성을 극복하기 때문입니다. 우리의 인지 능력은 극히 제한적입니다만, 글쓰기를 통한다면 과거에 했던 생각을 회상할 뿐만 아니라, 그 생각을 발전시키고 구조화할 수 있습니다. 하지만 문제가 있습니다. 글은 본질적으로 순차적이지만, 세상은 그렇지 않다는 것이지요.

단순히 그때그때의 아이디어나 참고 자료를 기록한 선형 노트라도, 다시 들춰보며 출처를 찾거나 아이디어를 한층 체계화하는 데 사용할 수 있다는 점에서는 가치가 있습니다. 선형 노트는 종이에, 디지털 기기에, 또는 책의 여백에 적을 수도 있습니다.

기업인 리처드 브랜슨Richard Branson이 말했듯, 메모하지 않으면 자신이 생각해냈거나 우연히 떠오른 유용한 아이디어에 다시 접근할 수 없습니다. 브랜슨은 "저는 매년 수십 권의 노트를 사용하며 매일 일어나는 일을 기록해요. 노트에 담긴 아이디어들은 실제로 구현되기도 하고 그렇지 않기도 하지만, 모두 기록할 가치가 있지요."라고 설명합니다. "기록하지 않은 아이디어는 잃어버리기 마련입니다. 기록 방법은 중요하지 않아요. 기록한다는 사실이 중요합니다."[32]

종류가 무엇이든 메모 작성은 사고력을 키우는 출발점으로서 대단히 유용합니다. 일단 아이디어가 포착되면, 떠오르는 기존 개념이나 새로운 개념에 훨씬 쉽게 연결할 수 있습니다.

'연결 노트connected note'란 비연속적 글쓰기로, 순차적 글쓰기의 한계를 넘어 아이디어 간의 다양한 관계를 포착함으로써 인간이 사고하는 방식의 기본 구조를 모방하기 위한 것입니다. 개념틀이 모조리 시각적 도구일 필요는 없습니다. 어떤 도구와 기법이든, 아이디어 간의 연결을 포착하거나 명시적으로 표현할 수만 있다면 도움이 됩니다.

상호 연결된 색인카드

황폐해진 독일이 제2차 세계 대전을 끝내려던 무렵, 18세의 니클라스 루만Niklas Luhmann은 유년 시절 겪은 충격적인 사회 붕괴의 재발을 막겠다는 믿음으로 법학을 전공했습니다. 그러나 막상 변호사가 되어보니 의뢰인을 상대하는 일이 맞지 않았고, 이내 공직에 입문했습니다. 틈틈이 짬을 내 사회학을 공부하기 시작했으며, 사회체제에 대해 더 깊이 배우고자 하버드 대학교에 지원해 장학생으로 합격했습니다. 35세에 독일로 돌아온 그는 학업을 계속했고, 39세에 마침내 박사학위를 취득했습니다.[33]

루만은 매우 영향력 있는 사회학자이자 체제이론가가 되었을 뿐 아니라, 70여 권의 책과 400여 편의 학술 논문을 집필한 손꼽히는 다작 작가도 되었습니다. 인생의 마지막 30년 동안 루만은 매년 평균 2권 이상의 책과 13편의 학술 논문을 발표했습니다. 이 경이로운 생산성의 비결은 자신의 노트 필기 시스템이라 밝히면서, 루만은 이것을 '색인카드 정리함slip box'이라는 뜻인 '제텔카스텐Zettelkasten'이라 불렀습니다.

'슬립slip'은 우리가 보통 색인카드라고 부르는 것으로, 각각 번호가 매겨져 일련의 상자에 보관됩니다. 루만은 태그와 계층 구조를 이용해 카드를 상호 참조하는 복잡한 시스템을 개발했고, 일생 동안 상호 연결된 9만 장의 카드를 수집했습니다.

루만이 아이디어와 개념을 색인카드에 기록하고 서로 연결했던 첫 번째 인물은 아닙니다. 루만 이전에 매우 유사한 시스템을 사용한 유명 과학자나 사상가들이 있었으며, 위대한 수학자이자 철학자인 고트프리트 라이프니츠Gottfried Leibniz와 현대 생물 분류체계를 만든 칼 폰 린네Carl von Linné가 대표적입니다.

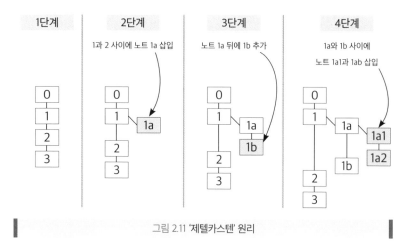

그림 2.11 '제텔카스텐' 원리

린네의 연구 자료

린네가 일생을 바친 일은 구조$_{structure}$를 통해 엄청나게 많은 정보를 이해하는 것이었습니다. 그는 말년에 이르러서야 색인카드를 사용하기 시작했는데, 이는 연구 초기에 사용하던 단순 목록이 점진적으로 발전하여 계층 구조를 한 페이지에 묘사하는 단계에 다다른 것입니다. 과학사학자들은 이렇게 설명합니다. "연구가 진행되고 데이터 양이 늘어남에 따라, 린네는 새로운 정보를 감당하기가 힘들었죠. 간단한 표와 도식이 아니라, 더 복잡하고 유연한 데이터 정리 방법이 필요했습니다."[34] 린네가 찾은 해결책이 바로, 상호 연결된 색인카드 모음이었던 것이지요.

연결 노트용 소프트웨어 도구

저는 1987년 애플이 하이퍼카드$_{HyperCard}$ 소프트웨어를 출시했을 때 얼마나 즐거웠는지 기억합니다. 하이퍼카드는 사실상 디지털 형식이었던 색인카드 사이에 하이퍼링크를 연결하는 소프트웨어였지요. 월드 와이

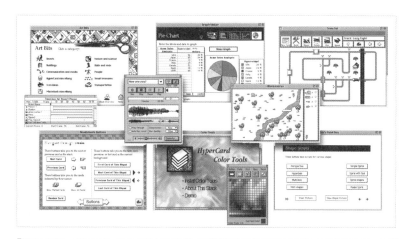

그림 2.12 애플 하이퍼카드로 가능한 작업들

드 웹이 만들어지기 전이었으므로, 하이퍼카드는 분명히 초창기 웹 구조에 영감을 주었을 것입니다. 루만과 동료들은 실물 카드를 복잡한 번호와 태그로 연결했습니다만, 이제는 그럴 필요 없이 누구나 쉽게 텍스트와 아이디어 사이에 자신만의 디지털 '하이퍼링크'를 만들 수 있게 되었습니다.

풀다운 인터페이스를 개발한 주역으로 유명한 애플의 개발자 빌 앳킨슨Bill Atkinson은 하이퍼카드 아이디어를 이렇게 설명합니다. "시인, 예술가, 음악가, 물리학자, 화학자, 생물학자, 수학자, 경제학자 모두 각기 다른 '지식 풀pool'을 가지고 있지만, 서로 공유하여 더 심오한 연관성을 찾는 일은 드물고 더딥니다. 만약 서로 다른 지식 분야 사이에 아이디어 공유를 장려한다면, 더 큰 그림이 많이 드러나고 결국 더 많은 지혜가 생겨날 것이라 생각했습니다. 정보가 지식으로 이어지고 지식이 지혜로 이어지는 일종의 분수효과 이론, 이것이 바로 하이퍼카드를 만든 계기였습니다."[35]

이 장의 첫머리에서 제리 미찰스키가 정보와 아이디어를 저장하고 연결하는 데 사용한 더브레인TheBrain을 설명했습니다. 오늘날 네트워크로 연결된 노트를 작성하는 다양한 도구가 존재하며, 여전히 새로운 제품들이 출시되고 있다는 점은 정보가 포화된 세상에서 이러한 도구에 대한

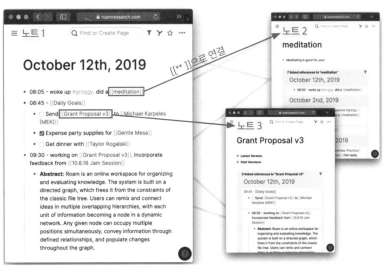

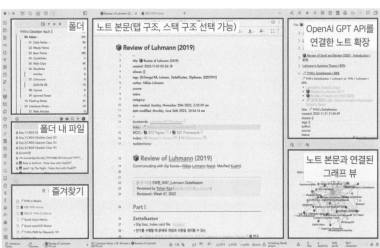

그림 2.13 롬리서치(위)와 옵시디언(아래, 출처: youtube.com/@cmdspace) 사용 예시

수요가 증가하고 있음을 시사합니다.

에버노트Evernote와 노션Notion처럼 간단한 노트 필기 도구들도 노트 사이의 링크를 생성할 수 있어 아이디어 간의 연결고리를 만드는 데 유용하지만, 업무에 이상적인 형태는 아닙니다. 일부 사람들은 트렐로Trello와 같은 생산성 소프트웨어를 차용해 개념이나 목록 모음을 세분해 연결하기도 합니다.

연결 노트용 소프트웨어는 지난 몇 년간 대세로 자리매김하면서 빠르게 성장하고 있습니다. 2017년에 시제품으로 만들어졌던 '롬리서치Roam Research'는 열성 팬들을 끌어들여 빠르게 성장하면서 '롬컬트roamcult'라는 용어까지 탄생시켰습니다. 저명한 벤처 캐피털리스트 브래드 펠드Brad Feld는 "수많은 소프트웨어를 사용해 봤지만, 롬만큼 제게 큰 영향을 준 소프트웨어는 없습니다."[36]라고 하더군요. 비슷한 계열의 오픈소스 소프트웨어로 '옵시디언Obsidian'이 있는데, 저 역시 사용하고 있으며 열렬한 사용자 커뮤니티를 자랑합니다. 이런 소프트웨어는 시간과 노력을 투자해 자신의 생각을 연결하려는 사람들에게 매우 귀중한 도구입니다.

소통을 위한 틀짜기

과학자들이 선정한 역사상 가장 위대한 물리학자 중 한 명인 리처드 파인만Richard Feynman은 가르치는 행위가 학생뿐만 아니라 교육자에게 강한 영향력을 미친다는 것을 열정적으로 알리곤 했습니다. 파인만은 "잘 알고 싶은 것이 있다면, 그것을 가르쳐 보세요."라는 명언을 남겼습니다. "더 많이 가르칠수록, 더 많이 배우게 됩니다."

한 분야를 얼마나 잘 이해하고 있는지 명확히 알 수 있는 최고의 방법은 강의 계획서(이것도 사실 하나의 틀입니다)를 작성해 한 명 이상의 학생을 이해시키는 것입니다. 물론 훌륭한 교사는 수많은 사실을 나열하는 것이 아니라, 무엇이 중요하며 각 요소들이 어떻게 관련되어 있는지를 알려주고, 학생들이 주제를 머릿속으로 재구성하는 데 필요한 구조를 이해하도록 돕습니다. 다른 사람을 가르칠 것이라 가정하고 공부하면, 지식을 보다 잘 정리하게 된다는 연구 결과가 있습니다.[37] 이 같은 프로테제 효과protégé effect는 개인지도를 하는 학생들의 우수한 학습 성과를 통해 분명히 증명되기도 했습니다.

똑똑한 사람들 중에도 자신의 생각을 설명하기 어려워하는 사람들이 있지요. 이런 사람들은 고도로 정제된 사고의 틀을 가지고 세상을 이해하지만, 그 틀이 무의식 속에 머물러 있습니다. 그래서 대개 어쩔 수 없는 경우, 예를 들어 업무상 필요할 때, 연설을 준비하거나 글을 쓸 때에야 겨우 생각을 종합해서 꺼내보게 됩니다.

손꼽히는 억만장자 워런 버핏Warren Buffett은 글쓰기를 통해 자신의 생각을 점검하고 다듬는다고 합니다. "저는 글을 쓸 때 생각하게 되고 다시 배웁니다." 버핏은 이어서 "내가 생각했다고 생각하는 어떤 것들은 글로 써서 사람들에게 설명하려 할 때에서야 전혀 말이 안 되는구나, 깨닫게 됩니다. (…) 만약 연필을 종이에 갖다대는 것조차 힘들다면, 좀더 여유를 두고 생각해 보는 것이 좋습니다."라고 조언합니다.[38]

세계 최대 액셀러레이터*인 와이 콤비네이터의 공동 창립자 폴 그레이엄Paul Graham은 자신이 생각하는 바에 관해 정기적으로 에세이를 쓰곤 하는데, 글쓰기에 대해 이렇게 설명합니다. "에세이Essayer는 '시도하다'라는 뜻의 프랑스어 동사이고, 에세이essai는 '시도'라는 명사지요. 에세이는 무언가를 이해하기 위해 쓰는 것입니다. 사람들을 초대하면 억지로라도 아파트를 청소해야 하는 것처럼, 다른 사람들이 읽을 만한 글을 쓰려고 하면 생각을 정리하게 됩니다."[39]

'너'의 중요성

자신의 전문 분야에서 발표하거나 특정 주제에 대해 글을 쓰는 경우, 청중이 핵심 메시지를 파악하고 새로운 이해를 얻어 돌아갈 수 있도록 아이디어 흐름을 구성해야 합니다. 제대로 전달하기 위해서는 한 발 뒤로 물러나 무엇이 중요한지, 개념이 서로 어떻게 연관되는지, 어떤 은유법이 쓸모 있는지, 가장 논리적인 아이디어 순서는 무엇일지 고민해야 합니다. 제프 베조스는 아마존 임원들에게 생각을 6페이지 이내의 내러티브 메모로 요약하도록 지시했습니다. "6페이지에 걸쳐 서사적으로 구성된 메모를 작성하는 동안 명확한 사고를 못 할 리가 없습니다."[40]

짐작하시겠지만, 저는 이 의견에 전적으로 동의하지는 않습니다. 혼란스러운 생각이 드러나는 메모와 기사도 여럿 읽어보았으니까요. 체계적인 글쓰기를 훈련하는 것은 매우 유익하지만 확실한 해결책은 아닙니다. 반면에 추론 구조가 명확하지 않은 사고를 시각적으로 표현하는 것은 거의 불가능합니다.

---

* 벤처기업이나 스타트업을 발굴해 이들의 성장을 가속화하기 위해 투자하는 전문기관 -역주

생각을 정제하는 가장 효과적인 방법은
자신의 논리를 설명하는 글을 쓰면서
시각적 요약을 포함해 보는 것입니다.

실제로 제가 하는 틀짜기 작업의 대부분은 고객들을 위한 일이며, 저는 발표나 전략 회의를 준비하면서 심층적으로 연구하고 생각하게 됩니다. 특정 결과물과 청중을 고려하면서 작업하는 것이지요. 제가 아는 사람들 대부분도 마찬가지로 블로그 게시글을 쓰거나 발표 준비를 하면서 통찰을 정제하곤 합니다. 자신이 알고 있는 것을 전달하거나 가르치는 과정에서 종합이란 행위가 일어나며, 이때 사람들은 매우 포괄적인 틀을 짜서 이해력을 높이려면 어떤 점을 채워야만 할지 알아낼 수 있습니다.

미래를 위한 틀짜기

여러분이 내리는 모든 결정은 미래와 관련됩니다. 아무리 노력해도 과거는 바꿀 수 없지요. 바꿀 수 있는 유일한 것, 여러분의 결정이나 활동이 영향력을 발휘하는 곳은 바로 미래입니다. 그런데 미래의 엄청난 불확실성을 어떻게 이해할 수 있을까요?

저는 평소 "모두가 자기 자신의 미래학자가 되어야 한다."라고 말하곤 합니다. 여러분은 미래에 대한 생각을 아웃소싱할 수 없습니다. 예측이라는 과학이자 기술을 다루는 일은 이 책의 범위를 벗어나지만, 기본적인 사고방식과 사용되는 몇 가지 도구는 이 책 전반에 걸쳐 소개하고자 합니다.

전문지식에 대한 고민이든 일과 일상에 필요한 결정이든 간에, 미래에 대해 명시적으로 생각하는 것은 매우 유용합니다. 미래 지향적인 틀은 여러분의 의사 결정과 행동에 영향을 주는 흥미로우면서도 관련 있는 정보를 감지하는 데 탁월한 도구입니다.

▌'센스메이킹'*을 위한 예측

우리 모두는 예측, 특히 미래에 관한 예측이 매우 어렵다는 것을 알고 있습니다.[41] 그럼에도 각자에게 유용한 틀을 구축하면서, 미래에 벌어질 수 있는 사건을 경험적으로 추정하는 것은 지극히 타당하고, 또 필요한 일입니다. 만일 우리의 틀이 주로 자기 자신을 위한 것이라면, 예측을 시도해 봄으로써 정보를 훌륭히 걸러낼 수 있습니다. 예측 행위는 우리가 추정한 바를 뒷받침하거나 조정하는 데 도움이 될 입력 정보를 찾고 평가하게 합니다. 이 경우 예측의 주된 목적은 예측이 너무 이르거나 늦었음, 혹은 거의 옳았음을 알려주는 정보를 찾는 것입니다.

가능성 있는 미래의 기술 및 발전을 표현하는 유용한 방법은 시각적 타임라인을 작성하는 것입니다. 사건 발생 시점을 시간대에 따라 왼쪽에서 오른쪽으로 표시할 수 있고, 때로는 현재로부터 시작하는 원형의 순환 구조로 표현할 수도 있습니다. 이러한 구조는 우리가 머릿속으로 시간을 생각하는 방식과 일치하여 예측을 이해하는 데 도움이 됩니다.[42]

가장 널리 알려진 타임라인은 아마도 우리 회사인 미래 탐구 네트워

---

* 센스메이킹(sense-making)이란, 사람과 환경의 맥락을 읽는 인문학적 사고를 기반으로, 수치로 표면화되지 않은 배경과 흐름을 경험적으로 이해하여 의미를 부여하고 행동을 취하는 인간의 인지 과정입니다. 자세한 내용은 도서 《센스메이킹: 이것은 빅데이터가 알려주지 않는 전략이다(크리스티안 마두스베르그 저, 김태훈 역, 위즈덤하우스, 2017)》을 참고하세요. -편집주

크Future Exploration Network에서 2010년에 발표한 〈신문종말연표Newspaper Extinction Timeline〉일 것입니다. 이 시각적 틀에는 전 세계의 국가에서 종이 신문이 "중요하지 않게" 되는 시점을 연도별로 표시했습니다. 이 자료는 공개 즉시 널리 공유되었고, 30개국 이상의 주요 신문과 온라인 출판물에 게재되어 수백만 명이 보게 되었습니다.[43] 20년이 흘렀지만, 이 타임라인은 전 세계 언론에서 여전히 정기적으로 언급됩니다.

이 틀은 논쟁의 여지가 크다고 말할 수 있습니다. 예측 중 일부는 심하게 잘못된 것으로 판명되었는데, 미국의 2017년과 영국의 2019년 선행 예측이 특히 그렇습니다. 향후 10년간의 많은 예측은 상당히 정확할 것으로 전망되긴 하지만 말입니다. 중요한 것은 예측을 적중시키기 위해 그 타임라인을 작성한 것이 아니라는 점입니다. 저는 오랫동안 예측을 신뢰하지 않는다고 공공연하게 말해 왔는데, 왜냐하면 예측은 거의 항상 틀릴 것이기 때문입니다.[44]

이 틀의 제작 의도는 뉴스를 종이 신문에서 새로운 채널로 전환시키는 동력에 대해 사람들이 더 많은 관심을 갖도록 하는 것이었습니다. 구체적인 예측을 제시한 것은 "유용한 전략적 대화를 자극하기 위해서"라고 언급한 적도 있지요. 뉴스 매체의 전환 문제가 각 언론사의 이사회에서 자주 논의되고, 세계 곳곳의 정재계 리더들에게 공개적으로 거론되면서 이 틀은 확실히 소기의 성과를 거두었습니다.[45] 일례로 세계 최대 미디어 기업 중 하나는 신문 인쇄 중단 시기를 예측하는 내부 모델을 구축하기도 했답니다.[46]

일어날 수 있는 미래 사건의 발생 여부, 시점, 확률에 대한 근거를 마련하다 보면 새로운 정보를 즉시 파악하게 됩니다. 새로운 기술이 시장에 출시되거나 널리 보급되기까지의 상황 전개를 예측하는 경우, 관련 뉴스 항목을 사용하여 원래의 타임라인을 재평가할 수 있습니다. 만일 특정 후보자의 선거 당선 가능성을 예측한다면, 각 뉴스가 '당선 확률을 높일지 낮출지' 여부에 관해 평가하게 될 것입니다.

▌시나리오 신호

미국 국방부 군수국DLA에는 2만 6,000명의 직원이 근무하며, 28개국에 주둔하는 미군 부대에 400억 달러 규모의 물품 및 서비스를 공급하는 업무를 담당하고 있습니다. 운영 전반에서 발생하는 극도의 불확실성을 관리하기 위해 이 기관은 각 팀이 내리는 주요 결정과 연계하여 발생 가능한 일련의 소규모 미래 세계를 정의하는 시나리오 계획 이니셔티브를 수행했습니다.[47] 이 시나리오의 주요 역할은 DLA의 직원과 고위진이 목표 달성 역량에 영향을 미치는 사태를 민감하게 인식하도록 하는 것이었습니다. **시나리오**는 기관의 계획에 필요한 전략적 틀을 제공할 뿐만 아니라, "희미한 신호weak signals", 즉 겉보기에는 사소하나 극적이고 중대한 변화로 이어질 수 있는 신호를 식별하는 데 도움이 되었습니다.

탄탄하게 잘 쓰여진 일련의 시나리오는 단순 예측 이상의 가치가 있습니다. 유용한 시나리오는 각 미래의 생생한 이미지뿐만 아니라 거기에 이르는 일련의 사건에 관한 그럴듯하고 상세한 서사도 제공합니다. 사람들은 추상적인 아이디어나 개념보다 스토리와 심상을 더 잘 이해합니다. 따라서 미래 세상의 시나리오가 작게나마 몇 가지 있으면, 새로운 정보 대부분을 여러 시나리오 중 어느 서사에 쏙 들어맞는지 확인하면서 해석할 수 있습니다. 만일 새로운 정보가 어디에도 맞지 않는다면, 기존 사고방식을 수정하는 데 더욱 가치 있게 쓰일 겁니다.

시나리오 사례:
학교의 미래

이렇게 장기적인 시나리오 작업을 도입하는 기업이 거의 없어 안타깝지만, 제가 진행한 많은 시나리오 작업은 엄청난 가치를 창출하곤 했습니다. 그러한 성과는 경영진들의 멘탈 모델을 상호 조정하고, 더욱 정교한 의사 결정을 지원함으로써 가능했습니다. 시나리오 사고를 즉시 배워 적용하고 싶은 독자는 주요 컨설팅 회사, OECD 및 세계 경제 포럼과 같은 국제 기관, CIA나 EU와 같은 정부 기관, 혹은 쉘Shell과 같은 기업에서 발표한 다채로운 시나리오 세트를 활용할 수 있습니다. 이들 탄탄한 공개 시나리오 중 여러분의 업무와 관련되어 보이는 시나리오를 하나 이상 골라 잘 살펴본다면, 새로운 정보를 솎아내는 데 꽤 도움이 되는 관점을 갖게 될 것입니다.

자신만의 시각적 틀짜기

지난 몇 년 동안 자주 받았던 질문은 어떻게 하면 가속화하는 변화를 따라 잡을 수 있느냐는 것인데, 가끔 농담 삼아 집필 중인 책《빅데이터 시대, 잘 먹고 잘 사는 현대인의 필수 교양 정보 문해력Thriving on Overload》을 읽어보라고 답하곤 했습니다(드디어 출간되어 매우 기쁩니다!). 제 능력의 핵심을 단 한 가지만 말하라고 한다면, 저는 변화를 이해하게 하는 자신만의 시각적 틀을 짜는 것이라고 하겠습니다.

저는 기업 고객들과 광범위하게 협력하며 그들이 '센스메이킹sense-making', 즉 내부적인 의미를 형성하는 틀을 설계하도록 돕는 데 많은 시간을 보냈습니다. 또 한편으론 자체적으로 만든 많은 틀을 널리 공유하

기도 했습니다. 공개된 틀은 미디어의 미래, 비즈
니스와 정부의 디지털 전환, 기업의 기술 발전, 산
업 붕괴, 인공지능의 역할 등, 폭넓은 주제를 포괄
하고 있습니다. (모두 다음 링크에서 확인 가능합니다.
rossdawson.com/frameworks)

저자의 시각적 틀 모음

　시각적 틀을 만들기 위해 제가 하는 고도의 과정에 대해 알고 싶다면,
2016년에 작성하여 널리 공유했던 〈미래의 일과 인간(그림 2.14)〉을 보시
죠.[48] 이 틀을 지금 작업하게 된다면 몇 가지를 수정하겠지만, 기본 개념
은 여전히 쓸모가 있습니다.

　혼자만 쓰는 것이 아니라 타인에게 전달하기 위한 틀을 작성한다면,
그 과정은 다소 다르더라도 본질은 같습니다. 어떤 경우든 머릿속 생각
을 명시적으로 틀에 넣는 고된 작업에서 큰 가치를 얻게 될 것입니다.

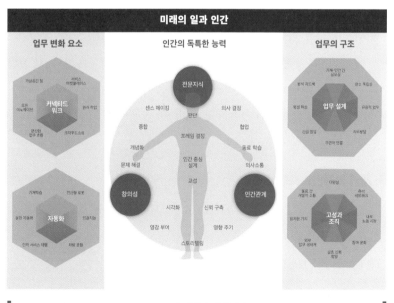

그림 2.14 미래의 일과 인간

1. 범위 선택하기

틀을 만들 때에는 명확한 범위가 필요합니다. 그 범위는 자신과 타인 모두 이해할 수 있는 수준으로 정해진 제목을 통해 만들어집니다. 그림 2.14의 경우, 변화하는 세상에서 일하는 인간의 역할을 기술하려는 목적이 분명했습니다. 다른 상황에서는 구성 개념을 정확히 선택해야 할 수도 있습니다. (예를 들어 전력회사에 근무하는 경우라면) 만들려는 틀의 목적이 에너지 개발의 전반을 다루는 것인가요? 아니면 '가정용 에너지 공급 현황'과 같이 보다 구체적인 내용이 한층 유용할까요?

2. 핵심 논리 취하기

여러분이 만들 틀의 중심에는 어떤 서사 구조나 논리가 있나요? 〈미래의 일과 인간〉에는 왼쪽에서 오른쪽으로, 업무를 파괴하는 요소에서 출발해 인간의 새로운 역할 그리고 조직에 미치는 영향으로 이어지는 논리가 있습니다. 제가 작성한 다른 틀 중에는 아래에서 시작해 위로, 기본 원리로부터 상위 시사점까지 층이 쌓여가는 방식도 있습니다. 어떤 틀은 핵심 개념을 중앙에, 상호 연관된 요소를 원 주변에 배치합니다. 시각적 배치를 최종 결정하기 전에 기본 아이디어가 무엇인지, 어떤 것이 다른 것의 뒷받침 개념인지, 인과나 상호 의존성과 같이 복잡한 관계가 있는지 고려해야 합니다. 특별한 논리나 기본 구조가 없다면, 보통 마인드맵이나 그와 유사한 시각화 기법으로도 충분합니다.

3. 개념 브레인스토밍하기

광범위한 틀을 구축하고자 한다면, 가능한 모든 관련 요소를 나열해 보세요. 뚜렷이 나타나는 범주가 있다면, 나열한 요소들을 각 범주로 나누면 됩니다. 이 작업은 마인드맵으로 수행할 수 있지만, 간단히 문서에 관련 개념의 목록을 작성하는 것으로도 충분합니다. 핵심은 무엇이 틀에 적합한지 광범위하고 신속하게 검토해 보는 것입니다. 여러분의 상상력을 십분 발휘한 다음, 비슷한 주제를 생각하는 다른 사람들의 아이디어를 곰곰이 살펴보세요. 가능하다면 다른 사람들의 의견을 수렴하거나 공식적인 브레인스토밍 세션을 진행해 보세요.

4. 요소 재배치하기

이번 단계는 여러분이 생각해낸 개념의 세계를 의미 있는 구조로 보여주는 것입니다. 여러분이 앞서 선택한 범위에서 핵심 아이디어는 무엇인가요? 이것을 파악하는 일은 생각보다 어려울 수 있습니다. 다양한 아이디어와 표현을 가지고 적절한 구성 개념들을 찾아야 합니다. 때로는 논리적 구조가 떠오를 때까지 광범위하게 재구성하고 재배치해야 합니다. 무엇이 어디에 왜 적합할까요? 유사한 아이디어는 병합하고, 여러 측면이 있는 개념이라면 분할해야 할 수도 있지요. 〈미래의 일과 인간〉 틀의 경우에는, 인간이 가진 수많은 고유 역량을 설명 가능한 몇 가지 범주로 통합해야 했고, 결국 전문지식, 창의성, 인간관계라는 세 범주로 정리되었습니다.

5. 관계 설명하기

이제 틀의 내부 요소 간 관계를 좀더 깊이 생각해볼 차례입니다. 처음 생각했던 핵심 논리나 서사 구조가 여전히 유효한가요? 핵심 개념들은 서로 어떤 관계인가요? 하위 요소는 상위 개념의 단순한 예시인가요? 아니면 다른 종류의 관계가 보이나요? 〈미래의 일과 인간〉에서 저는 인간의 다양한 역량을 전문지식, 창의성, 인간관계로 구분하고, 각각이 틀의 구성 개념에 비추어 어떻게 적용되는지 생각했습니다. 2006년 100만 번 이상의 조회수를 기록한 〈미디어의 미래 전략〉 틀을 작성할 때에도 마찬가지로 여러 모로 고심했습니다. 최종적으로는 음양 기호를 중심에 놓고 소비자와 창조자라는 두 기본 요소가 신흥 미디어 환경에서 서로 얽혀 있는 모습으로 표현했습니다.[49]

6. 시각적 틀 개선하기

제 경우 보통 종이 위에 틀의 전체 모습과 요소의 배치를 스케치한 다음, 간단한 소프트웨어를 사용해 화면에서 어떻게 보이는지 확인합니다. 저는 디자이너는 아니지만, 개념을 시각적으로 매력적인 모습으로 전달하고자 디자이너들과 긴밀히 협력합니다. 많은 디자이너가 명확히 정의된 개념을 보기 좋게 디자인할 수 있지만, 여러 배치 방법과 시각적 논리를 제안해서 여러분이 생각하는 것을 잘 표현할 수 있는 안목이 높은 디자이너를 찾아 보세요.

프레이밍 역량 실습하기

틀은 전문지식과 이해도를 제고하기 위한 필수 도구입니다. 또한 설득력 있는 통찰과 더 나은 의사 결정에 필요한 '종합적 사고'의 토대가 됩니다. 종합적 사고에 관해서는 5장에서 더 자세히 살펴볼 것입니다.

성공을 가져올 역량을 계발할 때, 여러분은 사고와 전문지식을 기르기 위한 여러분만의 틀에 적용할 기법을 선택해야 합니다. 사람은 저마다 다른 방식으로 생각합니다. 이 장에서 소개한 방식들 중 하나를 골라도 좋고, 자신만의 독창적인 방식을 사용해도 좋습니다. 핵심은 우리가 각자에게 가장 유용한 틀이 무엇인지 스스로 찾아야 한다는 것이죠.

다음 장에서 다루는 필터링 역량은 이 장에서 작성한 개념틀을 적용해, 무시해도 될 소음 사이에서 여러분의 목적에 부합하는 신호를 솎아내는 힘입니다.

두 번째 퍼즐 만들기

틀의 주제

여러분이 지금 투신하고 있는 전문 분야와 관련한 시각적 틀에 제목을 붙여봅시다. 여러 개일 수도 있습니다. 각 제목은 틀의 범위를 명확하게 정의할 수 있어야 합니다.

틀 초안 세우기

기법을 선택하여 전문 분야에 대한 시각화 초안을 작성해 봅니다. 시작이 중요합니다. 일단 초안을 세웠다면 여러 번 다시 돌아와 다듬고, 다른 기법도 시도해 보세요.

틀의 스타일

(이 장에서 설명한 방법, 혹은 여러분이 직접 고안했거나 찾은 방법 중에서) 여러 방법을 시도하고 평가해 보세요. 여러분이 채택하고 싶은 노트 필기나 틀짜기 방식을 찾으셨나요? 시도해 보고 싶은 다른 방법이 있다면 무엇인가요?

틀짜기 도구와 연습

틀짜기 역량을 키우는 다른 연습 방법으로 무엇이 있을까요(예: 메모하기, 노트에 구조 추가하기, 연결 노트용 소프트웨어 사용하기, 메모에 태그 붙이기, 글쓰기, 가르치기, 기술 타임라인 작성하기, 시나리오 계획하기 등)?

틀의 주제

제목: "개인화의 힘: 하이퍼 타겟팅된 고객 경험 만들기"

범위: 개인화된 마케팅 전략의 영역과 고객 경험 향상에 미치는 영향을 탐구. 데이터 기반 세분화, 동적 콘텐츠 제작, 고객 여정 전반의 개인화된 접점과 같은 다양한 측면을 살펴보고자 함.

목표: 참여도, 충성도 및 전환율을 높이기 위해 효과적인 개인화 기술을 구현하는 데 필요한 인사이트와 실용적인 지침 제공.

틀 초안 세우기

고객 여정의 여러 단계를 나타내는 고객 여정 지도로 설계함. 왼쪽의 '인지' 단계부터 시작하여 오른쪽의 '유지' 단계로 진행. 각 단계는 시각적 구분과 이해를 돕기 위해 서로 다른 색을 사용할 것.

각 단계에는 고객이 여정 중에 겪는 다양한 터치포인트와 행동을 아이콘과 기호로 표현할 예정. (예를 들어, '인지' 단계에는 소셜 미디어 광고, 검색 엔진 결과, 콘텐츠 마케팅을 나타내는 아이콘 포함. '고려' 단계에는 제품 리뷰, 비교 차트, 이메일 뉴스레터를 나타내는 아이콘 포함. 나머지 단계도 마찬가지.)

각 단계를 화살표로 연결해서 고객이 한 단계에서 다음 단계로 진행하면서 겪는 전환과 상호 작용을 나타내려고 함. 화살표의 굵기와 색상은 전환의 강도나 중요성에 따라 달라짐.

추가 맥락을 제공하기 위해 관련 지표 및 데이터를 각 단계에 표시할 것. 가능한 지표로는 전환율, 참여 수준, 고객 만족도 점수 등이 있음. 지표는 고객의 행동과 선호도에 대한 인사이트를 얻기 위해 각 단계에서 데이터를 추적하고 분석하는 일의 중요성을 강조함.

이러한 고객 여정 지도는 온라인 시각화 템플릿을 이용해 간단하게 만들어 볼 수 있음. 크리에이틀리(creately.com/templates)나 루시드차트(lucidchar.com)에서 'customer journey map' 분류를 이용하면 됨.

틀의 스타일

*현재 방법에 대한 평가

1. 마인드 매핑: Miro, Canva, Xmind 등의 도구를 이용해 마인드 매핑. 복잡한 정보와 아이디어의 관계를 시각적으로 표현할 수 있어 큰 그림을 파악하고 세부 사항을 더 효과적으로 기억하는 데 도움.

2. 코넬 방법: 요점, 보조 정보, 요약 섹션으로 노트를 나누는 구조화된 형식으로 회의, 강의, 연구 세션 중에 생각을 정리하고 핵심 정보를 포착하는 데 도움.

*앞으로 시도해볼 다른 방법

1. 스케치 노트: 손으로 그린 시각 자료와 텍스트를 결합한 스케치노트를 실험해 보면 보다 창의적이고 예술적인 방식으로 정보를 포착하고 기억할 수 있음. 이 접근 방식은 시각적 학습과 운동 감각 학습을 모두 활용하므로, 노트 필기 과정을 더욱 매력적이고 기억에 남도록 할 것임.

2. 디지털 노트 필기 도구: 에버노트, 원노트 같은 디지털 노트 필기 도구는 여러 장치에서 내 노트를 정리하고 액세스할 수 있는 유연함이 있음. 고급 검색 기능, 태그 지정 옵션, 멀티미디어 통합 기능을 제공하는 경우가 많아, 노트 필기 경험을 더 좋게 해주고 효율성을 높여줌.

틀짜기 도구와 연습

1. 적극적인 노트 필기: 강의나 회의 또는 독서가 끝난 후 핵심을 요약하고, 중요한 세부 사항을 강조하고, 궁금한 점이나 불확실한 부분을 적어둠.

2. 노트 구조화: 제목, 부제목, 글머리 기호, 번호 목록을 사용해 정보를 명확하게, 체계적으로 정리.

3. 시각적 보조 자료: 다이어그램, 순서도, 마인드맵 같은 자료를 활용하여 아이디어와 개념 간의 관계를 시각적으로 표현.

4. 연결 노트용 소프트웨어: 노션 같은 도구를 사용하면 서로 연결된 노트 네트워크를 만들 수 있어 정보 탐색과 검색이 손쉬워짐. 노트에 태그나 레이블을 지정해 특정 주제나 테마에 따라 정보를 더 쉽게 찾아볼 수 있음.

5. 글쓰기: 글쓰기를 정기적으로 연습하여 틀짜기 역량을 향상시킬 수 있음. 글쓰기는 생각을 명료하게 표현하고, 아이디어를 구체화하며, 정보를 효과적으로 전달할 수 있는 구조를 개발하는 데 도움이 됨.

6. 기술 타임라인: 기술 연표로 다양한 기술의 역사적 맥락과 발전을 이해할 수 있음.

필터링(솎아내기)의 힘

쓸모 있는 것을 가려내라

프레이밍(틀짜기)
생각을 매핑하라

종합
창의적 통합
능력을 키워라

목적
'왜'를 찾아라

필터링(솎아내기)
쓸모 있는 것을
가려내라

집중
의도에 따라
의식을 배분하라

더 나은 아이디어는 분명히 존재합니다. 그 아이디어를 가려내는 기술은
세상을, 특히 미래를 품기 위해 꼭 필요한 수단입니다.[1]

— 칼 세이건Carl Sagon, 천문학자, 《코스모스Cosmos》의 공동 저자

우리 두뇌는 끊임없이 새로운 정보를 찾도록 진화했습니다. 우리는 분별력을 길러서, 무엇이 중요하며 사고를 가다듬는 데 도움이 될지 알아볼 수 있어야 합니다. 멘탈 모델에 통합할 만한 정보와 버릴 정보를 구분하는 데는 몇 가지 질문이면 충분합니다.

우리가 정보에 접근하기 위해 거치는 관문으로는 주류 언론을 비롯해 사람들, 피드, 뉴스 애그리게이터, 소셜 미디어 알고리즘 등이 있습니다. 이러한 정보 포털(관문)을 모아 포트폴리오로 만들어 관리하면, 다양성과 균형을 최적화하여 우리의 목적을 효과적으로 달성할 수 있을 터입니다. 디지털과 인쇄물, 오디오, 비디오 형식은 콘텐츠의 의미 전달 측면에서 각기 다른 장점을 지니고 있습니다. 최적의 정보 균형은 여러분이 어떤 형식을 선호하느냐에 따라 다르게 맞춰집니다.

자신뿐만 아니라 타인을 염두에 둔 정보 큐레이션은 정보를 필터링하고 이해하는 과정에 매우 유용한 가이드가 됩니다. 필터링은 정보를 무심코 검색하는 행위가 아닙니다. 유입되는 정보 흐름을 평가하고, 때로는 선점하기 위한 가이드라인 역할을 함으로써, 우리가 정보 홍수에 휩쓸리지 않게 하는 중요한 장치입니다.

:

1940년대 후반, 미국 뉴저지 벨연구소Bell Labs에서 근무하던 클로드 섀 넌Claude Shannon은 근처 그리니치 빌리지의 작은 아파트에 살았습니다. 그는 단골 재즈 클럽을 자주 방문해 늦게까지 머물 만큼 음악을 좋아했 습니다. 아끼던 피아노를 부셔 불을 지필 수밖에 없던 어느 추운 겨울 이 후로 섀넌이 가장 아끼는 소장품은 레코드 플레이어와 클라리넷이었지 요. 그의 집에서 울려퍼지는 시끄러운 음악 소리는 언제나 아파트 이웃 들을 성가시게 했는데, 지적이고 발랄한 아래층 주민이 작정하고 찾아와 볼륨을 낮추라고 했다가 뜻밖의 열정적 로맨스로 이어지기도 했습니다. 이렇게 음악, 연애, 삶의 즐거움을 누리는 사이사이, 섀넌은 연구소 일에 푹 빠지기도 하고, 냅킨에 아이디어를 끄적이기도 하면서 이윽고 새로운 과학 분야인 '정보 이론Information Theory'을 창시해냈습니다.[2]

벨시스템Bell System은 당시 미국 전역에 전화 및 전신 서비스를 독점 공 급하고 있었습니다. 그때의 통화 품질은 들쑥날쑥했고 주변의 잡음 때문 에 상대방 말을 듣기 힘든 경우도 있었습니다. 섀넌의 이론은 신호 대 잡 음비, 즉 전화기로 전송되는 유용한 정보를 불필요한 잡음에 비해 극대 화하는 데 중점을 두었습니다. 좀더 넓은 의미에서 그는 정보에 대한 일 반적 개념을 바꾸어 놓았습니다. 바로 사상 처음으로 정보를 '측정 가능 한 것'으로 상정함으로써 말이지요. 이 과정에서 발명한 정보의 기본 단 위인 '비트bit'는 디지털 시대 전체를 아우르는 기저 개념이 되었습니다.

이제 우리는 신호 대 잡음의 비율을 자신의 상황에 비추어 직관적으 로 이해하죠. 인터넷과 소셜 미디어 시대인 지금, 정보값이 0인 '잡음'이 정보값이 있는 '신호'에 비해 기하급수적으로 많아졌습니다. 인터넷에서 끝없이 쏟아져 나오는 쓰레기 더미에서 무엇이 중요한지 식별하기란 점점 더 어려워지고 있습니다. 단순히 더 많은 정보를 수집하는 행위가 더 많은 신호 수집으로 이어지지는 않습니다. 작가이자 철학자인 나심 니콜라스 탈레브Nassim Nicholas Taleb의 말처럼, "데이터가 많아질수록, 오히려 상황 파악은 더 더뎌집니다."[3]

정보 필터링은 시급히 배워 익혀야 하는 역량입니다. 쓸모없는 것을 무심히 흘려보내는 능력은 가치 없는 싸구려 더미에서 진주를 골라내는 일과 같습니다. 이와 관련해 벤처투자계의 대부 브래드 펠드Brad Feld의 조언을 들어보시죠. "신호를 소화해내는 데 온 시간을 소비하기는 힘드니(그러면 머리가 터져버릴지도 몰라요!), 잡음이 슬금슬금 들어오면 어느 정도는 그대로 내버려 둡니다. 다만, 제게는 효과적으로 조정 가능한 소음 필터가 여럿 있습니다. 이는 기업 생태계 관계자라면 누구나 고려해 봐야 할 문제입니다. 저라면 잡음보다 신호를 증폭하는 데 집중하겠습니다."[4]

과부하 극복하기

우리의 감각 정보는 뇌로 전달될 때는 초당 1,100만 비트나 되지만, 뇌에서 처리될 때는 초당 40~200비트밖에 되지 않는 것으로 추정됩니다.[5] 두 뇌가 지닌 고도로 정제된 필터링 능력으로 쏟아지는 감각 입력에서 유용한 신호를 가려낼 수 있기 때문에, 인간은 제 기능을 다할 수 있는 것입니다.

위대한 문호 올더스 헉슬리Aldous Huxley가《지각의 문The Door of Perception》에서 한 설명에 따르면, "두뇌와 신경계의 감압 밸브reducing valve"가 제기능을 다한 결과 "극히 일부 정보만 인간 의식에 남기 때문에 우리는 살아갈 수 있게 된다."라고 합니다.[6] 두뇌에 있는 필터링 메커니즘은 우리를 보호하기 위해 설계되었습니다. ADHD와 조현병, 자폐 스펙트럼 등의 질환은 고통스러운 감각 과부하를 초래하는 필터링 오류의 결과인 경우가 잦습니다.

그런데 감각 필터링이 약화되면 창의성이나 미적 감각에도 영향을 미칩니다. 맹렬하게 쏟아져 들어오는 감각을 제한할 필요는 있지만, 과도한 필터링 역시 심각하게 위험합니다. 요즘 사람들은 팍팍한 일상에 갇혀서, 디지털 장치를 통해 유입되는 정보 외에는 주변 세상을 거의 둘러보지 못하는 것 같습니다. 이렇듯 인지가 제한적인 사람은 보는 것뿐만 아니라, 사고와 경험, 삶에 이르기까지 모든 측면에서 한계를 갖게 됩니다.

중요한 정보에 관심을 기울이고 쓸모없는 것을 솎아내는 효과적 필터링은 생존과 성공을 위한 필수 기술입니다. 개개인의 신경생리학적 요인이 필터링 기술의 능숙도에 영향을 미칠 수 있지만, 두뇌의 신경가소성을 활용하면 누구나 감각 필터링 기능을 향상시킬 수 있습니다.[7] 꼭 타고난 필터링 메커니즘이 작동하는 대로 모든 것을 받아들일 필요는 없지요. 소설가 마르그리트 뒤라스Marguerite Duras가 말했듯이, "보는 기술은 배워야 하는 것"이니까요.[8]

▌어떤 정보가 도움이 되나요?

정보에 몰입했을 때, 우리는 기술적 필터와 인지적 필터 모두를 신중하게 적용해야 합니다. 그러려면 정보의 필터 통과 여부를 결정하는 평가

기준이 필요하겠지요. 1장에서는 정보를 다루는 목적을 살펴보았습니다. 목적을 아는 것이 유용한 지침이 되지만, 목적 자체만으로 여러분의 소중한 관심을 어디에 둘지 명확하게 결정할 수는 없습니다.

20년 전 제 오랜 친구인 칼 에릭 스베이비Karl-Erik Sveiby는 분명 가치 있는 정보가 있겠지만, 상당량의 정보가 실제로는 해로운 영향을 미칠 수 있음을 예리하게 지적했습니다. 부정적 결과는 정보 소비에 드는 시간과 노력 비용이 정보가 제공하는 혜택보다 클 때 발생합니다.[9] 특히 요즘 흔히 보이는 것처럼 정보가 오해의 소지가 있고 부정확하거나, 심지어 전혀 사실이 아닌 경우 더욱 그렇습니다. 특정 정보가 긍정적인 가치를 갖는지 반대로 부정적인 가치를 갖는지는, 주어진 상황과 자신의 의도에 근거해서 평가할 수 있어야 합니다.

**자신에게 가장 적합한 정보를 식별해내는 능력이
우리 삶의 질을 결정합니다.**

유용한 정보란 우리가 세상을 더 잘 이해하게 하고, 더 나은 결정을 내리게 하며, 아주 사소한 영역에서라도 더 만족스러운 삶을 살게 해주는 것입니다. 만일 정보가 우리를 잘못된 길로 이끌거나, 편견을 강화시키거나, 불행에 빠트린다면 그 정보는 단언컨대 쓸모없는 것입니다. 정보가 단순히 우리의 의도와 무관하게 시간과 주의력을 낭비케 하는 경우에도 마찬가지입니다.

여러분의 개념틀은 여러분 자신의 멘탈 모델과 사고방식, 의사 결정의 근간이 됩니다. 2장에서 언급한 것처럼 새로운 정보는 반드시 평가해 보아야 합니다. 기존 사고체계에 잘 들어맞는지, 생각을 가다듬어 주는지,

고려해 봄직한 새로운 증거를 제공해 주는지 등을 꼼꼼히 따져보는 것입니다.

또한 그 정보가 여러분의 기분과 감정에 어떤 영향을 미치는지도 주의 깊게 살펴야 합니다. 소셜 미디어의 남용과 우울증 간의 상관관계는 많은 연구에서 증명된 바 있습니다.[10] 단적으로, 암울한 뉴스를 강박적으로 따라가는 현상을 일컫는 '둠스크롤링doomscrolling'이라는 말이 있습니다. 이 단어는 2018년 처음 사용되었는데, 2년 후에는 코로나19 유행이 야기한 사람들의 행동을 정확히 표현한다 하여 '올해의 단어'로 선정되기도 했습니다.[11]

실제로 거의 대부분의 뉴스가 부정적이기 때문에, '선한 뉴스' 운동은 처참하게 실패하는 경우가 많습니다. 그러나 우리는 우리를 괴롭히는 원인을 피하고, 자신을 격려하고 영감을 주는 쪽에 눈을 돌리려는 경향이 있습니다. 이런 저런 뉴스를 볼 때, 여러분의 기분이 어떻게 변하는지 잊지 말고 살펴보세요. 가능하면 긍정적 영향을 주는 정보를 가까이 하되, 부정적 영향을 미치는 정보는 멀리하도록 합니다. 작은 행동의 차이가 큰 변화를 가져옵니다.

정보 유용성을 따질 때 가장 중요한 기준은 그 정보가 여러분의 멘탈 모델을 향상시키는지의 여부입니다. 주어진 정보가 현재 여러분의 사고방식에 부합하는지 잘 판단해야만 합니다. 자신의 사고방식을 뒷받침하는 데이터를 식별하는 것은 당연하면서도 유용한 일일 겁니다. 그렇지만 자신의 믿음이 실제로는 진실과 차이가 있을지 모른다는 것을 밝혀주는 증거 역시 찾아봐야 함을 잊지 마세요. 우리는 자신의 생각이나 신념을 입증하려는 타고난 편향을 극복해야만 합니다.

편향 넘어서기

1960년대 후반, 패기 넘치는 수재였던 아모스 트버스키Amos Tversky는 예루살렘 히브리 대학교에서 열린 정보 수용에 관한 강의에서, 사람들이 새로운 정보를 습득할 때는 대개 합리적이라고 주장했습니다. 그 강의실에 있던 자칭 비관주의자 대니얼 카너먼Daniel Kahneman은 "훌륭한 강의이긴 하지만 나는 한 마디도 동의하지 못하겠다."라며 트버스키에게 반론을 제기했습니다. 우리 감각이 잘 속아 넘어가는 것처럼, 판단력 역시 오류에 취약하다면서 말이지요.[12]

이 대화는 지난 세기에 있었던 중대한 과학적 협업을 촉발했습니다. 트버스키와 카너먼은 '인지 편향cognitive bias'이라는 개념을 세상에 도입했고, 인간이 주변 세계를 부정확하게 인식하게 만드는 여러 인지적 결함을 목록으로 자세히 정리했습니다. 두 사람은 두뇌의 본질을 밝히는 획기적인 업적을 남겼고, 트버스키의 사망 이후 카너먼은 그 공로를 인정받아 노벨상을 수상했습니다.

간단히 말해, 두 사람의 이론은 인간이 세상을 있는 그대로 인식하지 못하고 내재된 여러 편향으로 인해 주변 사물을 잘못 이해한다는 것을 보여주었습니다. 일부 편향은 우리가 보고 들은 것 중 처음과 마지막 것을 더 잘 기억한다는 '초두효과'나 '최신 편향'처럼 매우 단순합니다. 우리의 선입견을 부추겨 정보 처리 과정에서 심각한 왜곡을 초래하는 '보다 핵심적인' 편향은 따로 있습니다.

가장 근원적이고 해로운 편견은 아마도 '확증 편향'일 것입니다. 이것은 자기 견해를 뒷받침하는 정보는 쉽게 인식하고 중요하게 생각하는 반면, 반대되는 증거는 무시하고 업신여기거나 그저 보려 하지 않는 경향을 말합니다. 이 현상을 증명하는 연구는 차고 넘치지만, 다 읽어볼 필요는 없습니다. 여러분 주변 사람들에게서 충분히 관찰했을 테니까요. 그러나 타인의 편향을 알아차리는 것과 자신의 편향을 인지하는 것은 별개입니다. 실제로 카너먼 연구의 핵심은 "자신의 실수보다 타인의 실수를 찾아내기가 훨씬 쉽다."라는 원리로 정리할 수 있죠.[13]

카너먼이 저서 《생각에 관한 생각Thinking, Fast and Slow》에서 사용한 인지 심리학 용어로 설명하자면, 우리는 주기적으로 시스템 1(빠른 직관)을 멈추고 시스템 2(느린 이성)를 가동해야 합니다. 그렇다고 해서, 깨어 있는 매순간 시스템 1을 무시해야 하는 것도 아니고, 그렇게 할 수 있지도 않습니다. 현실적으로 우리의 인지와 행동은 습관이나 직관에 의해 좌우되는 경우가 대부분입니다. 하지만 정보를 적극적으로 필터링하는 순간만큼은 정신을 바짝 차리고, 뿌리깊은 인지 편향이 우리의 정보 통합 능력을 제한하는 피하기 힘든 순간을 알아차려야 합니다. 다시 말해 멘탈 모델과 의사 결정 능력을 개선해줄 근거, 즉 기존 편견을 극복하고 사고를 확장할 수 있는 정보나 데이터를 적극적이고 계획적으로 찾아보아야 한다는 뜻입니다.

▌확률론적 사고

토머스 베이즈Tomas Bayes는 18세기 영국 남부에서 교회 목사로 살았습니다. 그는 일생 동안 딱 두 편의 논문을 썼는데, 하나는 신학, 다른 하나는 수학에 관한 것이었습니다. 베이즈가 사망한 후 확률에 관한 미발표 논문이 발견되었고, 그의 친구가 전해 받아 정리해서 왕립학회에 제출했습니다. 그리고 250년이 지난 현재, 베이즈의 정리는 그 어느 때보다 주목 받고 있으며, 실리콘 밸리 데이터 과학자들의 문화에 깊이 뿌리내리게 되었습니다.[14]

베이즈 정리는 어떤 사건이 발생할 확률을 설명합니다. 그 설명은 일단 주어진 모든 방법을 동원해 사건이 발생할 확률을 추정한 다음, 이후에 알게 되는 모든 정보에 기반하여 추정한 확률을 업데이트하는 방식으로 이루어집니다. 통계 분석은 물론 금융과 의학, 유전학 등 광범위한 분야에 베이즈 모델이 적용되었습니다. 이 접근 방식은 더 나아가 이제는 추가 정보를 축적하여 지속적으로 성능 개선 작업을 하도록 설계된 기계 학습 모델 구축에까지 활용되고 있습니다.

베이즈의 업적이 미치는 영향은 응용 수학을 훨씬 뛰어넘습니다. 베이즈 정리는 새로운 정보를 적극 탐구하는 의식구조를 상징합니다. 그 원리가 현재의 사고방식이 개선될 수 있다는 가정에 근거하고 있기 때문이지요. 복잡한 사건을 탁월하게 예측하는 사람들에 관해 연구한 책《슈퍼 예측Superforecasting》에서 저자들은 "베이즈 정리 자체보다 슈퍼 예측가들에게 훨씬 중요한 것은 베이즈의 핵심 통찰"이라고 말합니다. 그 통찰이란 "증거의 무게에 비례하여 지속적으로 업데이트함으로써 진실에 점점 더 접근할 수 있다."입니다.[15]

여러분이 할 수 있는 가장 혁신적인 변화는
변치 않는 신념적 사고를 확률론적 사고로 바꾸는 것입니다.

베이지안 사고의 본질은 새 정보를 지속적으로 찾아 상황을 판단하는 능력을 키우는 데 있습니다. 이것을 '베이지안 업데이트Bayesian update'라

고 하는데, 더 쉬운 말로 바꾸면 '믿음의 수정'입니다. 2장에서 보았듯 확률을 예측하고 귀인을 찾아 평가하는 것은, 새 정보를 솎아내는 가치 있는 필터 역할을 합니다. 필터링을 통해 관련 있는 것을 강조하고, 기존 생각을 개선할 수 있게 되지요. '가능도likelihoods의 관점에서 사고하기' 란, 새로 접한 정보가 자신의 견해를 지지하는지 아니면 반증하는지 따져보는 것에서 나아가, 해당 정보가 자신의 주장이 일어날 확률에 미칠 영향을 평가해 보는 것을 의미합니다.

▌놀라움 탐색

스마트폰이 여러분이 입력하려는 다음 글자를 예상하는 것처럼, 여러분의 두뇌는 다음 사건을 지속적으로 예측하고 있습니다. 발생한 사건이 예상한 기댓값에 충분히 가깝다면, 그에 대한 두뇌의 반응은 시시할 겁니다. 하지만 예상치 못한 단어나 소리, 이미지, 아이디어를 만나게 되면, 두뇌에서는 N400이라는 전기 펄스가 생성되지요. 'N400'은 자극이 제시된 후 음(-)의 전위가 약 400밀리초(ms)경 최고조에 달한다는 의미입니다.

　N400은 본질적으로 놀라움을 나타내는 신호입니다. 이 책의 후반부에서 다시 만나게 될 신경과학자 존 쿠니오스John Kounios와 마크 비먼Mark Beeman은 이렇게 설명합니다. "사람은 세상을 이해하는 멘탈 모델mental model, 즉 생각의 틀을 끊임없이 구축해서 다음에 일어날 일을 예측합니다. 평소 예상치에서 조금이라도 벗어나면 신경다발이 다 함께 소리를 지르게 되는데, 이것은 색다르거나 놀라운 일 혹은 오류가 발생했다는 신호입니다. 이런 뇌파는 무의미한 경보가 아닙니다. 그것은 스스로 최신의 정확한 정보를 유지하려는 뇌의 노력에 있어 매우 중요한 부분입니다."[16]

우리가 인지 편향에 시달리는 동안, 두뇌는 멘탈 모델이 잘못되었을 수 있다고 경고하려고 애씁니다. 우리는 주의를 기울여야만 하지요. 카너먼의 말처럼, "놀랄 수 있는 능력은 정신 생활에 꼭 필요합니다. 놀라는 것 자체가 우리가 세상을 이해하고 예측하는 방식을 가장 민감하게 나타내는 지표가 됩니다."

> 깜짝 놀라는 순간, 짐작한 바를 알게 될 때는 경험하지 못하는
> 경이로운 가치를 발견하게 됩니다.

정보원을 살피다가 자신의 개념틀이나 멘탈 모델에 들어맞지 않는 정보가 보이면, 다시금 멘탈 모델을 아주 예리하게 조정해볼 필요가 있습니다. 2장에서 틀을 사용하여 멘탈 모델에 적합한 신호와 그렇지 않은 것을 구분하는 방법을 배운 것을 기억하시나요? 매일같이 쏟아지는 정보 더미 속에서 이제 가장 먼저 할 일은 놀랍고도 신뢰할 만한 정보를 찾는 것입니다.

▎정보의 시간 가치

하루 온종일 최신 뉴스를 확인하는 사람들이 꽤 많아 보입니다. 모두들 정보의 잠재적 가치를 평가할 때 정보 신선도가 좋은 기준이 된다고 경험적으로 판단하기 때문이겠지요. 안타깝게도 오늘 뉴스의 가치는 내일이 지나면 거의 사라지는 경우가 대부분입니다. 나심 니콜라스 탈레브 Nassim Nicholas Taleb는 "신문을 꼭 읽으려는 고질병을 고치려면, 일주일 묵은 신문 읽기를 1년 동안만 해보세요."라고 제안합니다.[17] 그러면 뉴스란

대부분 사소하고 일시적인 것임을 알게 될 것입니다.

반대로 몇 주나 몇 달, 또는 몇 년 후에도 여전히 주목받는 기사, 책, 콘텐츠라면 그 가치가 오랫동안 사그라들지 않을 것입니다. 사고력을 키우려면 최신 뉴스만 줄곧 검색하기보다 오랫동안 그 가치가 바래지 않은 콘텐츠를 우선 살펴야 합니다. 책과 같이 깊은 사고를 요하는 콘텐츠는 전문가들이 제공하는 통찰력 있는 사고의 원천이며, 여러분의 지식과 멘탈 모델을 향상시키기 위한 최고의 정보원입니다.

요즘 유행하는 콘텐츠보다 그 가치가 검증된 콘텐츠에
더 많은 시간을 투자하세요.

여러분의 정보 생활 대부분이 최신 뉴스 검색 혹은 재검색이라면 수박 겉 핥기밖에 안 되겠지요. 물론 사회 변화에 뒤처지지 않으려면 관련 업데이트를 검색하고 다채로운 자료의 보고를 심도 있게 파고들 필요가 있습니다. 하지만 이 활동 역시 그 어느 때보다 위험한 세상입니다. 왜냐하면 잘못된 정보나 가짜 정보, 뻔한 헛소리가 여러분이 찾는 정보원에 가득하기 때문이죠.

헛소리 사이에서 보물 찾기

워싱턴 대학교가 2017년 개설한 '빅데이터 시대의 헛소리Calling Bullshit in the Age of Big Data'라는 강의는, 수강신청 시작 후 단 1분 만에 160명 정원이 마감되었습니다.[18] 이 강의의 첫 시간 목표는 "정보 식단을 오염시키는 헛소리를 경계하자!"였습니다. 우리가 소비하는 정보 식단 곳곳에 헛소리가 만연해 있음을 감안할 때, 이 목표는 우리가 매우 유념해야 할 것입니다. 이 강의에 엄청난 관심이 쏠리면서, 강사였던 칼 버그스트롬Carl Bergstrom과 제빈 웨스트Jevin West는 고등학생 및 교사 대상의 온라인 강좌를 열었으며, 훌륭한 책을 집필하기도 했지요.[19]

헛소리를 분별할 뿐만 아니라 활용 가치가 높은 정보를 잘 찾아내는 능력, 이것이야말로 오늘날 모든 사람이 갖추어야 할 핵심 역량입니다. 정보 필터링은 이제 훨씬 더 어려워졌기에, 그림 3.1과 같이 콘텐츠 필터링 프레임워크를 활용해서 필터링 역량을 발휘할 필요가 있습니다. 여기서 집중해야 할 세 영역은 바로 '나 자신', '정보원' 그리고 '콘텐츠 자체'입니다.

어떤 콘텐츠든 그 잠재적 가치를 평가할 수 있는 사람은 오직 여러분

- 나에게 유의미하고 중요한 정보인가?
- 나는 이 주제에 대해 편견을 가지고 있는가?
- 나는 이 정보가 사실이길 바라는가?

- 이 출판사의 평판은 좋은가?
- 이 저자는 믿을 만한가?
- 이 저자와 출판사는 내가 고려해야 할 편향된 견해를 가지고 있는가?

- 이 콘텐츠의 근거는 논리적인가?
- 인용된 출처는 믿을 만한 곳이며 정확하게 표기되어 있는가?
- 제3의 권위 있는 출처에서 이 콘텐츠를 보증하는가?

그림 3.1 콘텐츠 필터링 프레임워크

뿐입니다. 첫 번째로 던질 수 있는 질문은 '해당 콘텐츠는 내가 집중해야 할 만큼 충분히 유용한가?'입니다. 어떤 정보든 평가 과정을 거쳐야만 여러분의 멘탈 모델에 통합할 수 있게 되는데, 이때 여러분의 시간은 응당 가치 있는 정보에만 할애해야겠지요.

인지 편향을 기억하신다면, 혹시 '내가 그 정보가 사실이기를 **바라는** 것은 아닌가?' 하고 진지하게 살펴보아야 합니다. 그 정보에 정치적 견해가 숨어 있을지도 모르니, 아예 그렇다고 가정하는 편이 안전합니다. 보통 사람들은 지지하는 정치인보다 싫어하는 정치인의 결점을 지적하는 기사에 더 끌립니다. 저 역시 마찬가지입니다. 이렇게 자신의 선입견을 인식한다면, 콘텐츠가 자신의 견해와 일치하는지, 또는 충돌하는지 여부와 관계없이 더욱 엄정하게 콘텐츠를 평가할 수 있습니다.

콘텐츠의 출처는 그 품질을 평가할 수 있는 좋은 기준이지만, 늘 그렇지만은 않다는 점도 이해해야 합니다. 엄격한 팩트체크 기준이 있어서 세상에서 가장 신뢰할 만한 신문이라도 때때로 실수하며, 편집자 역시 자기 신념을 옹호하려는 편향에서 자유롭지 못한 인간이라는 점을 기억해야 합니다. 심지어 철저한 피어리뷰peer-review*를 수반하는 지명도 있는 과학저널에 게재된 논문이라고 해서, 연구 결과가 꼭 정확하지만은 않으니까요. 《네이처Nature》만 하더라도 2021년까지 10년 동안 게재 철회된 논문이 49건이나 됩니다. 그렇다고 해서, 49건 외에 살아남은 논문이 모두 완벽하다는 의미도 아닙니다.[20]

출판물만큼은 개별 저자를 기준으로 신뢰도를 필터링하는 편이 합리적입니다. 많은 언론 매체가 콘텐츠를 광범위하게 수집 및 소개하고 있는데, 그 목적은 때로 그 콘텐츠를 추천하거나 지지하는 것이 아니라 논

---

* 특정 학문 분야 내의 동료 전문가들이 논문을 평가하는 시스템 -역주

쟁을 자극하기 위함일지도 모릅니다. 그러니 필진에 대한 신뢰도 판단 기준을 세우도록 하세요.

반면, 잘 알려지지 않은 낯선 출판물이나 저자라면 그 출처가 실존하는지 신중하게 확인하는 태도가 필요합니다. 한때 ABC 뉴스와 같이 평판 좋은 출처의 인터페이스와 웹 주소를 모방한 웹 사이트가 등장해 잘못된 정보를 수년간이나 퍼뜨린 일도 있었습니다. 그렇다고 무명의 출처가 자격이 없다는 뜻은 아닙니다. 훌륭한 아이디어는 주류가 아닌 곳에서도 나올 수 있으니까요.

마지막으로, 콘텐츠의 제목을 넘어 내용 자체를 평가해야 합니다. 풍자적 내용일 수도 있고 심각한 결함이 있는 논리일지도 모릅니다. 무엇보다 중요한 단계는 가능한 한 콘텐츠의 원출처를 찾아서 다른 권위 있는 출처의 콘텐츠와 교차 검증하는 것입니다.

▌원출처 찾아가기

한번은 데이터를 찾던 중 놀라운 통계치를 보여주는 인포그래픽을 발견한 적이 있습니다. 그 데이터 포인트와 출처가 궁금해 차트 하단의 긴 참조 목록을 샅샅이 뒤져 해당 통계가 있는 다른 인포그래픽을 찾아내 확인했더니, 또 다른 인포그래픽으로 안내하더군요. 이 과정을 반복해 따라가 보니, 결국 처음 본 인포그래픽에 돌아와 있었습니다. 꾸며낸 데이터 포인트임을 모른 채 출처가 믿을 만한지 찾아 헤매던 저는, 참조 목록의 지옥 같은 회전문에 우연히 걸려들었던 것입니다.

고품질 정보를 얻기 위해 한 가지 행동만 해야 한다면, 가장 좋은 전략은 항상 출처를 찾는 습관을 기르는 것입니다. 여러분이 인터넷에서 발견한 정보는 출처를 추적하지 않고 공유된 것이 대부분이라 가정하는 편이 현명합니다. 인터넷 환경이란 빠르고 저렴하게 콘텐츠를 제작하는 게임과 같아서, 자신이 본 콘텐츠를 검증하려 애쓰는 사람은 드물지요. 왜곡되거나 꾸며낸 콘텐츠가 인기를 끌기 시작하면 이 회전문의 속도는 점점 빨라지게 됩니다.

중요한 정보라면 더욱더 원출처를 추적해야 합니다.

이 책을 집필하기 위해 검색과 조사를 거듭하며 재미있는 인용문과 일화, 통계를 발견했지만, 심각하게 왜곡되었거나 출처가 불분명했던 적이 한두 번이 아닙니다. 여러분이 진심으로 정보를 얻고 싶다면 흥미로운 것, 놀라운 것을 발견할 때마다 원출처를 찾아보아야 하며, 그 역시 믿을 만한지 판단해야 합니다. 이런 정보 습관은 매우 가치로우며, 노력만으로도 충분히 기를 수 있는 것입니다.

그리고 당연한 이야기지만, 우리가 섭취하려는 정보를 평가하기 전에 우리가 마시는 정보 샘물을 선택하는 단계가 필요합니다. 정보 산업의 세분화가 지속되면서, 우리의 정신적 자양분이 되는 정보에 접근하기 위해 거치는 관문인 **정보 포털**은 매우 다양해지고 있습니다.

포털 선택하기

미래를 내다보듯 혜안이 있던 마셜 매클루언은 벌써 수십 년 전에 미디어는 "감각의 확장"이라고 말한 바 있습니다. 과거의 여러분은 바로 주변에 있는 것만 보고 들을 수 있었습니다. 그러나 현재 여러분은 세상 모든 일에 감각을 확장할 수 있습니다. 첨단 디지털 장비로 무장한 일반인 수십 억 명이 어느 정도 전문 기자 역할을 하며, 세계 곳곳에서 자신들이 경험한 것을 카메라와 마이크를 통해 공유하고 있으니까요.

따라서 여러분이 주요 언론 매체의 구닥다리 필터에 얽매이지 않기로 결심만 한다면, 이제 세상 거의 모든 정보에 접근 가능하게 되었습니다. 문제는 잡음이 쓰나미처럼 몰려드는 통에, 여러분에게 중요한 신호가 덩달아 휩쓸려 버린다는 점입니다.

현대 사회에 급증한 것은 정보만이 아니며 정보 접근 수단도 마찬가지 입니다. 이제 세상사를 알 수 있는 선택지가 무수히 많고 우리는 그저 고르기만 하면 됩니다. 이것이 바로 정보 출처보다 정보를 발견하는 관문인 '포털'에 대해 생각해 보아야 할 이유입니다. 각 포털은 입력되는 정보를 필터링하고 집계하는 고유의 방식을 지닙니다. 우리가 정보에 접근하는 5가지 기본 포털은 그림 3.2와 같습니다.

그림에서 보듯 우리는 새로운 것을 직접 경험하기도 합니다. 그러나 세상은 넓고 직접 모든 곳에 가볼 수 없으므로, 보통은 매체나 사람들이 전해 주는 말을 통해 새로운 내용을 많이 알게 되지요. 매체와 사람들(요즘은 이 둘을 구분하기도 힘듭니다)이 우리의 정보원인 셈입니다. 점점 더 해체되고 있는 미디어 환경에서 모든 출처에 직접 가볼 필요는 없어졌습니다. 많은 경우 미디어 애그리게이터media aggregator*나 SNS 피드를 통해 흥미로운 콘텐츠를 발견하곤 합니다.

우리가 직접 선택해 보는 피드와 알고리즘에 의해 형성되는 피드에는 큰 차이가 있습니다. 앞으로 설명할 이 알고리즘은 때로 매우 유용하기

---

* 무선 인터넷 산업의 가치 사슬에서, 콘텐츠를 제작할 뿐만 아니라 이를 모바일 환경에 구현하는 기술을 개발하고 재구성한 후 종합하여 소비자에게 제공하는 업체. -편집주(출처: 네이버 국어사전)

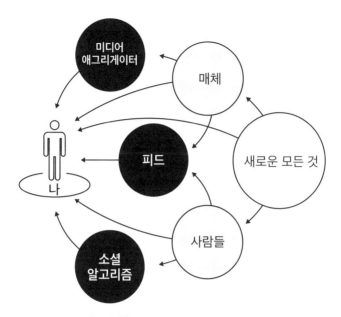

그림 3.2 우리가 정보에 접근하는 5가지 기본 포털

도 하지만, 우리가 세상을 보고 인식하는 방식을 극적으로 왜곡하기도 합니다. 그림 3.2에서 피드는 매체와 사람들이 전하는 정보를 모두 통합할 수 있습니다. 미디어 애그리게이터와 소셜 미디어 모두 알고리즘 기반이므로, 이러한 알고리즘이 콘텐츠를 선택해 사용자에게 보여주는 방식과 이것이 여러분의 정보 식단에 미치는 영향을 이해하는 것이 중요합니다.

이제부터 정보라는 식단에 접근할 수 있는 포털과 각각을 최대한 활용하는 방법을 살펴보도록 하겠습니다. 먼저, 여러분이 가진 목표 달성에 가장 유용한 정보 포털 및 정보원으로 구성된 포트폴리오를 어떻게 만들 수 있을지 고민해야 합니다.

▋다양한 정보 포트폴리오

현대 포트폴리오 이론은 현대 투자관리론의 중심입니다. 이 이론은 1952년 노벨상 수상자인 해리 마코위츠Harry Markowitz가 처음 제안한 이래, 모든 금융 코스의 핵심 커리큘럼으로 자리 잡고 있습니다. 이 이론이 본디 증명하는 바는 수익률의 상관관계가 낮은 투자처를 다양하게 담은 포트폴리오가 감수한 위험 수준 대비 전체 수익률이 좋다는 것입니다. "모든 계란을 한 바구니에 담지 말라"라는 오랜 격언을 마코위츠가 수학적으로 입증한 것이지요.

이 원칙은 우리가 활용하는 정보 출처를 포함해 여러 영역에 널리 적용됩니다. 특히 정치적, 사회적 또는 인식론적 관점에서 정보 출처를 과도하게 통일시키면, 멘탈 모델이 참고할 자료가 협소해지는 심각한 위험이 발생합니다. 어떤 상황이든 관점은 다양하지요. "지식은 단 하나의 관점에서 나오지만, 지혜는 여러 관점에서 나온다." 저명한 사회과학자 그레고리 베이트슨Gregory Bateson의 격언을 교훈으로 삼아야 합니다.[21]

이 격언은 정치 영역에서 특히 새겨두어야 합니다. 정치란 당파적 신념의 렌즈로 무엇이든 볼 수 있는 세계이므로, 만일 자기 입장과 정확히 일치하는 렌즈를 통해서만 정보를 구한다면 여러분의 고유한 견해와 정체성이 반영된 의견 형성은 거의 불가능할 겁니다.

정치보다 덜하긴 해도, 과학 역시 다양한 관점이 필요하지요. 과학의 어떤 영역에서는 도출된 합의에 따라 틀이 확립되기도 합니다. 과학 지식을 조금씩 넓혀가고 때로는 확립된 지식에 대해 의문을 제기하는 과정에서 활발한(때로는 신랄한) 전문가 토론이 이루어지며, 이 과정 전반이 인간의 집단적 이해를 증진시키는 없어서는 안 될 역할을 합니다.

어떤 사람들은 몇 안 되는 저명한 기술 낙관론자를 따르며, 기술이 사회적 병폐를 반드시 없앨 것이라 믿을지 모릅니다. 반면 사회나 환경 문제를 심각하게 다루는 절망적인 뉴스에만 지속적으로 노출되어, 오늘날 시급한 문제를 해결할 잠재적 방안의 존재를 전혀 모르는 사람도 많습니다.

정보 출처 선택의 유일한 기준은 출처의 다양성입니다.

매우 다양한 출처에서 가져온 정보로 식단을 구성해 정기적으로 섭취하는 것은 고된 일이지만, 동시에 성장의 기회이기도 합니다. 2015년, 저는 전 세계에 있는 최고 여성 미래학자들의 목록을 작성하기 시작했습니다. 이 작업은 누구나 알 법한 학자들의 시각을 넘어 또 다른 예리한 관점을 발견해, 저뿐 아니라 다른 사람들에게 알려주기 위한 것이었습니다.[22] 여러분도 이처럼 주류가 아닌 식견을 제시하는 사람들이나 언론 매체를 찾아 목록을 작성해볼 수 있을 겁니다. 거기에 여러분의 고정관념을 깰 수 있는 통찰력 있는 정보 출처가 포함된다면 금상첨화겠지요.

▋미디어

세상사를 알기 위해 특정 뉴스 사이트나 방송 프로그램을 직접 찾아보는 사람은 점점 줄어들고 있습니다. 보통은 소셜 미디어나 뉴스 애그리게이터, 링크를 공유하는 친구를 통해 관련 뉴스를 찾지요. 학계에서는 이렇게 사람들이 뉴스를 적극적으로 찾지 않는 현상을 '뉴스가 찾아오는 현상NFM, News Finds Me'이라고 설명합니다.[23] 이 용어가 경멸적 의미로 사용될지도 모르지만, 제가 알기로 통찰력 넘치고 정보에 정통한 몇몇 사람들은 정보가 그들을 찾아오게 한답니다. 그중 팀 오라일리는 "정보가 저를 찾아오게 하는 것이 제 전략인데, 어떤 정보가 거듭해서 온다면 분명 중요한 정보일 것"이라고 전합니다.[24]

성인이 되어 신문을 읽었던 사람들이라면 자신이 믿고 찾는 언론 매체에 직접 접속할 것입니다. 인터넷이든 신문이나 텔레비전 또는 라디오든 상관없이 말이지요. 젊은 세대는 아무래도 소셜 미디어나 애그리게이터를 통해 간접적으로만 미디어 출처에 접근하는 경우가 많을 겁니다.[25] 이 방법을 신중하게 활용하면 꽤 괜찮은 범위의 관련 뉴스 업데이트를 받을 수 있긴 합니다만, 여러분이 선택한 미디어에 직접적으로 접근할 수 있는 방법도 많습니다.

필터링 위임하기

세계의 부자들이 읽는 것을 함께 읽고 싶으신가요? 빌 게이츠나 워런 버핏과 같은 부자들은 《월스트리트 저널》과 《뉴욕 타임스》, 《이코노미스트》를 꾸준히 읽고 있습니다. 정보 필터링과 선택, 우선순위 지정을 권위 있는 출판물 편집자에게 어느 정도 위임한 셈이지요. 이 사람들은 분명 보통 사람들이 모르는 매체나 출처도 함께 활용할 테지만, 그들도 우리와 마찬가지로 주요 이슈에 대한 신빙성 있는 보도와 배경 맥락 정보를 제공받으리란 믿음을 갖고 인지도 있는 주요 매체에서 출발할 것입니다.

거의 모든 주류 뉴스 간행물이나 프로그램은 여러분에게 알아야 할 것을 알려준다고 약속합니다. 이런 정보를 섭취하는 것은 해당 매체 편집자들의 뉴스 선택과 구성에 대한 결정을 신뢰한다는 것입니다. 과거 인터넷이 없던 세상에서 뉴스 출처 선택은 곧 뉴스를 선택하는 사람을 고른다는 뜻이었습니다. 뉴스 제공자가 무수히 많은 지금도 언론사의 웹 페이지에 직접 접속하는 이유는 편집자의 선택에 가치를 두거나 그 매체의 보도 방식을 신뢰하기 때문이겠지요.

필터링 위임에는 한편으로 해당 매체의 독자가 가진 세계관을 이해할 수 있다는 장점이 있습니다. 투자자 조시 울프Josh Wolfe는 '진지한' 신문들 사이에 너무나 대중적인 매체인 《USA 투데이USA Today》를 끼워 읽는다고 아내에게 놀림을 받기도 합니다. 울프는 아내에게 "음, USA 투데이는 읽어야지. 메리어트 호텔(USA 투데이는 호텔에 흔히 비치되는 신문입니다)에 묵는 백만 명의 미국인들이 자고 일어나 무엇을 보고 영향받는지 알아야 되니까."라고 대답했다네요.[26] 저도 평소 TV를 보지 않지만, 호텔에 머무를 때에는 TV 뉴스 채널을 보곤 합니다. 많은 사람이 무엇을 보며 사는지 알게 되지요.

늘 같은 출처에서 뉴스를 선택한다면, 그 뉴스에 의해 여러분 자신과 여러분의 세계관이 결정될 수밖에 없습니다. 이 사실을 의식한 채 뉴스 출처를 선택해야 하며, 그 선택은 언제든 바뀔 수 있음을 알아야 합니다. 특히 여러분의 우선순위가 바뀌거나 뉴스 출처가 제값을 못하는 경우에는 말이지요.

▌사람들

2021년 말 유료 구독자 100만 명을 돌파한 뉴스레터 서비스 '서브스택Substack'의 급부상은 사람들의 정보 필터링 방식이 구조적으로 변했음을 보여주는 단적인 예입니다. 우리는 개인 미디어를 언론 기관보다 점점 더 선호하게 되었습니다. 개인 미디어의 첫 번째 물결은 블로그와 온라인 비디오, 콘텐츠 기반 소셜 네트워크, 팟캐스트입니다. 상당히 많은 시청자가 개인 크리에이터를 직접 지원하려 한다는 것이 입증되면서, 이제 미디어 환경은 더욱 파편화되고 있습니다.

신뢰할 만한 개인을 선택함으로써 우리는 정보의 출처를 보다 분별력 있게 선택할 기회를 갖게 됩니다. 피드와 필터를 사용하면 대규모 미디어 조직 내에서도 특정 개인만 팔로우하도록 선택할 수 있지요. 다만 미디어 매체가 아닌 개인을 선택한다면, 여러분과 같은 사고방식을 가진 사람들에게만 노출될 위험이 높아집니다. 반드시 여러분과 관점이 다르되 사고가 풍부한 사람들도 팔로우해야 함을 잊지 마세요.

인적 정보 네트워크에 투자하기

제가 직접 벤처 기업을 창업하기 전, 기업에서 맡은 마지막 직책은 (이후 로이터와 합병하여 톰슨 로이터가 된) 톰슨 파이낸셜Tomson Financial의 해외 자금 시장 담당 이사였습니다. 우리 팀의 역할은 전 세계 주요 부채 시장에 대한 실시간 보고 및 분석이었지요. 부채 시장에 참여하는 사람들은 본질적으로 모두 우리의 정보원이 되었습니다. 참여자 중 우리와 신뢰를 쌓고 있던 이들은 자기 정보를 기꺼이 우리에게 공유해 주었습니다. 그덕분에 자금 시장 밖에서 일어나는 일에 관한 업데이트를 매일 교환할 수 있었고, 나아가 자금 거래와 관련된 맥락 및 다양한 관점을 공유하게 되었습니다.

'노하우know-how'보다 '노후know-who' 즉 인적 네트워크가 더 중요한 직업이 많습니다. 누구에게 물어봐야 할지 안다면, 지식을 직접 지닐 필요는 없습니다. 누구에게 물어볼 것인가도 중요하지만, 기꺼이 시간 내고 애써서 도와줄 수 있는 사람들과의 관계를 형성하는 것 역시 필요합니다. 지식 네트워크는 신뢰와 호혜의 네트워크이기도 하니까요.

최고의 애널리스트이자 작가인 R. 레이 왕R. Ray Wang은 자기 인적 네트워크에 기반하여 기술 동향과 그 의미에 대해 철저히 탐구합니다. 그는 "네트워크가 클수록 그 안에서 필요한 사람을 찾을 가능성이 높죠. 적어도 두세 단계 거치면 해결됩니다."라고 조언합니다. 레이 왕은 관심 주제에 대해 필요한 통찰을 줄 것 같은 사람을 자신의 네트워크에서 찾아 그게 누구든 손을 뻗습니다.

레이 왕에 따르면, 만나자는 요청을 수락하는 사람들에게는 호의를 직접 되갚기보다 "널리 선행을 베푼다pay it forward."란 대의가 있다고 합니다. 가치를 자유롭게 교환하는 확장된 집단 내에서 또 다른 사람에게 자기 가치를 나누는 것이죠. 레이 왕은 말합니다. "이유가 무엇이든지(질문이 있거나, 뭔가를 알고 싶거나, 구직을 원하거나, 팁을 구하거나, 아니면 그저 중요한 일이 있거나) 간에, 사람들은 어떤 집단의 일원이 되고자 하는 욕구가 충분합니다."[27]

이것을 '포괄적 호혜성diffuse reciprocity'이라고 하는데, 개인과 개인이 일대일로 서로의 가치를 맞바꾸는 것이 아니라, 더 광범위한 공동체에서 여러 구성원들과 동시다발적으로 가치를 나누는 것을 말합니다. 여러분이 A란 사람을 돕는다면, A는 또 다른 사람인

포괄적 호혜성이란?

B를 돕고, 도움을 받은 B가 다시 여러분을 돕게 될 수도 있습니다. 특정 분야에서 최고 전문가들의 통찰을 참고하고 싶다면, 그들과 비슷한 사람들을 여러분의 현재 위치에서 돕는 것부터 시작해야 합니다. 여러분이 조언을 얻으려는 타인을 도우면, 그 도움은 언젠가 다시 여러분에게 돌아올 것입니다. 대화할 때에는 최소한 여러분이 얻는 만큼의 가치를, 모든 대

화 참여자가 여러분에게서 가져갈 수 있게 하는 태도가 중요합니다.

사람들이야말로 가장 훌륭한 통찰력을 얻을 수 있는 원천입니다.
단, 그러기 위해서는 반드시 인적 정보 네트워크에 먼저 투자해야만 합니다.

유명 벤처투자자 프레드 윌슨Fred Wilson의 정보 수집 전략은 바로 인적 네트워크입니다. "저에게는 직접 읽고, 보고, 들은 것을 보내주는 친구 수십 명이 있습니다. 기술 분야 종사자는 아니어도 호기심 넘치고 관심사가 폭넓은 사람들이 많아요. 이 사람들은 제가 콘텐츠와 영감을 찾는 가장 귀한 원천인데, 제가 성인이 된 후 줄곧 관계를 맺어온 이들이죠. 그건 계산하거나 계획한 것이 아니라 그저 자연스러운 일이었습니다." 인적 네트워크에 대한 윌슨의 생각은 바로 "기술은 내가 이미 알고 있는 것을 보여주지만, 사람은 내가 모르는 것을 보여준다."[28]로 요약할 수 있습니다.

정보를 제공할 사람에게 직접 전화하거나 메시지를 보낼 수도 있지만, 요즘은 왓츠앱WhatsApp이나 위챗WeChat, 텔레그램Telegram, 시그널Signal과 같은 플랫폼의 비공개 그룹 내에서 통찰이 공유되는 경우가 많지요. 당장 이슈가 되는 주제라면 디스코드Discord나 클럽하우스Clubhouse의 음성 대화에서 통찰력 있는 견해를 들어볼 수도 있습니다. 실리콘 밸리 인재들은 이런 플랫폼에서 토의를 주도하여, 여러 분야의 사상가들이 공유하는 흥미로운 관점을 누구나 들을 수 있는 장을 열곤 합니다.

▌RSS 피드

소프트웨어 분야에서 영향력 있는 프로그래머인 데이브 위너Dave Winer

는 소프트웨어 개발자라는 호칭보다 '미디어 해커media hacker'를 더 선호한다고 합니다. 1994년 월드 와이드 웹 등장 직후 위너는 샌프란시스코 신문사의 파업 노동자들이 획기적인 온라인 뉴스 사이트 '샌프란시스코 프리 프레스San Francisco Free Press'를 자동화하는 것을 도왔습니다.[29] 그 뒤에 위너의 회사 유저랜드 소프트웨어UserLand Software는 1997년 최초의 사용자 친화적 블로그 플랫폼을 출시했습니다. 위너는 콘텐츠 공유 프로토콜을 개발하기 시작했는데, 이것이 바로 'RSSReally Simple Syndication(초간편 배포)'입니다.

한번은 MTV의 유명 VJ였던 아담 커리Adam Curry가 2000년 뉴욕으로 날아가, 위너를 자기 숙소로 초대했습니다. 위너가 "끝내주는 록스타 스타일의 호텔"이라고 말한 그 방에서, 커리는 블로그뿐만 아니라 라디오와 음악, 그 밖의 오디오 및 비디오를 전 세계에 배포하고자 하는 자신의 비전을 열정적으로 설명했습니다. 그에 매료된 위너는 RSS를 수정해 오디오용 인클로저를 포함시켰습니다. 최초의 오디오 RSS 피드는 조지 부시 전 미국 대통령이 취임하던 2001년 1월 20일 발행되었는데, 여기에는 그레이트풀 데드Grateful Dead가 미국을 풍자하며 부른 노래 〈U.S. Blues〉가 담겨 있었습니다.[30] 그리고 20년이 지난 현재, 사람들은 매년 150억 시간이 넘는 팟캐스트를 듣고 있으며, 대부분은 RSS 피드를 통해 구독하는 것들입니다.

'배포'란 의미의 신디케이션syndication은 디지털 경제를 구성하는 기본 요소로서, 우리가 즐겨 찾는 뉴스 사이트와 블로거, 팟캐스터, 비디오 제작자가 새로운 콘텐츠를 공유할 때마다 업데이트 내용을 구독하게 하는 시맨틱 웹Semantic Web의 대표적인 기술입니다. 트위터나 인스타그램과 같은 SNS 서비스도, 주요 기능은 관심 있는 사람들의 업데이트를 팔로우하게 하는 피드입니다.

전문가 20인 찾기

기술 전도사이자 작가인 로버트 스코블Robert Scoble이 주로 정보를 수집하는 곳은 트위터의 대시보드 애플리케이션인 트윗덱Tweetdeck 입니다. 트위터 타임라인에 끝없이 내뱉어 놓은 무의미한 말과 콘텐츠 사이에는 기술과 미디어, 과학, 정치 분야를 주도하는 리더들이 자신의 통찰과 연구, 관점 그리고 관심 있는 콘텐츠를 공유한 것들도 있습니다. 철없는 잡음 속에서 보물을 찾으려면 트위터의 리스트 기능으로 주제를 설정해, 보고 싶은 사람들의 트윗만 살펴볼 필요가 있습니다.

관건은 누구를 팔로우할지 선택하는 것이지요. "누구의 의견을 귀담아 들어야 할지 알아야 하는데, 그런 전문가를 알아내는 건 시간이 걸릴 거예요." 스코블은 조언합니다. "해당 주제 혹은 업계에서 정말 '잘나가는' 인물 20인의 리스트를 만들어보세요. 도예를 배우려면 린다 바인만Lynda Weinman이 누구인지 잘 알아야 할 겁니다. 그녀는 20명 중 한 명이어야 하는 사람이니까요. 바인만을 몰랐더라도, 여러분이 20인 리스트를 작성하기 시작했다면 곧 나타날 거예요. 나머지 19명이 '바인만의 작품을 한번 봐!'라고 말하기 시작할 테니까요. 그렇게 트위터 세상은 20명의 전문가를 여러분에게 데려다주고, 그러면 그들이 여러분에게 최신 정보를 전해주기 시작하는 겁니다."[31]

이 책을 집필하려고 제가 인터뷰한 정보 대가들도 마찬가지로 엄격히 선별해서 참고하는 가이드라인의 규모를 20개 안팎으로 큐레이션할 것을 언급하곤 했습니다. 이에 대해 '개인 지식 전문' 강사인 해롤드 자시Harold Jarche는 "처음에는 약간 (무차별적인) 샷건 같은 접근 방식이예요."

라고 설명합니다. "20인이 하는 일에 관심을 기울여 보세요. 그리고 신호를 조정하는 거죠. 좋은 정보를 주는 신호는 증폭하고, 반대로 시끄러운 잡음은 줄일 수 있습니다."

자시가 코로나19 팬데믹 초기에 만들었던 트위터 리스트에는 신뢰할 만하지만 "주류에서는 약간 벗어난" 출처 12인이 있었습니다. 여기서 추가되거나 삭제된 인물도 있지만, 이 리스트는 여전히 유지되고 있습니다. "자신의 한계를 찾는 것도 중요해요. 검색하고 읽는 데만 시간을 온통 할애할 뿐 행동으로 옮기지 않는다면 소용이 없죠."[32]

피드 설정하기

여러분이 선택한 콘텐츠를 한데 모으는 RSS 리더로는 피들리Feedly, 이노리더Inoreader, 뉴스블러Newsblur 등 여러 가지가 있습니다. 일부 리더에는 단순히 콘텐츠 소스를 수집하는 것 이상의 유용한 기능이 있는데, AI 기반 콘텐츠 선별이나 메모 앱과의 호환, 또는 작성자별, 범주별 콘텐츠 정렬 등입니다.

또한 구글 뉴스(news.google.com)와 같은 플랫폼에서는 뉴스에 나타나는 특정 용어(예: 전문 분야와 관련된 주제) 알람을 피드로 설정할 수 있습니다. 그러면 여러분이 설정한 검색어가 포함된 모든 뉴스가 피드에 나타나게 됩니다. 다만, 이런 접근 방식에는 질적 차이가 크게 나는 다양한 출처로부터 너무 많은 결과물을 모아준다는 위험이 있긴 합니다.

소셜 데이터 혁신가 마셜 커크패트릭Marshall Kirkpatrick은 구글 맞춤 검색을 설정해 자신이 큐레이션한 출처에서 오는 결과만 보여주도록 만들었습니다. 인터넷 전체가 아니라, 본인이 신뢰하는 사이트만 검색하도록 한정한 것입니다. 또 커크패트릭은 트위터 검색 시 정보원의 다양성을

그림 3.3 구글 뉴스피드 설정 방법

확보하기 위해, 원주민 지도자나 여성 기술자 같이 과소평가된 인물들로 이루어진 리스트를 만들어 두기도 했습니다.[33]

　뉴스레터 구독 소프트웨어는 뉴스레터를 개별 구독자들에게 직접 배포하는 방법이기도 하지만, 이메일로 피드를 받는 효과적인 방법이기도 합니다. 뉴스레터를 광범위하게 활용한 사람으로 노키아 기술 동향 조사 담당자인 레슬리 섀년Leslie Shannon이 있습니다. "저 대신 스캔 작업을 해주는 사람을 고용한 셈이죠. 심지어 무료로요." 여기서 관건은 무엇을 읽을지 찾아내고 선택하는 것입니다. 섀년은 "한 번씩은 다 볼 거예요." 라 말하지만, 이것은 뉴스레터의 내용을 선택할지 평가하기 위함입니다. "저는 구독 취소 빌런이예요 (…) 받은 편지함에 주목할 것들만 남도록, 아니다 싶은 것들은 미련 없이 취소해 버려요."[34]

▌알고리즘

사회 곳곳에 깊숙이 자리잡은 기술이야말로 우리가 지금 겪고 있는 놀라운 정보 과부하의 큰 원인이라고 볼 수 있습니다. 해답은 바로 문제 자체에 있지 않을까요? 가장 필요한 정보로만 우리를 데려다주는 기술은 없을까요? 인공지능의 특별한 능력이 인간의 관심사를 배울 수 있다면, 우리에게 유용한 정보를 떠먹여주는 것도 가능해야겠지요. 문제는 뭘까요? 대부분의 알고리즘이 인간을 도우려고 만들어졌다기보다, 착취하기 위해 개발되어 활용되고 있다는 것입니다.

우리는 필요한 정보를 식별하기 위해 알고리즘을 매우 유익하게 활용할 수 있습니다. 다만 알고리즘을 이용한 정보 검색 시, 신중을 기해서 알고리즘의 설계 의도와 결과 품질을 살펴보아야 합니다. 이러한 알고리즘은 여러분의 소셜 미디어 뉴스피드와 미디어 애그리게이터에 표시되는 콘텐츠를 결정하지만, 그 작동 방식은 각 채널마다 크게 다릅니다.

소셜 알고리즘

《사피엔스Sapiens》로 유명한 베스트셀러 작가 유발 노아 하라리Yuval Noah Harari는 소셜 미디어 알고리즘의 영향에 대해 "외부자가 나 자신보다 나를 더 잘 알게 되는 날은 우리가 오랫동안 알고 있던 자유민주주의가 끝나는 날"이라며 단호하게 말했습니다.[35]

2020년 11월 기준으로, 18~29세 미국인 중 48%와 30~49세 미국인의 40%가 선거 관련 뉴스에 접근하는 방법으로 소셜 미디어를 꼽았습니다. 그리고 당연하게도 이들은 시사와 정치에 대한 지식 수준이 상대적으로 낮은 것으로 나타났습니다.[36]

소셜 미디어 플랫폼은 대부분 뉴스피드를 기반으로 합니다. 플랫폼의 콘텐츠 선택 알고리즘은 지속적으로 수정되는데, 그 목표는 사용자가 플랫폼에 더 오래 머무르며 게시물을 읽고, 자주 방문하여 유료 광고를 클릭하게 하는 것입니다. 페이스북이 사용자 수 확보를 위해 분노나 질투 같은 부정적 감정을 악용한다는 사실이 알려진 뒤 지난 몇 년간 페이스북을 떠난 사람이 수백만 명에 이릅니다.[37] 그런데도 여전히 많은 사람이 옛 친구와의 연락 등 여러 목적으로 소셜 미디어 플랫폼을 이용하고 있습니다.

소셜 미디어 플랫폼이 여전히 필요한 사람들을 위해, 통제력을 어느 정도 유지할 수 있는 전략이 몇 가지 있습니다. 한 가지 방법은 뉴스피드를 완전히 차단하는 겁니다. 크롬과 파이어폭스 웹 브라우저 확장 프로그램인 '뉴스피드 제거기News Feed Eradicator'는 다른 주요 기능은 유지

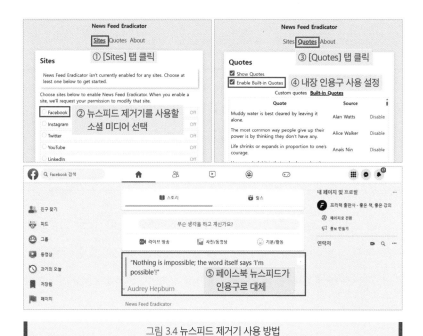

그림 3.4 뉴스피드 제거기 사용 방법

한 채 광고 피드만 명언으로 바꿔 보여주는데, 크롬 웹스토어에서만 무려 20만 명 이상이 이 프로그램을 내려받았다고 합니다. 아쉽게도 소셜 미디어 플랫폼에서 자체 뉴스피드 편집은 매우 제한되어 있습니다. 다만 트위터는 예외적으로 플랫폼에서 선별한 게시글 말고 여러분이 팔로우하는 사람들의 최신 게시물만을 볼 수 있게 해줍니다.

여러분에게 통제 권한이 있다고 해도, 더 많이 보고 싶은 인물이나 게시물을 스트림에서 보이게 하는 정도일 뿐입니다. 여러분이 팔로우하는 사람이라도 차단 혹은 일시 중지함으로써 그 사람의 게시물이 내 피드에 표시되는 빈도를 조절할 수 있지요. 분노 같은 부정적 감정을 일으키는 콘텐츠는 절대 보지 마세요. 일단 클릭하면 함정에 빠지는 것과 같아서, 그런 감정을 일으키는 유사 콘텐츠가 여러분의 스트림에 더 많이 나타나게 됩니다. 사용자를 기만하는 낚시성 콘텐츠가 공유되면 여러분의 스트림에서 제외시키세요. 여러분의 관심은 소중합니다. 그럴 바엔 차라리 소셜 미디어 사용을 최소화하는 편이 낫습니다.

▮ 미디어 애그리게이터

메타 CEO 마크 주커버그와 구글 CEO 순다르 피차이의 공통점은 무엇일까요? 두 사람 모두 기술 뉴스 사이트인 테크밈Techmeme에서 업계의 최신 뉴스를 파악한다는 것이죠. 실리콘 밸리의 최고 기술 리더나 벤처 투자자들도 마찬가지입니다.[38] 테크밈은 해당 분야 권위자들의 토론 내용을 바탕으로 업데이트한 각 분야의 주요 뉴스 목록을 지속적으로 보여줍니다. 기술 분야 종사자라면 이 사이트에서 효율적으로 최신 뉴스에 접근하고, 주요 정보를 빠짐없이 확인할 수 있습니다.

구글 뉴스와 최근 등장한 애플 뉴스 덕분에 많은 사람이 보다 쉽게 뉴스 모음에 접근하게 되었고, 자신에게 필요한 정보가 무엇인지 잘 안다고 느끼게 된 듯합니다. 원한다면 특정 국가의 정치, 지역 사회, 과학, 스포츠 혹은 더 세분화된 영역으로 뛰어들어 살펴볼 수도 있습니다. 이런 뉴스 애그리게이터는 주로 광범위한 세상사를 꿰고 싶어 하는 사람들에게 유용합니다. 이런 서비스의 기본 스트림은 개인이 팔로우하는 주제뿐만 아니라 광범위한 주제의 뉴스를 보여줌으로써, 세계 곳곳에서 벌어지는 사건에 사용자를 노출시켜 신속하고 폭넓게 세상을 살펴보게 하는 장점이 있습니다. 단, 수박 겉 핥기 이상을 원한다면 여기서 멈추지 마세요.

회원 투표에 기반한 알고리즘을 이용하는 레딧Reddit의 서브레딧 그룹이나 스타트업 커뮤니티 해커뉴스Hacker News와 같은 사용자 중심의 뉴스 애그리게이터는, 해당 주제에 대한 새롭고 흥미로운 정보를 파악해 유용한 시각을 보여줍니다. 사용자 투표 기능을 적용해 찬성이 많은 댓글은 강조하고 반대가 많은 댓글은 안 보이도록 묻는 댓글 섹션은, 때로 생각을 불러일으키는 관점을 제공할 수 있습니다.

수많은 인터넷 사용자가 뉴스를 걸러서 보길 바라고, 이런 사용자 니즈에 맞추려는 뉴스 애그리게이터 개발 시도가 골백번 있었습니다. 그렇지만 대부분 허사였고, 대개는 그럴 만했습니다. 저 역시 맞춤형 뉴스 애그리게이터의 품질에 오랫동안 실망해 왔지만, 그래도 여전히 차세대 뉴스 애그리게이터 등장에 희망을 걸고 있습니다.

정보 포트폴리오 구축하기

《뉴욕 타임스》와 《워싱턴 포스트》에 기고하는 유명 인터넷 문화 칼럼니스트 테일러 로렌츠Taylor Lorenz는 독특한 직업에 맞는 정보 식단을 갖고 있습니다. 그녀가 말하길, "어떤 앱을 열든 사실상 하루 종일 정보를 섭취한다."라더군요. "팔로우하는 인스타그램 계정은 엄청 많고, 익스플로러 탭은 늘 확인하고 있고, 하루 1~2시간 정도는 틱톡이나 유튜브를 시청하죠."

로렌츠는 자신이 속한 커뮤니티에서 콘텐츠 추천을 받습니다. "트위터에서 제가 팔로우하는 사람들이 트윗하는 링크는 그게 뭐든 재미있어 보이면 읽어요. 들어가 있는 채팅이나 슬랙Slack 그룹이 많은데 거기서도 사람들이 던지는 메시지를 읽어보죠." 뉴스를 선별해 요약하는 팟캐스트 외에 로렌츠가 "하루에도 몇 번씩 처음부터 끝까지" 읽는 간행물이 하나 있습니다. 바로 데일리 메일Daily Mail(1896년 창간된 영국의 타블로이드 신문) 홈페이지입니다.[39]

여러분의 정보 포트폴리오는 아마 로렌츠와 아주 많이 다를 겁니다. 하지만 로렌츠가 그러하듯이, 여러분도 자신의 목표에 걸맞는 일관된 정보 포털과 습관을 확립할 필요가 있습니다. 여기에는 매일 규칙적으로 접하는 정보원과 규칙적이진 않지만 자주 들여다보는 정보원이 모두 포함됩니다.

암호화폐 장기 투자자를 예로 들어봅시다. 주요 암호화폐 뉴스 서비스로 피드를 설정하고, 좋을 법한 사이트 몇 곳을 꾸준히 접속하는 습관을 갖되, 특정 분야에 관한 통찰력 있는 뉴스레터를 구독함으로써 정보 식단을 완성할 수 있을 것입니다. 암호화폐 권위자와 전문가가 트위터에 많으므로, 그들이 트위터에서 모아둔 리스트를 예의주시하거나, 흥미롭다고 생각되는 리스트를 직접 만들어볼 수도 있죠. 만약 이 투자자가 암호화폐 규제 전망에 대해 걱정하는 쪽이라면, 인터넷 전체를 대상으로 특정 검색어 알람을 설정하고, 신뢰할 만한 주류 간행물에서 관련 뉴스만 추려내는 더 좁은 필터를 설정할 테지요. 또한 핵심 블록체인 개발자가 모인 온라인 커뮤니티 하나를 자주 방문해 암호화 플랫폼 로드맵이 어떻게 진행되어 가는지 파악해 보기도 할 겁니다.

고도로 숙련된 공급망 전문가의 포트폴리오는 매우 색다를 겁니다. 회사 물류 현황에 대한 내부 정보 대시보드와 전 세계 곳곳의 주요 뉴스 매체 헤드라인, 미디어 애그리게이터의 산업별 섹션은 물론, 아마 주요 기상 경보도 포함되겠지요. 또한 운송과 창고 보관, 센서 기술, 3D 프린팅 등, 운영에 영향을 미칠 최신 기술의 업데이트를 제공받는 피드나 선별된 정보원도 있을 겁니다. 그러나 후자의 확인 빈도는 매우 낮겠지요.

여러분의 정보 수집 목적을 되돌아보고, 처음부터 다시 시작하세요. 백지 상태에서 정보 포트폴리오를 설정한다면 가장 중요한 정보 포털은 무엇일까요? 직접 방문해서 읽어볼 만한 출처는 어디 있나요? 유용한 미디어 애그리게이터는 무엇이며, 어떻게 설정해 두어야 할까요? 미디어 혹은 사람의 피드를 구축하기로 했다면 어떤 정보원을 선택하는 게 좋을까요? 친교 외에 어떤 목적으로 소셜 미디어를 활용해야 할까요?

금융 투자 포트폴리오를 구축하고자 한다면, 요구 사항에 따라 정기적으로 투자 균형을 조정하고, 수집한 정보가 정확하고 유용한지 지속적으로 재평가해야 합니다. 그리고 포털과 정보원 외에도, 여러분이 현명하게 따져보고 선택해야 할 것이 있습니다. 바로 적합한 미디어 형식입니다.

▌미디어 형식 다양화하기

디지털 통신이 부상함에 따라 정보와 교육, 엔터테인먼트를 소비하는 방식이 다채로워졌습니다. 그 어떤 방식도 인쇄물이나 텔레비전, 라디오와 같은 우리의 옛 인기 방식들을 대신하지는 않겠지만, 우리가 고를 수 있는 선택지는 무수히 늘어났지요.

필터링을 할 때 주의를 기울여야 하는 것처럼, 오디오, 비디오, 텍스트 등 사용하는 미디어 형식도 '쉽고 습관적인' 기본 형식에 단순히 의존하기보다는 직접 신중히 골라 설정할 필요가 있습니다. 미디어 형식의 균형은 지극히 개인적인 선택이므로, 최적의 처방은 없습니다. 그건 여러분의 인지 스타일과 선호도뿐 아니라, 일상 스케줄, 사용 기기, 미디어를 이용하는 시간대에 따라 달라집니다.

여러분의 현재 미디어 소비 방식이 최선이라고 생각하지 마세요. 색다른 형식의 미디어도 시도해본 다음, 어느 형식이 나은지 살펴보아야 합니다. 인쇄물과 오디오, 비디오 그리고 급증하는 다양한 디지털 미디어 형식 중 무엇을 골라 볼지, 그 선택 기준을 함께 생각해 보겠습니다.

미디어 선택하기

미디어는 크게 두 가지로 나뉘는데, 보는 속도를 우리가 선택할 수 있는 것과 보여지는 대로 실시간으로 주의를 집중해야 하는 것입니다. 글의 장점은 읽는 사람이 속도를 직접 조절한다는 것입니다. 얼마나 심도 있게 읽고 싶은지에 따라 빠르게 혹은 느리게 읽으면서 책과 신문, 뉴스레터, 기사의 정보를 자신에게 맞춘 속도로 정확히 흡수할 수 있습니다.

오디오나 비디오의 경우 정해진 속도에 우리가 맞춰야 합니다. 운동 중이나 출퇴근 시간에 팟캐스트나 기사를 들을 때는 많이들 콘텐츠를 빠르게 재생하곤 합니다. 익숙지 않은 사람들에게는 1.5배속도 불편하겠지만, 시각 장애인이나 특정 훈련을 받은 사람들이라면 3배속에서도 잘 듣고 이해할 수 있다고 합니다.[40] 그렇다고 빠른 배속 듣기가 꼭 나은 것은 아닙니다. 과도한 집중력을 소모함으로써(체육관이라면 몰라도 운전 중에는 그다지 적합하지 않습니다.) 스트레스를 유발할 수 있기 때문입니다. 중요한 것은 풍요롭게 사는 것이지, 여러분의 정보 생활이 불쾌해지는 것이 아님을 기억하세요.

오디오는 분명 문자 매체의 대안으로 여겨집니다만, 오디오나 비디오의 진정한 가치는 글에 비해 정서적 몰입이 더 클 수 있다는 점, 따라서 여러분의 사고에 잘 스며들 수 있다는 점에 있습니다. 마틴 루터 킹Martin Luther King 목사의 〈나에게는 꿈이 있습니다I Have a Dream〉 연설을 떠올려 보세요. 연설을 영상으로 보거나 들을 때와 연설문을 읽을 때의 느낌이 확연히 다르지 않나요? 저는 대본을 읽으면서는 찾을 수 없었던 통찰을 팟캐스트를 들으며 얻기도 한답니다.

종이 인쇄물 vs. 디지털 스크린

종이에 인쇄된 글은 장점이 무궁무진합니다. 부팅 시간을 기다릴 필요 없고, 조명에 구애받지 않으며, 아름다운 글씨나 인쇄 스타일을 즐길 수 있습니다. 충전할 필요도 없고, 해변이나 욕조에서도 걱정 없고, 비행기 모드로 전환하지 않아도 되지요. 사실 종이책에 대한 인간의 애정은 앞으로도 계속될 것으로 보입니다. 미국의 경우 2021년 기준 종이책이 8억 2,500만 권 이상 팔렸는데, 이것은 전자책 등장 이후 가장 많은 판매량이며, 전자책 판매량의 4배 이상이라고 합니다.[41] 또 잠시나마 종이로 신문 읽기를 선택할 수도 있고, 원한다면 디지털 콘텐츠를 인쇄해서 읽을 수도 있습니다.

실제로 종이 인쇄물과 디지털 스크린의 독해력 비교 연구가 많이 진행되었고 결과 역시 다양하지만, 인쇄물로 읽을 때 독해력이 더 낮다는 것이 주류 결론입니다. 시각적 인체공학visual ergonomics*과 독서 환경이 갖는 상호 작용에서 종이가 훨씬 유리하기 때문입니다.[42] 또 온갖 요소가 주의를 쉽게 흐트리는 디지털 기기에 비해, 인쇄물 쪽이 본질적으로 더 집중할 수밖에 없는 형식인 것도 사실입니다.

스크린 읽기 역시 장점은 넘쳐납니다. 디지털 텍스트는 여러분이 읽었던 모든 메모와 기사, 책을 다 뒤져서 검색할 수도 있고, 문장 일부를 복사해서 다른 문서에 붙여넣을 수도 있습니다. 특히 이동이 잦은 사람들에게는 무제한으로 읽을거리를 휴대할 수 있다는 엄청난 특혜가 있지요.

독서 형식을 선택하는 중요한 요소는 여러분의 노트 필기 스타일입니다. 필기가 독해력과 스키마 형성 과정에 중요한 역할을 하기 때문이죠. 블로거이자 큐레이터인 마리아 포포바Maria Popova는 최근 자신의 웹 사이트 이름을 '마지널리언The Marginalian'으로 바꿨는데, 이는 책의 여백margin에다 메모를 남기는 것을 가리킵니다. 정작 포포바는 종이가 아닌 스크린으로 읽고, 자신이 메모한 것은 에버노트Evernote로 보내 의미를 파악하고 검색하는 데 활용하긴 하지만요.[43]

벤처투자자 마크 앤드리슨Mark Andreessen은 종이 인쇄물을 폭넓게 읽는 편인데, 읽은 글에다 강조 표시를 하는 나름의 방법이 있습니다. "책을

---

* 시각적 인체공학은 시각적 작업의 편안함, 안전성, 효율성을 증진하는 시각적 작업 및 환경을 연구하고 설계하는 것을 말합니다. 독서의 맥락에서 시각적 인체공학은 글꼴 크기, 줄 간격, 대비 등 인쇄물의 물리적 특성을 통해 독자가 눈의 피로나 피로감 없이 장시간 쉽고 편안하게 읽을 수 있도록 하는 것을 말합니다. 시각적으로 인체공학적인 텍스트는 독자의 눈이나 신체에 과도한 긴장이나 불편함을 주지 않으면서도 쉽게 읽고 이해할 수 있습니다. -역주

그림 3.5 에버노트 웹 클리퍼 사용 예시

읽다가 흥미로운 부분에는 밑줄을 그어요. 그리고 정말 좋은 페이지는 귀퉁이를 접어둡니다. 그렇게 몇 권 읽다 보면 모든 페이지가 접히게 되는 책도 있는데, 불룩해져서 쌓아둔 책 더미가 곧 넘어질 듯 보이기도 한답니다."[44]

공간 참조 기억 전략

우리가 종이책에 적어둔 메모를 더 쉽게 찾고 기억해내는 이유는 인간의 인지능력이 공간을 참고하기 때문으로, 이 경우에는 페이지 위 특정 위치를 정보와 연결하는 것입니다. "제 경우는 디지털 형태보다 물리적 형태가 있는 것을 기억하기가 더 쉽더군요. 디지털로 검색하면 된다는 것을 알지만, 물리적으로 검색할 때 훨씬 편안합니다."라 증언하는 투자전략가 마이클 모부신Michael Mauboussin처럼 말입니다.[45]

콘텐츠 이상의 정보

이런 말을 들어보셨을 겁니다. "뉴욕 타임스 평일판에는 17세기 평범한 영국인이 평생 접할 수 있는 정보보다 더 많은 것이 있다."[46] 엄청나게 그럴싸한 말인데, 사실 완전히 헛소리입니다. 사실, 수백 년 전의 평범한 영국인이 자기 주변에서 흡수하는 정보의 양이 21세기 초반의 평범한 미국인보다 많을지 모릅니다. 그 시대 영국인은 주변에서 벌어지는 모든 일을 알아차려야 했을 테지만, 요즘 미국인은 자기 코앞의 스마트폰 화면을 보느라 주변 정보를 다 흘려보내고 있으니까요. 단지 당시 영국인이 습득한 정보가 문자나 동영상에 기록되지 않았을 뿐입니다.

스크린에서 읽고 보는 것으로만 세상을 이해한다면, 결코 진정한 지식을 쌓을 수 없을 것입니다. 접근 가능한 다양한 미디어를 고루 활용해서 정보와 통찰력을 끌어내는 편이 바람직하겠지요. 통찰력이 뛰어난 사람들은 적극적으로 주변을 살피며 매일같이 신호를 찾아 나섬으로써 세상을 더 잘 이해하게 된답니다.

한 치약 브랜드 마케터였던 디트리히 마테시츠Dietrich Mateschitz는 출장 중 교통 체증이 심한 방콕에서 툭툭 오토바이 인력거를 탄 적이 있습니다. 마테시츠는 거리의 모든 운전자가 같은 음료를 마신다는 것을 알아차렸는데, 이 음료는 각성효과가 있어 긴 낮 시간을 보내야 하는 방콕 운전자들에게 사랑받았죠. 마테시츠는 전 세계 판매권을 놓고 그 음료 회사의 대표와 협상했고, 곧 레드불Red Bull을 출시했습니다. 레드불은 현재 연간 80억 개가 판매되고 있는데, 지구상의 모든 사람에게 매년 최소 한 캔씩을 팔고 있는 셈입니다.[47]

큐레이션의 힘

중세 영국에서 큐레이터란 자기 교구에 사는 사람들의 영혼을 돌보고, 그들을 구원할 메시지로 인도하던 사람이었습니다. 중세 시대가 지나고

'큐레이터curator'는 박물관에 전시할 만한 예술 작품을 선택하는 사람들을 가리키게 되었습니다.

문화를 주도하려는 사람들이 '큐레이터'라는 용어를 가져다 쓰기 시작한 것은 1990년대부터였습니다. 그 쓰임새는 나이트클럽 DJ 플레이리스트나 신발 가게에 진열된 스니커즈, 이달의 책이나 뉴스 기사에 이르기까지 다양했지요.[48] 소셜 미디어의 출현과 더불어 등장한 새로운 세대의 큐레이터는 좋아하는 미디어 링크와 이미지, 비디오, 밈을 전 세계 사람들과 공유하기 시작했습니다. 큐레이션이 생계 수단일 뿐만 아니라 유명세를 얻고 영향력을 키우는 방법이 된 사람들도 생겨나게 되었습니다.

편의점이나 선물가게를 오가며 일하던 매트 드러지Matt Drudge는 아들의 취업을 걱정하던 아버지에게서 컴퓨터를 선물받았습니다. 이 컴퓨터로 그는 뉴스 링크가 포함된 이메일을 친구들에게 보내기 시작했습니다. 구독자는 엄청나게 늘었고, 드러지 리포트Drudge Report라는 웹 사이트까지 개설하게 됐습니다. 드러지는 자신의 인적 네트워크에서 얻는 특종으로 인지도를 꽤 높였으며, 모니카 르윈스키Monica Lewinsky 스캔들에 대해 처음으로 보도하기도 했습니다. (그런데 드러지 리포트 방문자들은 주요 뉴스 사이트의 링크를 얻으려는 목적이 컸으며, 짧은 악플을 달기까지 했습니다.)

최근에야 사람들의 미디어 습관이 바뀌었지만, 2014년의 드러지 리포트는 CNN, 폭스뉴스, 뉴욕 타임스, USA 투데이, 월스트리트 저널 등의 웹 트래픽을 책임지는 가장 큰 단일 정보원이였으며, 이는 페이스북이나 트위터보다 앞섰던 것입니다. 독자들은 뉴스 사이트를 직접 방문하지 않고, 드러지가 골라준 대로 믿고 읽었습니다. 드러지는 인터넷 출현으로 촉발된 **콘텐츠 큐레이션**의 초기 선두주자였던 것입니다.

정보 과부하 시대를 성공적으로 살아가기 위해 콘텐츠 큐레이터가 되어야 하는 것은 아니지만, 큐레이션이 상당히 유용하다는 것은 사실입니다. 방법은 간단합니다. 여러분의 목표 달성에 유용한 정보와 아이디어를 찾았을 때, 그것을 필요로 할 법한 사람들과 공유하기만 하면 됩니다.

큐레이션한 정보를 공유하는 이유는 타인에게 긍정적 영향을 미치기 위해서입니다. 2002년에 쓴 《살아 있는 네트워크Living Networks》에서 저는 아이디어와 사람을 연결하고, 사회 공동체에 기여하며, 다른 사람들을 위해 가치 있는 콘텐츠를 제공함으로써 집단 지성을 키우는 사람들이 바로 "네트워크에 생명을 불어넣는" 분들이라 칭송한 바 있습니다.[49] 알아낸 정보가 여러분에게 유용하다면 타인에게도 마찬가지임은 의심할 여지가 없습니다.

또한 거기서 저는 "여러분이 어떤 네트워크에 생명을 불어넣을 수 있다면 (…) 자기 자신을 위한 성공을 거두게 될 것입니다."[50]라고도 언급했습니다. 여러분의 통찰을 최소한의 노력으로 세상 사람들에게 나누는 것은, 여러분 자신에게 상당히 실질적인 이득으로 작용합니다. 그중 많은 것이 여러분의 목적 달성과 전문지식 함양에 직접적인 영향을 미치게 될 것이기 때문입니다.

큐레이션 툴, wakelet

유용한 정보와 통찰력을 꾸준히 공유하는 것은
자신에게 큰 도움이 됩니다.

평소 정보 탐색에서 얻은 통찰을 남들과 공유한다면 다음과 같은 4가지 장점이 있습니다.

1. **필터링 기술이 향상됨**: 공개적으로 큐레이션해야 하는 가장 중요한 이유는 필터링 기술의 향상입니다. 전문 분야나 관심사를 명확하게 정의해서 적절한 틀을 설정해야만 관련 콘텐츠를 잘 고를 수 있습니다. 그럼으로써 특정 청중들이 무엇을 흥미 있어 할 것인지 알게 되지요. 또한 팔로워가 생기게 되면 여러분들은 콘텐츠에 어떤 가치와 중요성이 있는지 더 깊이 생각하게 될 것입니다.

2. **전문성을 증명함**: 정보를 의미 있게 구분하고 분석하는 능력을 발휘하면서 여러분의 전문지식은 빠르게 발전할 것이며, 이는 업무에 즉시 적용됩니다. 주변 동료들은 여러분의 지식이 얼마나 깊은지 알게 되어 신뢰가 쌓이게 되고, 여러분을 그 분야의 권위자로 생각하게 될 것입니다.

3. **해당 분야에서 돋보임**: 여러분의 전문지식이 영향력이 있으려면 사람들에게 보이고, 또 인정받아야 합니다. 지속적으로 학습하면서 얻은 통찰을 다른 사람들과 공유하는 이들은 해당 지식 영역에서 돋보임으로써 널리 알려지며, 사람들이 쉽게 알아볼 수 있게 됩니다.

4. **관계가 형성됨**: 어떤 분야든 간에 선도 전문가들은 자신의 경계를 넓히고 과거 지식에 의존하지 않는 사람들로, 주변 사람들과 함께 배워 나갑니다. 앞서 나가는 사람들이 오히려 더 많이 공유하고, 열린 마음으로 모든 관점의 의견과 아이디어를 살핍니다. 이 사람들의 통찰을 따라가고 공유하면 여러분들의 이해력을 향상시킬 수 있을 뿐만 아니라 소중한 인간 관계를 형성할 수 있습니다.

개념틀과 멘탈 모델을 개발해 가는 과정에서, 여러분의 통찰을 타인과 공유하는 데 시간과 노력이라는 비용이 드는 것은 당연합니다. 그런데 여러분이 콘텐츠 공유에 소비하는 시간에 비해, 여러분이 공유한 콘텐츠에 참여한 사람들과 소셜 미디어에서 서로 소통함으로써 얻는 가치가 훨씬 크답니다. 물론 공유 자체로도 가치는 있지만, 공유 활동에 쓸 시간을 정해둘 필요는 있습니다. 시간을 정해두는 것이 중요한 또 다른 이유는, 집중이 흐트러질 수 있기 때문이죠. 그럴 땐 찾은 내용을 북마크해두었다가 나중에 공유해 보세요.

인바운드 필터링

정보 포털 및 정보 포트폴리오를 균형 있게 구성하는 신중한 판단력을 길렀다면, 여러분은 잡음 투성이인 세상에서 귀중한 신호를 최대치로 끌어낼 수 있습니다. 이 과정에서 선택권과 유연성이 생겨, 과하진 않지만 자양분은 충분한 매일의 정보 식단을 다채롭게 구성할 수 있게 될 테니까요.

우리가 가치 있는 정보를 스스로 분별하려는 동안에도 세상은 무서운 기세로 정보를 마구 들이밀면서 우리의 관심을 뺏으려 합니다. 우리는 소중한 정보를 찾아 헤매는 내내 의심스러운 메시지의 공격을 받고 있습니다. 이런 메시지를 효율적이고 효과적으로 필터링해서 최대한 방해를 받지 않는 것이 정보 과부화 시대의 성공 요령입니다.

몇 가지 기본 원칙은 늘 통합니다. 광고 차단하기, 최우선 이메일을 제외한 이메일 구독을 지속적으로 취소하기, 동료들로 하여금 여러분이 선호하는 협업 플랫폼에서 의사소통하도록 인도하기, 여러분이 팔로우하는 사람 또는 AI 필터로 받을 메시지의 우선순위 지정하기 등이 여기에 해당됩니다. 하지만 이 문제의 진정한 핵심 원칙은 여러분이 주의를 기울일 만한 항목이 무엇인지 명시적인 규칙을 설정하는 일입니다.

▍'예'의 기준 설정하기

'예'는 가장 강력한 단어입니다. 그것은 새로운 가능성을 거대하게 열어 주는 주문이지요. 그러나 모든 일에 "예."라고 답한다면, 결국에는 어쩔 도리 없이 지쳐서 정작 필요한 기회를 잡지 못하게 될 것입니다. 따라서 최적의 기회에 진심으로 응하고 싶다면, 사실 '예'보다는 '아니요'라고 말하는 경우가 훨씬 많아야 합니다. 규칙을 설정하면 시간과 노력을 최소화할 수 있습니다. '예'를 답할 만한 가치가 무엇인지 뚜렷하게 보이기 때문입니다.

누구든 많은 요청을 받는 세상입니다. 성공해서 돋보이는 사람들은 더욱 그러합니다. 여러분이 받는 요청은 대체로 이렇게 요약되죠. 시간과 돈 그리고 관계.

사람들은 대부분 '시간이 있냐'는 질문을 받습니다. 대면이든 원격이든 회의를 해야 하고, 웹 사이트, 기사, 앱 또는 책을 살펴보아야 하고, 발표하거나 인터뷰에 응해야 할지도 모르죠. 혹은 여러분의 인맥과 닿고 싶어 하는 요청도 있습니다. 아는 사람을 소개해 달라거나, 자기들이 홍보하고 싶은 것을 여러분의 소셜 미디어에 공유해 달라고 하곤 하지요.

필터링 규칙을 얼마나 엄격하게 정의하는지는 여러분이 인바운드 요청을 얼마나 많이 받는지에 따라 달라집니다. 벤처투자계에 종사한다면 스타트업 창업자의 메시지가 홍수처럼 쏟아지겠지요. 전문투자자들은 재검토할 만한 제안서를 선별하는 정확한 기준을 공표함으로써, 한눈에 제안서 평가가 가능한 환경을 조성해 인바운드의 홍수를 잘 피해갈 수 있습니다.

자신의 연락처를 인터넷에 공개할 때에는 여러분에게서 응답을 받을 수 있는 지침을 명확하게 설명하는 게 좋습니다. 이것을 칼 뉴포트_{Cal} _{Newport}는 '**발신자 필터**'라고 불렀는데, 여러분에게 메시지를 보내는 사람들 쪽에 판단을 맡겨 소통의 책임 소재를 뒤집는 것입니다. 발신자들이 여러분의 필터링 기준을 충족하는지 여부를 스스로 먼저 평가하고, 자신들이 응답을 받을 수 있을지 예상해 보게끔 함으로써 말이죠. (뉴포트는 몰입해서 일하는 방식에 관한 책《딥 워크_{Deep Work}》와 벌집의 벌떼처럼 수시로 메시지를 주고받는 상황과 생산성 향상을 다룬《하이브 마인드_{A World Without} _{Email}》를 쓰기도 했습니다.)

유명 블로그 '웨잇 벗 와이_{Wait But Why}'*의 주인 팀 어반_{Tim Urban}은 "여러분이 이메일을 보냈을 때 응답을 받을지 여부는, 다양한 조건에 달려 있다."라고 강조하며, 자신이 받는 다양한 유형의 메시지에서 무엇을 기대하는지를 설명합니다. 작가이자 팟캐스터인 팀 페리스_{Tim Ferriss}는 자신이 답하지 않는 메시지가 무엇인지, 자신에게 응답을 받으려면 어떻게 해야 할지를 자신의 웹 사이트에 명확하게 밝혀 두었습니다.

인바운드 필터링 과정에서 관건은 여러분이 언제 응답할지를 정의하는 것입니다. 열정적인 마음이 의심이나 망설임 없이 피어날 때, 그때에만 '예'라고 말하세요. 뜨뜻미지근한 마음이라면 애써 시간을 내지 마세요. 결정하기에 정보가 부족하다면 필요한 정보를 명확하게 요청하세요. 현재의 응답 기준을 친절하게 설명한 템플릿 몇 가지를 만들어 두세요. 마지막으로, 성의 없는 메시지에는 응답할 필요가 없습니다.

인바운드 필터링
설계하기

---

* 블로그의 이름인 '잠깐, 근데 왜 그래?'는 호기심과 주변 세계를 탐험하고 싶은 인간 경험을 장난스럽게 표현한 것입니다. 이 블로그는 독자들이 제시된 주제에 대해 잠시 멈추고 숙고하며 질문하도록 장려하고 있습니다. -역주

필터링 역량 적용하기

감각 필터링은 우리 두뇌의 기본 기능이지만, 설정된 기본 성향은 현대의 정보 환경에서 도움이 되지 않는 경우가 많습니다. 필터링 과정을 의식하고 있어야 하며, 콘텐츠의 품질 및 관련성을 지속적으로 평가하는 연습을 해보셔야 합니다. 여러분의 목적과 틀을 믿고, 도움이 되는 것과 아닌 것을 구별하도록 하세요. 여러분이 정보에 대해 갖는 의도는 여러분의 목적에 적합한 포털, 정보원, 미디어 형식 등으로 포트폴리오를 꾸릴 수 있도록 이끌어줍니다.

필터링 역량은 바로 주의력으로 연결됩니다. 다음 장에서 다룰 집중 모드에서 핵심적 역할을 하는 것이 바로 필터링입니다. 필터링 역량을 활용해서 생산성 높은 정보 루틴을 개발하는 법을 배우게 될 것입니다. 그 루틴은 바로 여러분이 성장하는 데 가장 큰 도움이 되는 활동에 시간과 주의력을 집중하는 전략입니다.

세 번째 퍼즐 만들기

콘텐츠 필터링

하루 동안 여러분의 정보원을 훑어보면서, 그림 3.1의 질문을 적용해서 평가해 보세요. 가장 유용한 질문은 무엇입니까? 가장 중요한 것은 무엇입니까? 이 방법이 여러분의 정보 습관을 어떻게 바꿀까요?

1	나에게 중요한 정보인가?	
2	나는 이 주제에 대해 편견을 가지고 있는가?	
3	나는 유의미하게 이 정보가 사실이길 바라는가?	
4	이 출판사의 평판은 좋은가?	
5	이 저자는 믿을 만한가?	
6	이 저자와 출판사는 내가 고려해야 할 편향된 견해를 가지고 있는가?	
7	이 콘텐츠의 근거는 논리적인가?	
8	인용된 출처는 믿을 만한 곳이며 정확하게 표기되어 있는가?	
9	제3의 권위 있는 출처에서 이 콘텐츠를 보증하는가?	
총평		

정보 포털 선정하기

여러분이 이용하는 정보 포털의 우선순위는 어떻게 되나요? 각 포털에 대해 여러분들이 갖는 관심의 비율을 표시해 보세요. 그리고 각 포털에서 가장 잘 활용하는 정보원이나 도구를 적어보세요.

포털	관심도(%)	주요 정보원
직접 방문하는 미디어		
사람들		
피드		
미디어 애그리게이터		
소셜 미디어		

인적 정보 네트워크

중요한 인적 정보 네트워크를 개발하고자 하는 전문 분야는 무엇인가요?

그런 인적 정보 네트워크를 구축하려면 어떤 행동을 해야 할까요?

인바운드 요청 필터링

평소 인바운드 요청을 수락할지 여부를 결정하는 필터링 규칙이 있나요? 생각해 보고 아래 정리해 써보세요.

콘텐츠 필터링

1	나에게 중요한 정보인가?	이 질문은 관심의 우선순위를 정하고, 가장 관련성이 높은 출처에 집중하는 데 도움됨.
2	나는 이 주제에 대해 편견을 가지고 있는가?	이 질문은 정보를 해석하고 평가하는 방식에 영향을 미칠 수 있는 편견이나 기존 신념을 인식하도록 유도함. 열린 마음으로 정보에 접근하고 비판적으로 분석해야 한다는 것을 상기시킴.
3	나는 유의미하게 이 정보가 사실이길 바라는가?	이 질문은 객관성의 중요성을 강조하고 내 욕망이나 선호도와 정보의 실제 타당성을 분리하게 함.
4	이 출판사의 평판은 좋은가?	이 질문은 출처의 신뢰도를 평가하는 데 도움됨. 정보가 게시된 출판물이나 플랫폼의 평판, 신뢰도, 편집 기준을 생각하게 함.
5	이 저자는 믿을 만한가?	이 질문은 저자가 해당 분야에서 필요한 지식과 권위를 가지고 있는지 판단하도록 함.
6	이 저자와 출판사는 내가 고려해야 할 편향된 견해를 가지고 있는가?	이 질문은 제시된 정보의 객관성에 영향을 미칠 수 있는 잠재적인 이해관계나 근본적인 동기를 생각해 보게 함.
7	이 콘텐츠의 근거는 논리적인가?	이 질문은 제시된 추론과 주장을 비판적으로 분석하여 증거와 건전한 논리로 뒷받침되는지 확인할 수 있게 해줌.
8	인용된 출처는 믿을 만한 곳이며 정확하게 표기되어 있는가?	이 질문은 정보의 출처를 확인하고, 그 출처가 주장의 신빙성을 뒷받침해 주는지 평가하도록 유도함.
9	제3의 권위 있는 출처에서 이 콘텐츠를 보증하는가?	이 질문은 정보를 검증하고 신뢰성을 보장하기 위해 다른 평판이 좋은 출처를 참조하도록 권장함.
총평	이 연습을 하는 동안 4번 질문(출판사의 평판)과 5번 질문(저자의 신뢰성)이 특히 유용하다고 생각했습니다. 전반적으로 이 질문들은 출처의 신뢰성과 전문성을 평가하는 데 도움이 되며, 제시된 정보를 평가할 수 있는 토대를 제공해 줍니다.	

정보 포털 선정하기

포털	관심도 (%)	주요 정보원
직접 방문하는 미디어	40%	- 뉴스 웹사이트: 신뢰할 수 있는 최신 뉴스 기사를 보고자 BBC나 뉴욕 타임스, 블룸버그 같은 평판이 좋은 뉴스 웹사이트를 방문함. - 업계 간행물: 하버드 비즈니스 리뷰(Harvard Business Review), 마케팅 위크(Marketing Week), 테크크런치(TechCrunch) 등의 업계 전문 간행물을 통해 인사이트와 트렌드 파악. - 연구 논문: 관심 분야와 관련된 학술 논문 및 연구를 위해 Google Scholar와 같은 학술 데이터베이스 탐색.
사람들	15%	- 리더: 링크드인 같은 플랫폼에서 생각을 자극하는 글과 인사이트를 정기적으로 공유하는 영향력 있는 사람을 팔로우. - 업계 전문가: 내 직업과 관련된 분야에서 전문성을 인정받은 전문가 및 실무자의 블로그 또는 개인 웹사이트를 이용. - 팟캐스트 및 웨비나: 팟캐스트를 듣거나 지식과 경험을 공유하는 업계 전문가가 주최하는 웨비나에 참석.
피드	15%	- 선별된 뉴스레터: 엄선된 뉴스와 인사이트를 제공하는 The Skimm, Morning Brew를 구독. - RSS 피드: Feedly와 같은 RSS 피드 리더를 사용하여 내 관심사 및 직업적 성장에 부합하는 웹사이트 및 블로그의 콘텐츠를 취합하고 정리.
미디어 애그리게이터	20%	- Google 뉴스: 내 관심사와 선호도에 따라 다양한 출처의 뉴스 기사를 취합하는 플랫폼으로 Google 뉴스를 활용. - 플립보드: 다양한 출판물의 콘텐츠를 취합하고 뉴스 피드를 개인화할 수 있는 플립보드에서 선별된 뉴스와 기사를 이용.
소셜 미디어	10%	- 링크드인: 업계 전문가와 교류하고, 관련 그룹에 가입하고, 귀중한 인사이트와 업데이트를 공유하는 업계 페이지를 팔로우. - 트위터: 업계 해시태그를 최신 트렌드, 뉴스 및 토론에 대한 정보를 얻음.

인적 정보 네트워크

*인적 정보 네트워크를 개발하고자 하는 전분 분야

1. 업계 전문가 및 리더: 업계 전문가 및 리더 네트워크를 구축하면 그들의 지식, 통찰력, 경험을 접할 수 있음. 멘토링, 협업, 새로운 트렌드와 모범 사례에 대한 최신 정보를 얻음.
2. 동료: 업계 내 동료 네트워크를 구축해 서로를 지원하고 협력하는 환경을 조성. 비슷한 경력 단계에 있는 사람들과 지식을 공유하고 아이디어를 브레인스토밍하며 상호 학습할 수 있음.
3. 학술 및 연구 커뮤니티: 최신 연구 및 학술적 통찰력을 접함. 관련 분야의 연구원, 교수, 학생들과의 네트워킹을 통해 지식 교환, 학술 리소스 이용, 연구 프로젝트 참여 기회를 얻음.
4. 전문 협회 및 단체: 같은 생각을 가진 전문가들과 교류하고 업계의 최신 동향을 파악함. 이벤트, 컨퍼런스 및 워크숍에 참여해 전문성을 개발하고 업계 리소스를 얻을 수 있음.
5. 온라인 커뮤니티 및 포럼: 전 세계 동료 및 전문가와 토론하고 인사이트를 공유하며 조언을 구할 수 있음. 귀중한 네트워킹과 학습 경험을 제공.

---

*인적 네트워크 구축을 위해 해야 될 행동

1. 주요 인물 조사: 업계 전문가, 리더, 영향력 있는 개인을 파악하기 위해 철저한 조사 실시 필요. 전문 웹사이트, 소셜 미디어 플랫폼, 업계 간행물을 탐색하는 것은 물론, 컨퍼런스 또는 웨비나에 참석하여 내 관심 분야와 일치하는 전문 지식을 가진 개인을 찾아봐도 좋음.
2. 온라인 네트워킹 참여: 링크드인 그룹과 온라인 커뮤니티에서 적극적으로 내가 가진 지식을 제공하고, 질문하고, 토론에 참여함으로써 인맥을 쌓을 수 있음.
3. 전문 협회, 단체 가입: 독점 네트워킹 이벤트, 전문 리소스, 업계에 기여할 수 있는 기회를 얻을 수 있음. 위원회에 적극적으로 참여하거나, 이벤트에 자원봉사를 하거나, 컨퍼런스에서 발표를 하면 자신의 입지를 다지고 네트워크를 확장하는 데 도움됨.
4. 멘토와 동료 찾기: 멘토는 귀중한 통찰력을 제공하고, 자신의 경험을 공유하며, 직업 여정에서 어려움을 헤쳐 나가는 데 도움을 줄 수 있음. 또한, 밋업에 참석하거나 스터디 그룹을 조직하거나 공동 프로젝트에 참여하는 등 동료들과 적극적으로 교류하여 같은 생각을 가진 전문가들로 구성된 강력한 네트워크를 구축할 것임.
5. 온라인 입지 구축: 블로그나 개인 사이트 같은 플랫폼에 나의 지식, 통찰력 및 경험을 공유하면 같은 생각을 가진 전문가를 끌어모으고 관련 분야의 사람들과 쉽게 연결될 수 있음.
6. 관계 유지: 가치 있는 개인 정보 네트워크를 구축하려면 지속적인 노력이 필요. 정기적인 커뮤니케이션을 유지하고, 가능할 때마다 도움을 줌으로써 관계를 발전시킬 예정. 의미 있는 대화에 참여하고, 네트워킹 이벤트에 참석하고, 후속 연락을 취하면 시간이 지남에 따라 이러한 관계가 공고해질 수 있음.

인바운드 요청 필터링

1. 간단하고 적절한 제목: 이메일의 내용과 목적을 정확하게 반영하는 제목을 사용하세요. 제목이 명확하면 이메일의 우선순위를 정하기 수월해 더 빠른 답을 받을 수 있어요.
2. 관련 연락처 정보: 필요한 경우 추가 연락이 원활하게 이루어질 수 있도록 이름, 소속, 연락처 등을 틀림없이 적으세요.
3. 분명한 목적 명시: 처음부터 목적과 목표를 명확하게 명시하세요. 이렇게 하면 제가 문맥을 빠르게 이해하고 요청의 관련성을 판단하는 데 도움이 되므로, 빠른 응답을 얻으실 수 있어요.
4. 간결한 요약 제공: 핵심을 간결하고 명확하게 요약해 주세요. 글머리 기호를 사용하는 것도 좋아요. 이렇게 하면 긴 단락을 읽지 않고도 이메일의 본질을 파악할 수 있어요.
5. 관련성 입증: 요청 또는 콘텐츠가 저의 전문성, 관심사 또는 직업적 목표와 어떤 관련이 있는지 설명해 주세요. 해당 요청을 제가 고려해야 하는 이유를 강조하세요.
6. 상호 가치: 요청을 통해 협업, 지식 교환, 파트너십을 이루게 되면 당신과 저에게 어떻게 가치나 이익이 되는지 설명하세요.
7. 존중하는 태도: 이메일 전반에 걸쳐 존중하는 태도로 소통해 주세요. 적절한 언어를 사용하고 전문 용어나 지나치게 비공식적인 표현을 피하며 정중한 어조를 유지하세요.
8. 요구 사항 명시: 기대치, 일정 및 요청과 관련된 구체적인 요구 사항을 명확하게 밝혀주세요. 두루뭉술하게 쓰지 마세요.
9. 과도한 후속 연락 삼가: 과도하거나 반복적인 후속 연락은 자제해 주세요. 받은편지함이 넘치지 않게 도와주시는 귀하의 인내심에 감사드립니다.

4장

집중의 힘

의도에 따라 의식을 배분하라

인생의 마지막 순간에 지난 날을 돌이켜보면 매순간 당신의 관심을 끌었던
것들이 바로 당신의 인생이 되어 있을 테지요.[1]

— 올리버 버크먼Oliver Burkman, 《4000주Four Thousand Weeks》 저자

여러분의 집중력은 가장 귀한 재능입니다만, 분명 한계가 있습니다. 그마저도 오늘날 주변에서 끊임없이 나타나는 방해 요소로 인해 점점 흩어지고 말지요. 인간은 사실 멀티태스킹을 못 합니다. 여러 작업을 동시에 진행하면 엄청난 작업 전환 비용이 수시로 발생하므로, 한 번에 하나의 작업에 오래 집중할수록 더 효과적입니다.

또 집중력은 한 종류가 아닙니다. 집중력에는 6가지 모드가 존재합니다. 바로 탐지하기, 탐색하기, 동화하기, 파고들기, 탐험하기, 회복하기입니다. 우리의 사고와 능력을 최대한 발휘하려면, 이 집중 모드 각각을 제대로 이해하고 현명하게 활용해야 합니다.

각 집중 모드에 적합한 타임박스를 설정하는 정보 루틴을 형성하면, 생산성을 높이고 최고의 성과를 이뤄내게 됩니다. 꾸준한 훈련으로 신체를 단련하는 것처럼, 우리는 집중 훈련을 통해 주의력을 강화할 수 있습니다.

．
．
．

2008년 6월 9일, 애플Apple 주최의 세계 개발자 회의WWDC, Worldwide Developer Conference가 열렸습니다. 스티브 잡스는 자신의 시그니처 룩인 검은색 터틀넥과 청바지를 입고, 열광하는 군중 앞에서 아이폰 3G를 발표했습니다. 이 제품은 3G(당시 기준 초고속 네트워크) 접속과 내장 GPS, 다양한 타사 애플리케이션을 갖춘 앱스토어를 선보였고, 심지어 199달러라는 저렴한 가격으로 구매 가능했습니다. 이것이 바로 진정한 스마트폰 시대의 시작이었습니다. 대부분의 사람이 쉴 새 없이 울리는 알림과 함께 끊임없이 스마트폰을 확인하며, 눈 떠 있는 시간 내내 정보에 접속된 상태에 빠지는 데는 그리 오래 걸리지 않았습니다.

최근 조사에 따르면 47%의 미국인이 스스로 스마트폰 중독이라 확신하며, 70%는 알림을 받은 후 5분 이내에 스마트폰을 확인한다고 합니다.[2] 이런 행동이 우리 주의를 분산시키는 건 당연합니다. 스마트폰에 가득한 주의산만 요소에 끊임없이 노출될 뿐만 아니라, 친구나 유명인의 업데이트를 즉시 확인하고 싶은 아주 달콤한 유혹에 빠지기 때문입니다.

목표 간섭

인간은 다른 동물들과 달리 목표 설정 능력이 고도로 진화했습니다. 마음먹으면 해낼 수 있다는 것은 사실 매우 경이로운 일입니다. 하지만 그렇게 마음먹은 일을 해나가는 도중, 우리는 잘못된 길로 유혹하는 주의

산만 요소를 끝도 없이 만납니다. 이른바 '**목표 간섭**goal interference' 효과입니다.

그런데 "목표 달성에 필요한 인간의 인지 통제 능력은 (…) 수천만 년 전에 같은 조상을 가졌던 다른 영장류에게서 관찰된 바와 크게 다르지 않습니다." 신경과학자 애덤 개절리Adam Gazzaley와 심리학자 래리 로젠 Larry Rosen이 《산만한 정신The Distracted Mind》에서 밝힌 진실입니다.

그렇습니다. 엄연한 현실은 인간의 인지 통제 능력이 너무나 제한적이라는 것입니다. 우리 두뇌는 오늘날처럼 정보가 포화한 환경에서 하고자 하는 일을 할 수 있게끔 설계되지 않았습니다. "인간과 환경 사이의 이런 다툼은 전면전으로 확대되고 있는데, 이는 현대 기술이 발전하면서 목표 간섭 효과가 더 커지기 때문"이라고 개절리와 로젠은 생각합니다. 주변에 널린 주의산만 요소들이 우리의 목표 달성 능력을 극심하게 방해하는 것은 결코 놀라운 일이 아닙니다.

작업 전환 비용

여러분은 멀티태스킹을 잘한다고 생각하시나요? 그렇다면 잘못된 생각입니다. 최근 신경과학의 발전으로 멀티태스킹하는 동안의 두뇌 활동을 관찰할 수 있게 되었습니다. 연구 결과, 인간이 여러 작업을 동시에 할 수 없다는 것이 증명되었지요. 우리는 멀티태스킹을 한다고 생각하지만, 실제로 두뇌는 여러 작업 사이를 빠르게 오가고 있답니다. 이런 행동은 상당한 인지적 비용을 요하기 때문에, 주의를 분산할수록 성과는 적어지게 되지요. 심지어 자기가 멀티태스킹에 능하다고 여기는 사람들은 평소 멀티태스킹을 안 하는 사람들보다 동시 작업 능력이 떨어진다고도 합니다.[3]

작업 전환에 드는 엄청난 인지적 비용을 고려할 때, 효과적으로 정보를 처리하려면 단일 작업에 오래 머무를 필요가 있습니다. 그렇다고 우리가 주변과 철저히 분리된 자동 정보 처리 기계가 되어야 한다는 뜻은 아닙니다. 예능 시청하기나 요리하기, 잡지 가볍게 훑어보기, 산책하기 등의 많은 활동은 오롯이 집중하지 않아도 됩니다. 하지만 충분한 성과를 내려면 집중해야 하고, 다음 작업으로 넘어가기 직전까지 집중력을 장시간 일관되게 유지하는 것이 좋습니다.

6가지 집중 모드

우리 두뇌는 상황에 따라 다양한 상태로 작동합니다. 신경학적 패턴은 우리가 영화를 보고 있는지, 시험공부를 하는지, 소셜 미디어를 검색하는지, 샤워를 하는지, 혹은 또 다른 활동을 하는지에 따라 크게 달라집니다. 그런데 이런 정신 상태 중 하나를 지나치게 오래 유지하는 것은 가능하지 않을 뿐더러, 바람직하지도 않습니다. 각 집중 모드의 역할은 우리가 원하는 삶을 창조하는 것입니다. 비결은 바로 정보와 함께 하는 여정에서 각 집중 모드를 언제 가장 유용하게 적용할 수 있는지 결정하는 데 있습니다.

주의력을 분배하는 방식은
여러분의 삶을 좌우하는 중요한 결정입니다.

여러 저술에서 '집중focus'을 말할 때 흔히들 '한다'와 '하지 않는다' 둘 중 하나로 묘사하는 것을 보아, 집중이란 대개 이분법적 단일 상태로 여겨지는 듯합니다. 하지만 실은 다양한 인지 상태가 존재하며, 각각의 상태에서 주의력은 서로 다른 범위와 폭으로 기능합니다.

여기 6가지 서로 다른 인지 활동이 있습니다. 모두 정보 과부하 시대에 뛰어난 능력을 발휘하는 데 꼭 필요한 역할을 하는 활동들이지요. 각각은 정보 활용을 최적화하는 고유의 집중 모드와 관련되어 있습니다. 그림 4.1의 다이어그램은 각 정보 활동이 무엇인지, 본질적 특징을 포함하여 간략히 설명합니다.

집중 모드는 우리의 일상적인 정보 몰입에서 하나같이 중요한 역할을 합니다. 각 모드를 적재적소에 적용하면서 상호 균형을 맞추는 것이 관

탐지하기
분별력
유의미한 정보를 구분
하기 위해 정보원 확인

탐색하기
방향성
목적 의식을 갖고
정보를 검색

동화하기
민첩성
기존 멘탈 모델에
새 정보를 통합

6가지
집중 모드

탐험하기
우연성
호기심과 열린 마음을
갖고 모험하고 발견

회복하기
이완
구조화된 정보
로부터 탈피

파고들기
몰입
강력한 집중으로
정보를 이해 및 종합

그림 4.1 6가지 집중 모드

건입니다. 매순간 우리는 명확한 의도를 가지고 주의를 배분하여 집중해야 하지요.

▌집중 시간 블록

앞서 살펴본 것처럼, 집중 모드를 전환하는 데는 엄청난 인지적 비용이 듭니다. 집중 모드 간 전환 빈도를 줄이는 것이 바로 정보의 대가가 되는 길입니다. 주의를 산만하게 하는 모든 요인과 잦은 작업 전환은 지금 여러분이 하고 있는 활동의 질을 떨어뜨립니다.

한 가지 집중 상태에 오래 머무를수록

더 효과가 높습니다.

정보 활동은 각 집중 모드에 시간을 신중하게 할당하여 어느 정도의 지속 시간을 유지할 때 가장 효과적으로 이루어집니다. 어떤 주제를 파고드는Deep-diving 와중에 아이디어가 떠오르면, 당장 그 아이디어에 골몰하는 것이 아니라 나중에 다시 생각할 수 있도록 메모만 해두는 편이 낫습니다. 탐험Exploring으로 중요한 자료를 찾으려 한다면, 기존 지식에 새로 찾은 지식을 동화Assimilating할 수 있도록 시간을 충분히 확보하는 것이 좋습니다. 어떤 정보가 있는지 탐색Seeking하다 우연히 멋진 참고 리스트를 발견했다면, 이후의 탐험Exploring을 대비해 즐겨찾기해 두세요. 이렇게 정보에 몰입하는 구조를 만들어두면 금세 어마어마한 이득으로 돌아올 것입니다.

진정한 정보 대가가 되려면, 변화에 뒤처지지 않는 동시에 '워라밸work

and life balance’을 누릴 수 있는 **정보 루틴**을 확립해야 합니다. 일과를 정할 때 일정한 시간을 각 활동에 배분하고, 활동의 목적과 목표를 이루게 하는 집중 모드를 선택해 적절히 활용함으로써 정보 루틴을 세울 수 있습니다. 이 장 말미에서 여러분의 정보 역량을 기를 수 있는 매일의 정보 루틴 개발 전략을 배우도록 하겠습니다. 그 전에 6가지 집중 모드인 탐지하기 Scanning, 탐색하기 Seeking, 동화하기 Assimilating, 파고들기 Deep-diving, 탐험하기 Exploring, 회복하기 Regenerating를 활용 빈도순으로 살펴보겠습니다.

❚ 탐지하기 | Scanning

매일, 매시간, 매분마다 생성되는 엄청난 양의 새 정보 중에는 여러분에게 유용하고 어쩌면 아주 중대할지도 모르는 정보가 있을 겁니다. 변화가 빠른 요즘인 만큼, 어떤 분야에 종사하든지 광범위하고 일관성 있게 탐지하여 무엇이 중요한지 파악해낼 필요가 있지요.

‘무엇’을 탐지할지 알아보려면 3장에서 다룬 바와 같이, 정보 포털 및 정보원으로 포트폴리오를 구성하여 전략적으로 스스로를 정보에 충분히 노출시키는 것이 좋습니다. 유용하고 정확한 정보에 노출될 수 있는 구조를 구축하는 것이 필터링 단계에서 가장 중요한 요소였습니다. 이 장에서는 ‘탐지 활동’의 시기와 인지 상태, 즉 중요한 것을 발견하려면 ‘언제’ 조사해야 하는지 그리고 조사를 효과적으로 수행하기 위해 필요한 ‘인지 상태’는 무엇인지를 살펴보겠습니다.

분별력이란 효과적 탐지 활동의 중요한 특성으로, 정보를 대충 훑어볼지 아니면 자세히 볼지를 결정하는 능력입니다. 정보의 방대한 규모를 고려할 때, 정보원을 훑어보는 단계는 상당히 빨리 진행해야 하며, 결정은 순간적이면서 일정한 흐름으로 이루어져야 합니다. 어딘가에 막혀 주춤

하기보다 민첩하고 가볍게 나아가는 자세를 취해야 합니다. 따라서 목표 지향적인 탐지 활동은 가장 필요한 순간에 수행하는 것이 효과적입니다.

효율적으로 탐지하기

이렇게 빠르게 변하는 세상에서는 정기적인 업데이트 확인이 필요합니다. 흔히들 저지르는 실수는 이런 검색을 하루 종일 하는 것이지요. 주식 시장 움직임에 발빠르게 대처해야 하는 증권 중개인이나 속보를 전해야 하는 언론인이라면 몰라도, 우리 대부분은 모든 변화에 일일이 바짝 붙어 귀를 기울일 필요가 없습니다.

....

정보 습관을 크게 개선하는 방법 한 가지를 꼽자면
뉴스 업데이트 확인을 게을리하는 것입니다.

....

인간에게는 새로운 것을 탐하는 뿌리깊은 성향이 있는 까닭에 항상 최신 정보를 찾게 되기 쉽습니다. 그럼에도 이런 탐지 활동을 제한 시간 내에 깔끔하게 마무리할 수 있다면, 상당한 이익을 얻을 수 있습니다. 또 이 활동은 정기적으로 정보원을 확인할 때 효과적입니다. 여기 몇 가지 유용한 규칙을 소개합니다.

1. **선택한 포털과 정보원에 집중하기**: 탐지는 윤곽을 스케치하는 활동이므로 효율성을 추구합니다. 계획한 검토 작업을 끝낸 후 탐험 활동Exploring으로 진행하고 싶다면 그렇게 하세요. 단, 하기로 했던 탐지 활동을 먼저 끝내고 나서 시작해야 합니다. 피드의 품질이 떨어졌다고 판단되면 정기적 탐지 목록에서 삭제하고, 흥미를 끄는 다른 정보원을 알게 되었다면 탐지 목록에 새로 추가하세요.

2. **헤드라인 먼저 평가하기**: 인터넷 기사 헤드라인을 평가하는 일은 점점 어려워지고 있습니다. 주요 내용을 숨기고 약간의 힌트만 주는 '낚시성' 헤드라인을 쓰는 경향 때문이지요. 정기적으로 찾아보는 정보원을 신중하게 선택하는 일이 다시금 중요해집니다. 헤드라인을 클릭해 보아야만 내용이 확인되는 기사라면, 비효율적 정보원이므로 헤드라인이 내용을 더 명확하게 나타내는 정보원으로 바꾸시길 바랍니다.

3. **나중에 읽도록 북마크하기**: 탐지는 핵심 정보원을 빠르고 효율적으로 살펴본 후 시간을 할애할 가치가 있는 콘텐츠를 식별하는 작업입니다. 시간을 내어 주의 깊게 살펴야 하는 기사를 읽으려고 애쓰지 마세요. 그런 기사는 동화 활동Assimilating을 할 준비가 되었을 때 읽도록 별도로 보관해 두고 탐지 활동을 마무리합니다.

4. **탐지 활동 시간 제한하기**: 중요한 정보를 읽고 소화하는 동화 활동이 탐지 활동보다 더 중요하므로, 여기서는 시간을 지체하지 마세요. 세부 사항을 들여다보지 않고 흥미로운 것들을 찾아다니는 데 시간을 다 써버린다면 결코 깊이 있는 지식을 쌓을 수 없답니다.

▌탐색하기 | Seeking

현대 검색 엔진의 등장은 인터넷의 발명만큼이나 중요한 사건이었음이 틀림없습니다. 이제 알고 싶은 것이 있다면 물어보기만 하면 됩니다.

흔히들 하는 탐색 활동은 웹 검색이지만, 다른 접근 방법도 시도해볼 만합니다. 지금껏 살면서 겪어왔듯이, 사람이야말로 여러분에게 필요한 정보를 보유한 가장 좋은 자원입니다. 도서관도 잊어서는 안 됩니다. 디지털 형태로 전환되지 않은 놀라운 책들이 가득 차 있는데, 서가 목록은 늘 디지털 방식으로 제공되므로 보석 같은 책들을 검색으로 찾아낼 수 있습니다. 끌리는 책이 있다면 도서관에 실제로 방문해 보세요. 파고들기Deep-diving 활동에서 통찰을 캐낼지도 모르지요.

다른 집중 모드와 마찬가지로 별도의 기간을 정해 탐색 활동Seeking을 하고, 충분히 집중할 가치가 있는 자료라면 보관한 후 나중에 보세요. 탐색 활동이 탐험 활동Exploring으로 아주 자연스럽게 이어져 푹 빠져버릴 수도 있으나, 이는 탐색의 목적에 부합하지 않습니다. 탐색 활동에 계속 집중하세요! (이 주의점은 여타 집중 모드와 동일합니다.) 그 밖에 탐색 활동 시 따라야 할 원칙은 다음과 같습니다.

1. **찾는 바를 명확히 하기**: 탐색 활동에 필요한 마음가짐의 기본은 방향성입니다. 명확한 방향 감각이 없다면, 도중에 마주치는 매력 넘치는 사소한 정보 사이를 정처 없이 떠돌아다닐 위험이 있습니다. 자신에게 가치 있는 것이 무엇인지 구체적으로 생각하고 있어야만, 접하는 정보의 관련성을 쉽게 가늠할 수 있겠지요.

2. **광범위하게 탐지하기**: 첫 번째 할 일은 검색하려는 주제와 관련된 자료를 가능한 한 많이 찾는 것입니다. 무엇을 찾는지에 따라 검색 엔진을 달리해야 합니다. 흔히 사용하는 검색 엔진 외에 색다른 것을 활용해 보세요. 주제에 따라 구글 스칼라Google Scholar와 마이크로소프트 아카데믹Microsoft Academic, 리서치게이트ResearchGate와 같은 학술 검색 엔진*을 이용할 수 있습니다. 제 경우, 초기 검색어 세트를 이용해서 쓸 만해 보이는 모든 페이지를 브라우저 탭으로 엽니다. 검색 엔진에 나타난 제목과 메타 텍스트를 기반으로 무엇을 열어볼지 판단하지요. 그런 다음 초기 검색어를 대신할 다른 검색어를 찾아내려고 합니다. 저자나 출판사에서 제가 검색한 단어와 다른 키워드를 썼을 수 있으니까요. 그러다 보면 가장 적합한 출발점을 발견하게 됩니다.

---

* 국내에서는 학술 검색 엔진으로 구글 스칼라뿐 아니라 RISS(학술연구정보서비스), KISS(한국학술정보), DBpia(디비피아), 국회도서관 등을 주로 활용합니다. -편집주

3. **깊이 파고들기**: 어떤 정보는 표면적 내용 이상으로 탐구할 필요가 있습니다. 기업가 마틴 로스블랫Martine Rothblatt은 딸의 병을 치료할 방법을 찾으려 고군분투하던 중, 법률 전공에서 배웠던 '셰퍼다이징shepardizing'이라는 기법을 적용했습니다. 이 이름은 판례나 법령에 관련된 모든 참조를 추적하는 '셰퍼드Shepard 인용'에서 따온 것입니다. 그녀는 유망한 의학 논문을 발견할 때마다 그 논문의 참고문헌으로 옮겨 찾고, 거기서 또 다른 참고문헌으로 이동하기를 반복했습니다. 그 결과 해당 주제에 관련한 대다수의 출판물을 포함하는 거미줄 같은 구조가 만들어졌습니다.[4] 이 과정에는 많은 시간이 소요되지만, 가장 관련성 높은 정보원을 완벽하게 찾아낼 수 있습니다. 그렇게 로스블랫이 발견한 치료법은 딸의 생명을 구했을 뿐만 아니라, 이후 90억 달러 이상의 가치로 성장할 회사 유나이티드 테라퓨스틱United Therapeutics의 기반이 되었습니다.

4. **동화 활동을 염두에 두고 신속히 좁히기**: 여러분이 발견한 자료를 모두 살펴보고 빠르게 골라내세요. 인터넷 창에서 여러 탭을 열었다면 각 탭을 빠르게 탐지하여 중요한 정보가 있는지 확인하세요. 다시 볼 만한 자료는 나중에 동화Assimilating나 파고들기Deep-diving 활동에 쓰도록 북마크해 두세요. 관심 가는 자료가 한두 개뿐이라면 아이디어를 메모해 두고 탐색 활동을 계속 진행합니다. 효율적으로 콘텐츠 가치를 평가하고, 받아들일 가치가 있는 자료에 전념할 수 있어야 합니다.

학술 검색 엔진 활용법

탐지와 탐색 활동을 통해 흥미로운 콘텐츠를 찾은 후에는 여러분의 기존 사고구조에 이것을 통합해야 합니다. 그러기 위해서는 기어 변속이 필요합니다. 동화Assimilating 활동이 독특한 인지 상태를 요하기 때문이지요.

▌동화하기 | Assimilating

존 F. 케네디가 매사추세츠주 상원의원으로 재직한 지 2년이 지난 어느 날이었습니다. 야심 찬 케네디는 형 바비와 함께 1시간 거리에 있는 존스 홉킨스 대학교까지 직접 운전해 가며 '빠르고 바르게 읽는 법How to Read Better and Faster'이라는 야간 수업에 참석했습니다.[5] 훗날 케네디 대통령은 분당 1,200단어를 읽는다고 자부하는 속독가가 되었습니다. (그는 '분당 327단어'라는 말하기 최고 속도 세계 기록을 보유하고 있는 것으로도 유명하지요.) 더 나아가 그는 속독 전문가 이블린 우드Evelyn Wood를 백악관으로 초청해 직원들에게 속독을 가르쳤는데, 닉슨 대통령도 그 뒤를 따랐으며, 카터 대통령 역시 이블린 우드의 수업을 들었다고 합니다.[6]

속독을 하면 분당 200~400단어를 읽는 보통 사람들보다 훨씬 빠르게 내용을 파악한다고 하니, 미국 대통령이 아니더라도 탐나는 능력이긴 하지요. 그러나 관건은 '얼마나 빨리 읽는가'가 아니라 '얼마나 소화하는가'입니다. 동화는 새로운 아이디어를 기존 사고구조에 통합하여, 그 내용을 제대로 받아들이고 이해하는 것을 뜻합니다. 이런 동화 과정은 빠르다고 꼭 좋은 것은 아닙니다. 속도를 능숙하게 조절해서 가장 가치 있는 아이디어에 완전히 몰입하고, 나아가 자기 지식화할 수 있어야 합니다.

기어 변속

카레이서는 트랙에서 예측 가능한 구간은 최고속 기어를 넣고 직선으로 달리다가, 정확한 집중력과 정밀한 제어가 필요한 커브에 다다르면 저단 변속을 한다고 합니다. 마찬가지로 독서를 할 때도 관련이 적은 개념은 빠르게 읽어 나가다가도, 충분히 이해해야 하는 콘텐츠가 나타나면 기어를 전환해 속도를 크게 늦출 준비가 되어 있어야 합니다.

흥미로운 콘텐츠나 정보를 발견하는 것 자체는 그다지 유용하지 않습니다. 그 콘텐츠나 정보를 여러분의 사고구조와 멘탈 모델에 통합해야만 하지요. 우연히 발견한 기사나 자료를 그때그때 정독하기보다는, 별도로 마련한 동화 활동 시간을 활용하세요. 식사 중이나 출퇴근 중 또는 운동 중일 때도 언제든지 가능합니다. 작가 니르 이얄Nir Eyal과 미래학자 마리나 고비스Marina Gorbis 모두 체육관에서 운동하는 동안 이전에 골라둔 오디오 콘텐츠를 듣는다고 합니다.[7]

동화 활동의 본질은 민첩성입니다. 앞서 여러분은 주의를 기울일 만한 콘텐츠를 식별하는 활동을 했지요. 하지만 그 콘텐츠에 얼마나 큰 가치가 있는지는 아직 판단해 보지 않았습니다. 가능한 한 많은 가치를 효율적으로 발굴해내기 위해서는 민첩한 접근 방식을 유지하는 것이 중요합니다.

속독하는 방법

여러분이 초능력을 갖는다면 어떤 능력이길 바라나요? 하늘을 나는 것? 텔레파시? 레이저 눈? 빌 게이츠Bill Gates는 이 질문을 받고 바로 "초고속 독해 능력"이라고 답했다지요.[8] 이런 인간의 열망에 다가가는 방법으로, 저는 다음 4가지 원칙을 제안합니다.

1. **시각적 읽기 기술 연마하기**: 인간은 다른 감각에 비해 시각 정보 처리가 빠릅니다. 읽을 때 속으로 소리내 읽는 행위를 멈춰보세요. 시야가 넓어져 평소보다 큰 덩어리의 글을 한 번에 받아들이게 되고 독서효과도 높아집니다.

2. **주시고정**fixation **최소화하기**: 글을 읽을 때 우리 눈은 한 곳에 고정되었다가

다음 위치로 이동하는 단속성 안구운동saccades을 하며 정보를 처리합니다. 빠르게 읽고 싶다면, 우리가 할 일은 각 고정 위치에서 받아들일 수 있는 글의 양을 늘리는 것이지요. 이 기술을 기르는 것은 노력을 요하지만, 그 효과는 바로 나타납니다. 왼쪽에서 오른쪽으로 눈을 움직이며 읽지 말고, 한 줄 전체 혹은 가능한 한 여러 줄을 한 번의 단속운동에 입력해 보세요. 좀더 쉬운 방법으로 줄 간격을 줄여도 좋습니다. 태블릿으로 읽는다면 가로 모드가 아닌 세로 모드로 읽으세요. 컴퓨터라면 문서 창의 너비를 줄이면 됩니다.

3. **글 전체 이해하기**: 글에서 중요한 정보를 찾으려 할 때 처음부터 끝까지 읽는 경우는 드뭅니다. 책이나 긴 기사라면 대개 서론은 내용을 깔끔하게 요약하고, 마지막 단락은 요점을 되풀이하거나 결론을 짓지요. 제 경우에는 먼저 15분 정도를 들여 책 전체를 훑어보면서 전체 구조와 주장하는 바를 파악하고, 가장 흥미로울 것으로 예상되는 부분을 식별하는 전략이 유용하더군요.

4. **속도 조절하기**: 읽었던 부분으로 돌아가 다시 읽는 '되돌아 읽기regression' 습관은 읽기 속도를 늦춥니다.* 일정 속도를 유지하는 독서 습관을 들이려면 페이지 위에서 손가락이나 연필을 꾸준히 움직여서 눈을 안내해 보세요. 동화 활동을 할 때에는 내용에 따라 속도를 달리해야 합니다. 이미 익숙한 내용이라면 빠르게, 흥미로운 개념을 만나면 천천히 진행하세요.

통사구조 시각화 툴을 활용한 디지털 읽기

이상의 간단한 원칙을 지키면 읽기 속도를 즉각적으로, 상당히 높일 수 있습니다.

---

* 그렇지만 한편으로 '되돌아 읽기'는 필수적인 독해 과정이기도 합니다. 독해력이 높은 사람들도 때때로 '되돌아 읽기'를 하며, 보통 전체 독서 시간의 10% 내외를 차지합니다. -역주

메모하기와 틀짜기

동화 활동의 역할은 새로운 아이디어를 기존의 개념틀과 멘탈 모델에 통합하는 것입니다. 앞서 2장에서 메모의 엄청난 가치와 함께, 개념과 참고 자료를 연결하는 노트 시스템 구축에서 메모가 갖는 중요성에 관해 설명했습니다.

메모는 단순히 여러분이 얻은 특정 통찰을 보관하고 콘텐츠를 쉽게 되찾아보게 하는 도구가 아닙니다. 메모 작성 행위 자체도 여러분이 아이디어를 이해하고, 그것을 마음에 새기는 데 도움이 됩니다. 대부분은 자료를 다 읽더라도, '읽었다'란 막연한 기억을 제외하고는 그다지 바뀌지 않습니다. 반면 읽으면서 메모하는 사람이라면 누구나 그 내용을 자신의 멘탈 모델에 효과적으로 통합하게 됩니다.

> 메모 작성은 아이디어 습득 그 이상입니다.
> 읽은 내용을 여러분의 지식으로 만드는 과정이지요.

에드거 앨런 포_{Edgar Allan Poe}가 말했듯이, "책에 주석을 다는 행위는 그야말로 저자의 의견과 관점에 동의 혹은 반박을 표하는 대화에 참여하는 경험입니다. 주석은 여러분이 작가에게 할 수 있는 최고 존경의 표시지요."

▌파고들기 ▌Deep-Diving

인간의 생각은 흐트러지기 마련입니다. 가끔이 아니라 늘 일어나는 일이므로, 과학자들은 이것을 두고 두뇌의 '기본 모드'라고 합니다.[9] 우리는 깨어 있는 시간 대부분을 표면적 사고만 하며 보냅니다. 때로는 깊이 파고들려는 의도와 의지를 갖춰야 합니다. 사람을 둘로 나누자면 아마도 아이디어 및 깊은 사고에 장시간 몰두할 의지와 능력이 있는 사람들과, 끊임없이 수박 겉 핥기만 하는 사람들로 크게 구분할 수 있을 것입니다.

파고들기 상태에서는 콘텐츠를 적극 받아들여 이해할 수 있고, 패턴을 의도적으로 식별할 수 있으며, 새로운 연결 관계를 알아차려 틀의 구조를 수정해 갈 수 있습니다. 파고들기는 목적을 세우고 여러 관점을 탐색하여, 효과적인 의사 결정을 위한 토대를 마련하는 시간입니다.

링크드인LinkedIn CEO 제프 와이너Jeff Weiner의 말처럼, "경쟁이 심화되고 기술 환경 변화가 점점 빨라짐에 따라, 사고 행위에는 그 어느 때보다 많은 시간이 필요할 것입니다. 올바른 사고를 수행하려면 온전한 집중이 필요합니다. 구체적으로는 가설을 설정하고 의문을 제기하는 과정을 철저히 밟아야 하지요. 끊임없이 쏟아지는 데이터와 정보, 지식을 모두 종합해야 합니다. 또 점을 서로 연결하고, 신뢰하는 동료의 아이디어를 검토하고, 시나리오 여러 가지를 반복 검증해야 합니다. 다시 말해서, 시간이 걸립니다."[10]

사실 파고들기에는 두 가지 기본 원리가 있습니다. 바로 '시간을 충분히 할당할 것'과 '적절한 인지 상태에 이를 것'입니다. 여타 정보 활동보다 몇 단계 강한 집중력을 요구하는 파고들기는 다른 집중 모드와도 완전히 구별됩니다. 소프트웨어 개발자나 작가, 연구원과 같은 사람들은 매일매일 파고들기 상태일지도 모르지요. 그러나 정보 과부화 사회에서 성공하기를 바라는 사람이라면 누구나 규칙적인 시간을 마련해, 유용한 멘탈 모델을 구축할 수 있을 정도로 적절한 파고들기를 해야 합니다.

파고들기는 독특한 모드로서, 특별하게 취급할 필요가 있습니다. 그

외 다른 집중 모드일 때는 중요한 알림은 받게끔 선택해도 되지만, 파고들기는 완전히 몰입한 상태입니다. 파고들기 상태에 진입하는 4단계는 다음과 같습니다.

1. **충분한 시간 블록**blocks of time **만들기**: 정신을 집중하려면 시간이 걸립니다. 마음먹자마자 완전 집중 상태가 되는 사람은 거의 없지요. 파고들기 활동은 최소 1시간은 들여야 하는데, 3시간 정도를 목표로 삼을 것을 권장하는 사람이 많습니다. 일과를 고려해 초집중할 수 있는 가장 좋은 시간대를 찾아보세요. 여러분의 상황에 따라 다르겠지요. 예를 들어 학교에 보내야 하는 아이들이 있거나, 근무 시간이 짧게 나뉘어 있는 까닭에 주중에는 장시간을 할애하는 것이 불가능할 수도 있습니다.

2. **환경 설계하기**: 오랫동안 아주 편안히 집중할 공간을 만드세요. 등을 바로 펴고 앉는 의자나 스탠딩 책상, 눈높이에 가까이 할 수 있는 스크린 등을 갖추어 인체 공학적으로 준비할 필요가 있습니다. 노트북으로 작업한다면 고개를 떨구고 목을 구부려야 하므로, 외부 모니터를 연결해서 사용하도록 하세요. 편안한 조명 설치도 잊지 마시길 바랍니다.

3. **방해 요소 모두 제거하기**: 파고들기 단계에서는 모든 방해 요소를 제거합니다. 이메일을 종료하고, 전화와 모든 소셜 미디어 알림을 끄세요. 콜드 터키Cold Turkey나 프리덤Freedom 등의 앱을 사용하면 원하는 시간 동안 모든 애플리케이션과 알림을 차단할 수 있습니다. 글을 쓰고 있다면 방해 요소가 없는 포커스라이터FocusWriter와 같은 글쓰기 앱에 오롯이 집중해 보세요. 여러분이 바쁘다는 것을 직장동료들이 알 수 있도록 캘린더에 표시해 두고, 매우 긴급한 일에만 응답할 것임을 사무실 동료나 가족 모두가 알 수 있도록 하세요.

4. **정기적인 휴식으로 회복하기**: 우리는 오랫동안 집중 상태를 유지할 수 없으므로, 주기적으로 휴식을 취할 필요가 있습니다. 기본 휴식 활동 주기

그림 4.2 콜드 터키(왼쪽)와 프리덤 앱(오른쪽) 사용 예시

BRAC, Basic Rest-Activity Cycle 이론에 따르면 인간의 경우 각성과 휴식의 규칙적 주기가 약 90분이라고 합니다. 다른 이들은 집중 시간을 더 짧게 둘 것을 제안하기도 합니다. 예를 들어, 포모도로Pomodoro 기법에서는 5분 휴식, 25분 집중을 권합니다. 여러분에게 가장 적합한 패턴을 확인하세요. 주기가 어떻든 간에, 중요한 것은 휴식 시간 동안 상태와 활동을 크게 바꾸는 것입니다. 일어나서 주변을 걷고, 밖을 내다보고, 심호흡을 하세요. 파고들기 활동에 사용한 디지털 기기에서 뉴스나 소셜 미디어를 탐색하지 마세요. 휴식이 아니랍니다.

파고들기 작업을 위한 배경 음악

《머니볼Moneyball》,《빅숏Big Short》등 여러 베스트셀러를 집필한 마이클 루이스Michael Lewis는 집필을 준비할 때 음악을 신중히 고릅니다. 아내와 아이들이 추천하는 신나는 노래를 다양하게 구성해 플레이리스트를 만들고, 책을 쓰는 동안 계속 반복해서 듣는다고 하는군요.

헤드폰을 끼고 글을 쓰는 루이스는 주변에서 무슨 일이 일어나든 들을 수 없겠지요. 이것을 루이스는 "방해 요소를 차단하고 특정 감정이나 느낌을 만들어 내는 장치"라고 말합니다. 그에 따르면 각 트랙을 수백 번

들으면 음악이 배경으로 사라지게 된답니다. "내 생각에 완전히 몰입하게 되고 소리는 전혀 들리지 않아요."[11]

미래학자이자 작가인 에이미 웹Amy Webb은 낮은 스펙트럼의 불특정 소음인 갈색소음을 좋아합니다. 주로 파도나 바람 같은 소리지요. "제가 고주파에 더 민감하기 때문에, 집중하는 데 갈색소음이 도움이 되더군요. 놀라울 정도로 효과가 있어요."[12]

파고들기를 할 때, 배경 음악은 주변 소리를 없애고 집중하도록 도울 수 있습니다. 고요함을 선호하는 사람들도 있지만, 방해하는 소음이 없는 일터란 많은 사람에게 불가능한 사치일지도 모릅니다. 적절한 사운드스케이프soundscape(음경관, 자연음이나 인공음을 제어하여 조성한 소리 환경)를 들려주는 편안한 노이즈 캔슬링 헤드폰을 통해, 소란한 환경에서도 방해받지 않고 사고할 수 있는 자신만의 공간을 만들 수 있습니다.

어떤 기업은 특별히 집중력을 높이는 음악을 개발했다고 광고하기도 합니다. 여러분이 직접 하나 하나 들어보고 자신에게 가장 적합한 음악을 찾아보세요. 음악은 배경 소음을 없앨 뿐 아니라 긍정적인 분위기도 조성해 줍니다. 단순히 집중을 돕는 데서 그치지 않고, 파고들기 활동 시간을 즐겁게 해줄 것입니다.

▌탐험하기 | Exploring

인간은 원래 탐험에 뛰어납니다. 인터넷과 그 너머 구석구석을 돌아다니는 것은 즐겁기도 하거니와, 통찰이나 유용한 관점을 우연히 발견하게 되는 매우 가치 있는 경험이기도 하지요. 때때로 그건 지나치게 집중했다면 결코 발견하지 못했을 것들입니다. '인터넷 서핑'을 나쁘게만 보지 말고, 정보 루틴의 중요한 요소로 이해할 필요가 있습니다. 이런 원거리 탐험을 유용하게 하려면, 특정 대상에 초집중하지 말고 주변부로 관심을 넓혀야 합니다.

산꼭대기나 바다, 호수가 보이는 탁 트인 전망의 집이 비싼 데는 이유가 있지요. 넓은 시야를 갖는 데는 독특하고 매력적인 장점이 있습니다. 스탠퍼드 대학교 신경생물학 교수인 앤드류 후버만Andrew Huberman이 말하길, 수평선을 바라보거나 거리를 걸을 때처럼 **파노라마 시야**panoramic vision를 갖게 되면 신경계에 진정 효과가 발생한다고 합니다. 또한 파노라마 시야는 주의 경계vigilance of attention(자극이 일정하게 나타나지 않을 때조차 그 자극에 비교적 긴 시간 주의를 기울이는 것) 상태를 해제하여, 스크린을 보거나 실내에 있을 때 주로 겪는 지나치게 긴장된 시각 집중 상태에서 벗어나게 해줍니다.[13]

지금 바로 주변시peripheral vision를 손쉽게 연습해볼 수 있습니다. 잠시 읽기를 멈추고, 앞을 똑바로 바라보며 시야의 가장자리에 무엇이 있는지 확인해 봅니다. 눈을 움직이지 말고 시야의 가장자리로 부드럽게 주의를 돌려보세요. 아마 더 차분하고 편안해질 것입니다. 이 간단한 연습은 여러분을 명상과 유사한 마음 상태에 놓이게 해줍니다. 낮에 길을 걸을 때는 바로 눈 앞에 있는 것 너머로 주의를 돌려서, 의도적으로 파노라마 시야에 들어가보세요.

주변시/넓게 보기란?

그다지 놀라운 사실은 아닐 테지만, 시각 인식을 넓히면 우리의 개념 이해를 확장시킬 수 있게 됩니다. 시야를 넓힌 사람들이 문제 해결 통찰력을 경험할 가능성이 높다는 연구도 있습니다.[14] 더 넓게 보려 하면, 더 넓게 생각하게 됩니다. 시각 인식을 확장하는 능력은 또한 주시고정을 최소화하고 개념 이해를 쉽게 하여, 독해 속도를 향상시킵니다.

우연성 강화하기

'우연성Serendipity'은 영국인이 가장 좋아하는 단어로 선정된 적이 있는데, 통역사들은 번역하기 가장 어려운 영어 단어로 꼽곤 합니다.[15] 유쾌하면서도 예기치 못한 일을 발견해내는 능력을 뜻하는 우연성은 세렌딥 Serendip(스리랑카의 옛이름)의 세 왕자 이야기에서 비롯되었습니다. 그들의 이름을 딴 매혹적인 동화에서, 세 왕자는 어쩌다 만난 행운이 아니라 적극적으로 '우연한 만남'을 설계함으로써 운 좋은 결합을 일으킨답니다.[16]

이 어원 이야기의 핵심은, 우연한 사건이 그저 무작위로 우연히 일어나는 것만은 아니라는 사실입니다. 여러분은 어떤 일이 발생할 가능성을 높이는 행동을 취할 수 있습니다. 여기 미지의 정보를 찾아보는 동안 우연한 행운을 만날 가능성을 높이는 몇 가지 방법을 소개합니다.

1. **가지 않은 길 걸어보기**: "숲속에 두 갈래 길이 있었습니다. 나는 사람이 적게 간 길을 택했고, 그로 인해 모든 것이 달라졌습니다." 영국 시인 로버트 프로스트Robert Frost의 시입니다. 가끔 잘 알려진 정보 고속도로에서 나와 매혹적인 샛길로 갈 때가 있지요. 탐험 중이라면 평소에 여러분이 잘 가지 않는 장소를 시도하는 것은 어떨까요(꼭 사람들이 적은 길을 택하란 말은 아닙니다!)?

2. **매력을 따라가기**: 강도 높은 집중 상태로 작업 중일 때 간과했을지 모를 매력적인 링크를 따라가는 행위는, 탐험 모드에서라면 권할 만합니다. 흥미를 끄는 무언가를 발견했다면 끝까지 추적하거나, 새로운 출발점을 떠올리는 영감으로 활용해 보세요. "심봤다!"를 외칠 때까지 계속 갑니다. 샛길을 걸어보고 둘레길도 다녀볼수록 영감을 얻을 확률은 높아집니다.

3. **다른 곳 검색하기**: 검색 엔진이나 유튜브 검색에 익숙해졌다면 다른 곳, 이

를테면 팟캐스트나 트위터, 핀터레스트Pinterest, 학술 검색 플랫폼, 외국어 검색 엔진, 전자책을 검색해 보세요. 투자자 산제이 바크시Sanjay Bakshi는 자신이 소장한 책에서 아이디어를 찾아냅니다. "가끔 가지고 있는 줄도 몰랐던 내용을 발견할 때가 있어요. 제 킨들 보관함에 있는 책에서 놀라운 지혜의 말을 우연히 발견할 때가 바로 '심봤다!'를 외치는 순간이지요."[17]

4. **독특한 인물이나 단어로 시작하기**: 이따금 저는 비주류 플랫폼에서 흔치 않은 단어 조합을 검색해 보곤 합니다. 흥미롭고 놀라운 것들을 발견할지도 모르니까요. 제가 사용한 단어에는 '우연성'은 물론이고, 연구와 관련된 용어들의 조합도 포함되어 있습니다. 탐구의 시작점으로 시험 삼아 여러분과 매우 다른 사고방식을 가진 흥미로운 인물을 선택해 보아도 좋습니다. 분명 가치 있고, 때로는 재미있기까지 할 겁니다.

5. **우연성 발견 능력 키우기**: 스스로 피드백을 하면서 배우세요. 탐험 과정에서 흥미롭거나 유용한 정보를 발견하면 마음에 새겨보세요. 그 정보를 어떻게 찾았나요? 이런 우연한 발견을 다시 경험하려면 무엇을 해야 할까요?

▌회복하기 ▏Regenerating

오하이오 인문대학 오벌린 칼리지Oberlin College에서 만난 스티븐 카플란Stephen Kaplan과 레이첼 카플란Rachel Kaplan은 금세 서로가 소울 메이트임을 깨닫고, 21세와 20세가 되던 해에 바로 결혼했습니다. 카플란 부부는 미시간 대학교에서 동시에 심리학 박사학위를 받았고, 이후로도 함께 연구하면서 그 학교의 정교수가 되었습니다.

카플란 부부는 첫 10년간 기억이나 각성과 같은 전통적인 심리학 연구 주제를 주로 다뤘습니다. 그러다가 미 농무부 산림청USDA Forest Service의 요청으로 자연 모험 활동 프로그램의 이점을 연구했는데, 그것이 큰 전환점이 되었습니다. 스티븐은 이 연구 결과가 "믿을 수 없을 정도로 인상적"이라고 말했으며, 이후로는 인간의 인지에 미치는 자연의 가치를 중점적으로 연구하게 되었습니다.[18]

카플란 부부는 두 가지 유형의 주의를 제시했는데, 바로 '통제된 주의directed attention'와 '불수의적 주의'였습니다. 그들은 불수의적 주의의 일종인 '매혹fascination'에 주목했습니다. 주의를 집중해 정보에 몰입하고, 이 활동을 일상적으로 지나치게 하게 되면 오래 견디지 못하고 '통제된 주의 피로'로 이어집니다.[19] 그럴 때 자연 속에 머문다면 통제된 주의 상태에서 벗어나, 자연 환경의 무한한 다양성과 아름다움에 매혹된 상태가 된다는 것입니다. 이후 부부는 후속 연구를 통해 환경, 특히 자연이 어떻게 한계에 이른 주의력을 회복시키는지에 초점을 맞춘 **주의회복이론**ART, Attention Restoration Theory'*을 창안하기에 이르렀습니다.

스티븐은 이후에 매혹을 다시 '부드러운 매혹'과 '강한 매혹'으로 구분했습니다.[20] 자연에서 느끼는 매혹은 온화하여 여러분이 주변 환경을 관조하는 동안 여러 생각이 떠오르고 흘러가게 합니다. 반면 영화나 스포츠 경기 관람 시 경험하는 매혹은 여러분의 주의를 온통 빼앗아 다른 생각을 못 하게 만들지요.

"작은 화면 스크롤하기와 큰 화면 쳐다보기로 또 하루를 보냄. 중간 크기 화면 보기로 일주일 내내 일한 것에 대한 보상임." 언론인 델리아 카이Delia Cai가 공유한 이 트윗은, 2020년 팬데믹이 한창일 당시의 시대정신을 예리하게 포착한 것입니다. 컴퓨터 앞에 앉아 한 고된 업무에서 회복하려고 OTT 비디오를 시청하는 우리는 긴장을 풀고 있을지는 몰라도,

---

* 주의회복이론에 따르면, 통제된 주의로 인해 생긴 피로는 불수의적 주의가 줄여줍니다. 자연에서 우리는 불수의적 주의를 사용하게 되어 회복 효과를 얻게 됩니다. 매혹감을 느끼는 경우가 대표적입니다. - 역주

사실 주의력과 집중력을 회복하지는 못하고 있습니다.

강력한 집중력은 지속 가능하지 않으며, 바람직하지도 않습니다. 각기 다른 집중 모드를 오갈 때는 회복이 필수적임을 알아야 합니다. 강한 몰입 상태에서 벗어나 취하는 휴식은 사실 집중력을 유지하기 위해 꼭 거쳐야 하는 매우 중요한 단계입니다. 우리는 하루 한 번은 정보와 디지털 활동에서 완전히 벗어나 회복할 필요가 있습니다.

회복하는 방법으로 어떤 것이 있을까요? 자연에서 산책하고, 운동하며, 목욕하고, 소설을 읽고, 정성껏 요리하며, 명상하거나 소파에 누워 공상하고, 악기를 연주하고, 파트너와 충분히 사랑을 나누는 등, 다양한 활동을 들 수 있습니다. 이런 방법은 현대 생활에 내재되어 있는 압도적 정보 홍수에서 벗어나게 해줍니다. 여러분이 회복하는 데 가장 효과적인 활동은 무엇인가요? 생산적이면서 효과적인 생활을 원한다면, 여러분의 일과에 회복 활동을 포함해야만 합니다.

사실 이런 회복 활동을 통해 종합과 통찰에 매우 도움이 되는 인지 상태에 접어들면서 가장 기발한 아이디어가 떠오르곤 합니다. 끊임없이 바쁘게 일하면 단편적인 업무 수행에 도움이 될 수는 있습니다. 그러나 한 발짝 물러나 큰 그림을 볼 때야말로 비로소 우리는 기회를 찾을 수 있고, 노력을 어디에 집중해야 가장 효과적일지 이해할 수 있습니다.

정보 루틴의 중요성

대부분의 사람은 이메일과 뉴스를 확인하는 것으로 하루를 시작합니다. 그건 세스 고딘Seth Godin이 말했듯이 "내가 잠든 사이에 세상이 무너지지 않았음을 알게 되는 것"일 뿐입니다.[21] 이 방법을 업무 수행의 가장 적합한 방식이라고 여기지 마세요. 물론 시사와 세계 정세 소식을 끊임없이 알고 싶겠지만, 만일 세상만사가 무탈한지 빠르게 확인하는 것 이상을 원한다면 이러한 정보를 활용할 가장 적합한 시간을 스스로 유연하게 결정할 수 있을 겁니다.

음악 스트리밍 대기업 스포티파이Spotify 설립자이자 CEO인 다니엘 에크Daniel Ek는 자신의 드럼 비트에 맞춰 움직입니다. "아침 6시 30분쯤 일어나 가족과 좋은 시간을 보낸 후 7시 30분에는 운동하러 갑니다. 겨울철에도 8시 30분에는 산책을 하는데, 이 시간이 좋은 생각을 떠오르게 하는 순간임을 알게 되곤 합니다. 9시 30분에는 30분이나 1시간 정도 책을 읽으며 보냅니다. 뉴스도 읽지만 가끔이지요. 독서 취향은 제 음악 취향만큼이나 매우 다양해서, 사무실부터 침대 옆, 집에 있는 테이블까지 온갖 책이 가득 쌓여 있습니다. 역사서, 리더십 책, 전기 등등. '업무'는, 10시 30분에 마침내 시작됩니다."[22]

대부분의 사람은 아침마다 상당히 규칙적으로 정보를 소비하는 경향이 있습니다. 그런데 소중한 주의력을 효과적으로 배분하고 관리하는 일상 습관을 의도적으로 설정하는 사람은 드물지요. 체계적인 정보 습관을 확립하는 것은 중요한 기회로 이어질 수 있습니다.

세심하게 설계한 정보 루틴을 따른다면,
효율성을 극적으로 향상시킬 수 있습니다.

각 집중 모드의 활성 시기와 지속 시간을 전략적으로 계획하면, 잦은 작업 전환에 드는 비용을 최소화하고 가장 가치 있는 작업에 충분한 시간을 할애할 수 있습니다. 주의력 관리를 위한 이상적인 루틴은 저마다 다르므로, 시행착오를 통해 자신에게 가장 적합한 루틴을 찾아내야 합니다.

▮ 크로노타입Chronotype 최적화

인간의 매력은 우리 모두가 서로 다르다는 데 있습니다. 우리의 정신 상태와 신경화학적 균형은 하루에도 끊임없이 변하며, 사람마다 고유한 패턴이 있지요. 하루 중 특정 활동에 가장 적합한 시간대를 선택할 수 있을 만큼 자신을 잘 안다면, 분명 생산성과 효율성을 크게 향상시킬 강력한 힘이 되어줄 겁니다.

여러분은 '아침형 인간'인가요, '저녁형 인간'인가요? 학계에서는 이것을 우리의 '크로노타입Chronotype(각자에게 잘 맞는 활동 시간대를 나타내는 일주기성)'이라고 부르며, 사람을 아침 성향 또는 저녁 성향으로 분류하는 지표로 삼습니다.[23]

여러분의 인지 능력이 최고조에 달하는 시간은 언제인가요? 그때가 바로 파고들기 활동을 할 최적의 시간입니다. 파고들기 활동에서 최대 인지 능력을 발휘할 수 있다면, 생산성은 훨씬 높아질 것입니다. 또한 개인마다 기본적인 휴식 활동 주기가 다르므로, 여러분의 각성 상태가 하루 동안 어떻게 변하는지 알 필요가 있습니다. 어떤 사람들은 식사 후에 각성도가 감소하는 것을 경험합니다. 이는 식단과 관련 있을 수 있지만, 무엇을 먹을지뿐만 아니라 시간 관리 방법도 달리해야 할 겁니다.

▮ 정보 처리 '타임박싱'하기

과거에는 비즈니스가 상대적으로 느리게 움직이고 예측 가능했기 때문에, 오늘날에 비해 편안하게 운영할 수 있었습니다. 그러나 변화의 속도가 빨라지면서 소프트웨어 개발 분야는 전통적인 프로젝트 관리 기법에서 '애자일agile'이라는 보다 민첩한 방법론으로 전환되기 시작했습니다. 이 방식을 통해 소프트웨어를 훨씬 빠르게 개발함과 더불어, 변화하는 요구 사항에 대한 대응력을 제고할 수 있었습니다. 이러한 애자일 개발을 뒷받침한 원칙은 특정 시간에 특정 업무를 배정하는 **'타임박싱**timeboxing'이었습니다. 이는 계획한 기능을 할당된 시간 내에 완료할 수 없는 경우, 필수 구성 요소만 포함하도록 프로젝트 범위를 수정하여 기능 및 작업의 우선순위를 강제하는 방식을 가리킵니다.

2004년 블로거이자 작가인 스티브 파블리나Steve Pavlina는 〈타임박싱 Timeboxing〉이라는 수수한 제목의 블로그 게시글을 썼습니다.[24] 그 글에서 파블리나는 소프트웨어 개발 개념을 개인 시간 관리에 적용할 생각을 어떻게 해냈는지를 처음으로 설명했습니다. (비록 그가 아내가 저녁 식사와 빌린 영화 테이프를 들고 집에 왔다며 글을 급히 끝내버리긴 했지만요.) 개인 일정 관리에 타임박싱을 활용하는 아이디어는 빌 게이츠나 일론 머스크 같은 저명 인사들의 열성적인 지지에 힘입어 최근 몇 년 동안 점점 인기를 얻고 있습니다. 이 두 사람은 업무 시간을 특정 활동에 전념하는 부분으로 나누되, 각 타임박스 간에 겹침이 없도록 한다는군요.

《초집중Indistractable》의 저자인 니르 이얄Nir Eyal은 타임박싱을 "생산성 향상이라는 마법에 가장 가까운 방법"이라고 부릅니다.[25] 프로젝트 작업이나 활동에 특정 시간을 설정해 두면, 소셜 미디어나 기타 방해 요소로 인해 산만해졌을 때 스스로 책임을 지고 자기 행동을 통제할 수 있게 됩니다. 또한 이 방법으로 가족과 함께 하거나 자연에서 시간을 보내기 위해 할애한 시간이 주의산만 요소로 인해 중단되고 있는지도 감지할 수

그림 4.3 클라키파이(clockify.me)로 타임박싱하기

있습니다. 마찬가지로 여러분의 일정에 인스타그램을 검색하거나 OTT 프로그램을 시청하는 시간을 잡아두기만 하면, 이런 활동을 죄책감 없이 즐길 수도 있지요.

끊임없이 시간을 관리해야 하는 직업인이라면 스케줄링과 타임박싱 이 매우 중요합니다. 링크드인의 제프 와이너Jeff Weiner는 방해받지 않고 생각할 시간을 달력에 표시해서 업무를 더 효과적으로 수행하려 합니 다. "매일 90분에서 2시간 사이로 이런 '예비 시간buffer time'을 마련하고, 30~90분 단위로 세분화해 달력에 적어둡니다. 이 시스템은 연이은 회의 로 꽉 찬 일정 탓에 주변 일을 처리하거나 성찰, 검토 같은 신중한 사고

타임박싱 도전하기

를 할 시간이 거의 없는 상황을 극복하려고 몇 년에 걸쳐 노력한 끝에 완성한 것입니다."[26]

페이팔PayPal 공동 설립자인 억만장자 맥스 레브친 Max Levchin은 이렇게 말합니다. "저는 강박적으로 꼼꼼하게 지키는 정확한 하루 루틴이 있습니다. 매일 아침 똑같은 모습으로 일과를 엄격하게 따릅니다. 다음에 무엇을 해야 할지 고민할 여지를 없앰으로써, 효율성을 극대화하는 것이지요."[27]

▋정보 루틴 설정 시 고려 사항

개인마다 고유한 특징이 있습니다. 스스로 아는 점도 있고 아직 발견하지 못한 부분도 있겠지요. 따라서 일반적 지침이나 권장 사항이 늘 효과적이지는 않을 겁니다. 직접 시행착오를 거쳐 자신에게 효과적인 집중 모드와 일정을 파악해야 합니다. 자신만의 정보 루틴을 짤 때는 다음 원칙을 염두에 두길 바랍니다.

1. **하루 일과를 정보 활동으로 시작하지 말 것**: 놀랍게도 80%의 사람들이 기상 후 10분 이내에 스마트폰을 확인한다고 합니다.[28] 반사적 행동으로 스마트폰을 확인하는 것은 피하는 편이 좋습니다. 성공한 사람이 많이들 하는 것처럼, 눈을 뜨고 잠시 동안 생각을 자유롭게 흘려보내도록 해보세요. 전 디즈니 CEO 밥 아이거Bob Iger는 "독서하기 전에 저는 운동하거나 성찰하는 시간을 가져 집중력을 보호하는 기술적 방화벽을 만들곤 합니다. 읽는 동안에는 산만해지고 집중력이 떨어져서 다른 사람의 생각이 내 생각에 영향을 미칠 수 있거든요. 외부 영향과 나 사이에 방화벽을 쌓아 혼자만의 시간을 보내면서 재충전을 하고, 동시에 내 생각을 보충하고 정리할 기회를 갖는 게 중요합니다."[29]

2. **탐지 활동 시간에 집중할 것**: 많은 사람이 밤새 주요 뉴스가 있는지 확인하며 하루를 시작합니다. 몇 분 안에 헤드라인을 훑어보는 정도로 충분하지만, 많이들 그 이상의 시간을 할애해 한꺼번에 최신 정보를 업데이트하려 합니다. 업무에 대한 지속적인 업데이트가 필요하다면 모를까, 그렇지 않다면 업데이트 빈도를 줄이라는 저의 조언을 따르시길 바랍니다. 같은 뉴스 헤드라인을 하루에도 여러 번 볼 필요가 있을까요?

3. **동화 활동에 충분한 시간을 낼 것**: 정보 활동 시 해야 할 중요한 일은 발견한 기사를 바로 읽고 소화할 것인지, 아니면 나중에 읽도록 보관할 것인지 판단하는 것입니다. 전 뉴욕 타임스 특파원이자 현 CNN 특파원인 브라이언 스텔터Brian Stelter는 오전 7시에서 9시 사이에 트위터와 페이스북, 〈더 타임스〉, 동료가 보낸 이야기까지 수십 개의 브라우저 탭을 여는 데 시간을 보낸다고 합니다. "일과가 끝나기 전 모든 탭을 닫는 것이 제 목표예요. 적어도 퇴근 전에 열려 있는 모든 탭을 훑어보려 합니다."[30] 콘텐츠를 이해하는 데 충분한 시간을 확보해야만 효과적으로 자신의 사고에 통합할 수 있음을 유념하세요.

4. **파고들기 시간을 확보할 것**: 파고들기는 다른 활동과 동시에 할 수 없는 고유한 활동입니다. 그 특성상 상당한 시간 동안의 집중이 필요하지요. 타임 박싱을 기본 시간 관리 기법으로 삼지 않더라도, 꼭 일과의 특정 시간 블록을 지정하여 파고들기에 집중할 시간을 확보하도록 하세요. 이렇게 모든 것을 차단하고 방해받지 않는 시간을 갖는 것이, 충분히 깊이 파고들 수 있는 유일한 방법이지요.

5. **즐거운 휴식을 위해 탐험할 것**: 건강한 정보 습관을 기르려면 평소 접하는 정보원 외에 다른 곳을 정기적으로 찾아보아야 합니다. 격렬한 업무 중 잠시 휴식을 취할 때 무의식적으로 소셜 미디어 피드를 확인하는 경향이 있나요? 그 대신, 평소 소비하는 콘텐츠와 다른 새롭고 흥미로운 콘텐츠를 발견하러 나서보세요. 이 작은 모험이 여러분의 마음을 훨씬 더 활력 넘치

게 할 겁니다.

6. **회복 시간을 정해둘 것**: 주의집중력에는 주기적인 회복 과정이 필요한데, 단순히 스트리밍 영상을 보는 것만으로는 필요한 활력을 얻을 수 없습니다. 가능한 매일 시간을 정하여 자연 속 산책하기, 반려동물과 놀기, 컬러링 북 완성하기 등, 마음을 재충전하는 데 도움이 되는 일을 해보세요. 주말에는 하이킹을 가거나 자전거를 타고, 놀이터에서 아이와 함께 시간을 보낼 수 있겠지요. 진정 즐길 수 있는 활동을 하면, 생산성과 성공에 긍정적 영향을 미칠 수 있음을 기억하세요.

정보 중독 극복

"당신은 인생을 사랑합니까?" 벤자민 프랭클린Benjamin Franklin이 물었습니다. "그렇다면 시간을 낭비하지 마세요. 인생은 시간으로 이루어졌으니까요." 살아 있음은 소중한 선물이며, 매순간 아름다움과 가치 있는 성과를 향해 나아갈 수 있는 놀라운 잠재력을 선사해 줍니다. 이렇듯 소중한 시간으로 할 수 있는 일이 그렇게나 많은데도, 훗날 삶을 돌아볼 때 과연 '소셜 미디어 피드 스크롤에 더 많은 시간을 보낼걸.'이라고 후회하게 될까요?

많은 사람이 자신을 '정보 중독자'라고 생각하면서도, 끝없이 쏟아지는 최신 정보 업데이트를 멀리 하지 못합니다. 새로운 정보에 대한 욕구를 쉽게 충족시킬 수 있는 세상에 살고 있으니, 이런 유혹은 거부하기 어렵지요. 안타깝게도 현대 사회는 거의 모든 측면에서 이런 유해한 중독을 더욱 악화시킬 뿐입니다.

우리는 정보 중독자임을 인정해야 합니다.
부끄러워할 일이 아니에요.
중독을 인정해야 적절한 조치를 취하고 정보 중독을 관리할 수 있게 됩니다.

저 역시 확실히 정보 중독자이며, 최신 뉴스와 소셜 네트워크 업데이트를 계속 확인하려는 충동을 조절하지 못함을 인정하는 바입니다. 이러한 성향은 인간 본성에 내재해 있지요. 만약 여러분이 정보 중독자가 아니라면? 단연 뛰어난 자제력을 가지고 있으므로 축하받으실만 합니다! 그러나 중독이라는 현실을 인정한다면, 우리는 분명 정보 습관을 개선할 수 있습니다.

알코올 중독자 익명 모임은 알코올 중독자들의 금주를 돕지만, 정보 중독자들을 위한 이런 해결책은 불행히도 없습니다. 우리가 중독에서 손을 놓고도 여전히 현대 사회의 일원으로 활동하기는 힘듭니다. 통제하거나 관리하기 어려울 정도로 정보에 몰두하여 일상의 다른 측면을 방해하는 일이 없도록 정보를 활용할 수 있어야 합니다. 다행히 그러기 위한 방법은 배우고 연습해서 개발할 수 있는 기술들입니다.

▌자유와 선택권을 강화하는 기법

시간과 에너지, 삶을 낭비하지 않은 채 정보 중독을 극복하고, 집중력을 유지하며, 건강한 정보 습관을 기르는 다양한 기술이 있습니다. 여기 설명한 기법 전부 또는 일부를 자유롭게 활용하여 정보와의 관계를 직접 통제해 보세요.

1. **알림 최소화하기:** 사소한 알림으로 끊임없이 방해하는 기기의 노예가 되고 싶진 않으시지요? 자기 삶의 통제권을 되찾고 집중력을 유지하는 가장 간단하면서 효과적인 방법은 알림 수신을 최소화하는 것입니다. 새 스마트폰을 구입하거나 새로운 앱을 내려 받을 때, 제가 가장 먼저 하는 일은 소리 알림을 끄는 것입니다. 즉시 응답할 필요가 있는 메시지에만 벨소리가 울리거나 알림이 오도록 휴대전화를 설정해 보세요.

2. **기대치 관리하기:** 받은 메시지 모두에 즉시 답장하면, 다른 사람들은 여러분이 항상 응답할 것이라는 기대를 하게 됩니다. 특정 시간을 정해 그때에만 메시지를 확인하고 응답하면, 작업 전환이 자주 발생하지 않게 되어 생산성을 상당히 높일 수 있습니다. 업무상 공동 작업이 잦은 경우에는 휴대전화를 꺼두어도 되는 시간이 있는지 확인하고, 필요한 경우 연락받지 않을 시간대를 동료들에게 알려주세요.

3. **행동 인식하기:** 산만한 정보의 유혹을 극복하려면, 가장 먼저 자신의 행동에 주의를 기울여보세요. 휴대전화나 디지털 기기에 손을 뻗는 순간을 의식적으로 관찰하려 노력하고, 자동적으로 반응하지 않도록 합니다. 손에 휴대전화가 들려 있을 때는 그 이유를 스스로에게 물어보세요. 무엇을 하고 싶었나요? 중요한 메시지가 왔는지 확인하기 위해서라면 확인 후 얼른 내려놓으세요. 지루함을 달래거나 어려운 일을 잠시 멈추고 머리를 식히기 위함이라면 그 대신 할 수 있는 일을 마련하세요.

4. **만족감 미뤄두기:** 이메일이나 소셜 미디어, 최신 뉴스를 확인하려는 충동을 느낀다면 그 충동을 인정하되 5~10분 후에 확인하겠다고 스스로 다짐해 보세요. 이 기법은 집중할 수 있는 시간을 늘리고, 일시적인 욕망을 이겨내 집중력이라는 근력을 기르게 합니다. 중독 앞에서 여러분이 무력하지 않음을 보여주는 것이 중요합니다. 이렇게 사소한 방식으로 통제력을 행사하다 보면, 정보에 대한 갈망을 넘어 선택할 수 있는 능력이 생길 겁니다.

5. **다른 활동으로 대체하기**: 머리를 식히려는 욕망을 해소하는 방법은 여러 가지가 있습니다. 저는 집에서 집중해서 일하다가 잠시 휴식할 때, 휴대전화를 확인하는 대신 몇 분 동안 기타를 치거나, 심호흡을 하거나, 밖에서 잠시 산책하거나, 읽을 목록에 담아 두었던 흥미로운 글을 읽습니다. 휴식이 필요한 두뇌에 회복할 짬을 주되, 소셜 미디어나 뉴스 업데이트라는 끝없는 공허에 빠지지 않을 활동을 생각해 보세요.

6. **시간 제한하기**: 집중해서 일한 자신에게 보상을 주고 싶다면, 최신 업데이트나 밈, 정치 가십을 검색하고 마음껏 즐기세요. 단, 이 활동을 시작하기 전에 미리 지속할 시간을 정하고 타이머를 설정해 두세요. 흠뻑 빠져 즐기되 시간이 되면 업무에 걸맞는 사고의 틀로 돌아가야만 합니다.

7. **앱에서 도움받기**: 우리는 기술로 인해 산만해지기도 하지만 도움을 받기도 합니다. 방해 요소를 차단하고 집중을 유지하며 중독을 극복하게 하는 앱과 도구가 무수히 많습니다. 정보 습관을 개선하는 데 도움이 되는 도구 목록을 책 말미에 있는 [부록. 정보 문해력 자료실]에 정리해 두었으니 참고해 보길 바랍니다.

8. **정기적으로 끄기**: 매주마다 하루 혹은 주말을 '디지털 안식일'로 정하고, 디지털 기기 사용을 절제하거나 적어도 이메일과 소셜 미디어에서 벗어나 휴식을 취해 봅니다. 지나치게 경직된 두뇌 패턴을 재설정하는 데 도움이 될 겁니다.

집중력 강화

몇 년 전 한 연구에서, 선(禪) 수행자들과 수행 경험이 없는 사람들이 주변에 반응하는 방식을 서로 비교한 적이 있습니다. 연구자들은 뇌파 센서를 활용해 피실험자들이 불시의 자극에 대해 어떤 '놀람 반응'을 보이는지 관측했습니다.

비수행자 옆에서 메트로놈을 켰더니, 처음 몇 번의 틱톡 소리에 매우 강한 반응을 보였다가 빠르게 가라앉아 소리에 전혀 반응을 보이지 않을 정도가 되었습니다. 이는 매우 자연스러운 현상이지요. 우리 두뇌는 새로움은 감지하고, 반복되는 자극은 적극적으로 걸러내도록 되어 있기 때문입니다.

그런데 수행자들의 반응은 흥미로웠습니다. 메트로놈의 첫 번째 틱톡 소리에는 수행자들도 비수행자들과 마찬가지로 깜짝 놀랐습니다. 하지만 이어지는 메트로놈 소리에도 수행자들의 반응은 처음처럼 일관성 있게 유지되었습니다.[31] 수행자들은 반복되는 감각 경험에 대한 내성을 키우지 않았던 것입니다. 이전에 경험했더라도 모든 사물은 수행자들에게 신선하고 새로웠습니다. 주변 감각을 걸러내지 않고 끊임없이 주의를 기울이도록 수행한 결과입니다.

제가 20대 후반 일본으로 향한 이유는 오랫동안 참선에 매료되어 있었기 때문입니다. 금융 저널리스트로 일하는 1년 동안 참선 도장에서 살면서 하루에 두 번씩 명상했고, 도쿄 중심부에 있는 직장으로 출근하기 전과 퇴근한 후에는 도장의 잡무를 맡았지요. 참선 스승인 니시지마 Nishijima 선생님은 온전히 집중하는 방법과 함께, "중요한 것을 사소한 것과 구별하는" 데 온전한 집중이 어떻게 도움이 되는지 가르쳐 주셨습니다.[32]

참선 명상의 가장 큰 특징은 눈을 뜬 채 벽을 바라보며 수행한다는 점입니다. 참선은 세상과 단절하는 것이 아니라 "현실을 온전히 경험"하는 것이지요. 수행자들은 끊임없이 집중 상태를 유지합니다. 파리가 윙윙거리거나 소란이 발생하면 무시하는 것이 아니라, 단지 알아차릴 뿐입니다. 저는 명상을 통해 집중하고 정서적 균형을 유지하는 방법을 배웠고, 주변 세상을 더 잘 인식하게 되었습니다.

▌ 명상과 알아차림

헤지펀드 브리지워터Bridgewater의 설립자이자 《원칙Principles》의 저자인 억만장자 레이 달리오Ray Dalio는 "내 성공의 가장 중요한 요소는 바로 명상"이라고 말합니다.[33] 세일즈포스Salesforce 설립자 마크 베니오프Marc Benioff나 마이크로소프트 및 스포티파이 이사 파드마스리 워리어Padmasree Warrior, 저술가 유발 노아 하라리Yuval Noah Harari 등, 명상의 장점을 널리 알리는 각계 리더가 많습니다. 유발 하라리의 경우 이렇게 말하기도 했습니다. "명상으로 얻은 집중력과 명료함이 아니었다면 《사피엔스Sapiens》와 《호모 데우스Homo Deus》를 집필할 수 없었을 겁니다." 이 책들은 총 2천만 부 이상 판매된 베스트셀러지요.[34]

명상의 뚜렷한 이점에도 불구하고, 대부분의 사람은 명상을 시작하기도 어렵거니와 지속하기도 힘들어합니다. 모든 사람이 명상에 관심 있는 것은 아니며, 이는 당연한 일이지요. 하지만 이 책을 계기로 여러분도 명상에 한 번쯤 관심을 두기를 바랍니다. 명상을 시작하는 몇 가지 방법과 주의력 조절 훈련법을 알려드리겠습니다. 노력해 보는 만큼 충분한 보상을 얻을 테니 한번 해보시기 바랍니다.

《포커스Focus: The Hidden Driver of Excellence》의 저자 대니얼 골먼Daniel Goleman은 "주의력은 근육과 매우 유사해서 제대로 사용하지 않으면 약해질 수 있지만, 규칙적 운동으로 강해질 수 있다."라고 강조합니다.[35] 신체를 단련하려면 체육관에 정기적으로 가서 운동을 하겠지요. 우리가 필요한 것은 운동선수가 되는 비법이 아니라, 일단 시작한 후 점진적으로 힘과 체력을 길러 나가는 것입니다. 이와 마찬가지로 작은 일부터 시작해서 시간이 지남에 따라 점차적으로 집중력을 키우는 것이 명상 수행을 꾸준히 하게 되는 지름길입니다. 다른 방법은 없습니다.

명상에는 수십 가지 유형이 있습니다. 초월명상 수행자들은 주어진 만트라mantra를 반복하고, 위바사나Vipassana 등 많은 명상 방식은 호흡에 초점을 맞추는 것으로 시작하며, 차크라Chakra는 신체 에너지의 중심에 초점을 맞춥니다. 바디 스캔Body scan 명상에서는 신체의 각기 다른 부위에 차례로 집중하지요.

모든 명상의 공통점은 지속적으로 주의집중하는 것입니다. 우리 마음은 방황하기 쉬운데, 이것이 두뇌의 기본 상태입니다. 명상하는 동안 마음이 방황하고 있음을 알아차리게 되면, 자신이 선택한 초점으로 부드럽게 주의를 되돌려보세요. 연습을 거듭할수록 집중 유지 능력이 향상되어, 주의가 산만해지는 빈도가 줄어들고 다시 집중하기 쉬워진답니다.

스티브 잡스는 19세부터 꾸준히 명상했다고 알려져 있습니다. "가만히 앉아 관찰하기만 해도, 마음이 얼마나 불안한지 알게 됩니다. 진정시키려 노력하면 오히려 상황이 더 악화될 뿐이지만, 시간이 지나면 분명 진정됩니다. 진정되면 더 미묘한 것에 귀를 기울일 여지가 생기지요. 그때가 바로 직관이 꽃피기 시작하는 때이자, 사물이 더 명확하게 보이며 현재에 집중하게 되는 때입니다. 마음이 그저 고요해지고, 그 순간 주변의 광활함이 들어옵니다. 그러면 이전에 알던 것보다 훨씬 많은 것을 깨닫게 될 것입니다."[36]

▌ 명상을 시작하는 방법

이미 명상을 꾸준히 하고 계시나요? 축하드립니다! 명상의 장점을 이해할 뿐만 아니라 주의력 향상을 위해 지속적인 노력을 하고 있군요. 아직 명상을 하지 않더라도 조금이라도 시도할 의향이 있으시다면 다음 안내를 따라 해보세요.

1. **짧게 시작하되 매일 하기**: 처음부터 과욕을 부리면 안 됩니다. 짧은 명상에도 상당한 이점이 있음을 많은 연구에서 밝히고 있으며, 여러분이 우선 가져야 할 목표 역시 습관 형성입니다. 매우 바쁘긴 하겠지만, 10분 명상으로 생산성이 확실히 높아진다면 그 정도 시간은 마련해 보아야겠지요. 그마저 어렵다면 5분으로 시작하세요. 익숙해지면 자신에게 알맞은 수준으로 서서히 시간을 늘려봅니다. 명상 시간이 길수록 장점이 크지만, 짧은 명상도 유익하다는 점을 기억하세요.

2. **호흡에 집중하기**: 우리 모두 숨을 쉬지요. 많은 형태의 명상이 그렇듯 호흡에 주의를 기울이기는 쉽습니다. 들숨과 날숨에 집중하세요. 그저 알아차리세요.

3. **눈을 뜨고 명상하기**: 대부분의 전통 명상법에서 추천하듯 눈을 감고 명상하기가 아마 더 쉬울 것입니다. 이 방법이 더 낫다면 그렇게 하세요. 개인적으로 저는 눈 뜨고 명상하는 것을 선호하는데, 왜냐하면 이 방식이 제가 세상과 단절되지 않은 채 주변에 주의를 기울이고 있음을 강조해 주기 때문입니다. 또한 앞서 언급한 것처럼 명상하는 동안 시각적 주의력을 확장할 수 있게 해줍니다.

4. **주의 환기도 연습으로 여기기**: 명상 중에 여러분은 분명히 산만해질 터이니, 주의력을 통제할 수 없다고 자책하며 명상을 끝내버릴 수도 있습니다. 괜찮습니다. 그 현상을 매우 정상적인, 명상이라는 여정의 일부로 여겨보세요. 마음이 방황하고 있음을 알아차리고 다시 호흡에 집중할 때마다 스스

로 대견하게 생각해도 좋습니다. 그럴 때마다 집중 근육이 강화되고 통제력이 향상된답니다.

5. **일정한 시간 또는 신호 정하기**: 규칙적인 명상 습관을 들이고 싶다면 아침 샤워 후나 저녁 식사 전, 예정된 아침 휴식 시간 등 하루 중 명상을 하도록 유도하는 특정 활동이나 이벤트를 정해 보세요. 저서 《아주 작은 습관의 힘Atomic Habits》으로 유명한 제임스 클리어James Clear는 이것을 '습관 쌓기'라고 부르며, 명상을 결심할 일이 아닌 자동화된 습관으로 만들라고 조언합니다.[37]

6. **즐기기!**: 명상을 허드렛일처럼 생각한다면 꾸준히 하기는 어렵겠지요. 여러분이 온전히 집중하고 있는 동안, 호흡하는 순간마다 자기 자신과 덧없는 생각들, 주변 환경을 경험하면서 온전히 현재를 살게 됩니다. 이 독특한 순간순간의 깨달음을 즐기고, 명상 후 느껴지는 긍정적 변화를 감사히 만끽해 보세요. 이러한 마음 상태를 스스로 갈망하게 되는 순간이 올지도 모릅니다.

명상과 주의집중

▌알아차림 연습

꼭 명상을 하지 않더라도, 일상 활동에 접근하는 방식을 바꾸어 주의력 조절 능력을 향상시킬 수 있습니다. 옥스퍼드 대학교의 마크 윌리엄스Mark Williams 교수와 저널리스트 대니 펜먼Danny Penman은 저서 《8주, 나를 비우는 시간Mindfulness: A Practical Guide to Finding Peace in a Frantic World》에서 '습관 깨기habit breaking'를 제안합니다. 습관 깨기란 양치질이나 샤워 등 일상적인 활동을 매주 하나씩 선택해, 그 경험에 온전히 집중해 보는 일입니다.[38] 보통 생각 없이 자동적으로 하던 이런 행동에 한번 주의를 기울여보면 변화가 시작될 겁니다.

온전히 집중하는 연습을 할 기회는 온종일 있습니다. 누군가가 말을 걸 때 오롯이 주의를 기울여 듣고, 어떤 일이 일어나는지 보세요. 끼니마다 먹는 음식에 주의를 기울여 풍미를 음미할 수도 있습니다. 횡단보도에서 신호를 기다릴 때마다 생각을 멈추고, 내 호흡과 주변 환경에 집중하는 기회로 삼아봅니다. 이런 습관은 삶에 풍요로움을 가져다줄 뿐만 아니라, 여러분이 선택한 것에 집중할 수 있는 능력을 발전시켜 정보 과부하 세상을 살아가는 강력한 무기가 되어줄 것입니다.

집중 역량 발휘하기

집중 역량을 발휘하려면 우선 저마다 고유한 쓰임새를 가진 서로 다른 집중 모드가 있음을 이해해야 합니다. 온종일 작업 전환을 반복하기보다 충분한 시간을 갖고 한 가지 집중 모드로 주의를 기울이도록 해보세요. 더 깊이 집중해야 하는 활동에 넉넉한 시간을 할애하는 한편, 새로운 아이디어를 찾아 여기저기 샛길을 즐겁게 탐험하기도 하고, 재충전할 여유도 꼭 갖도록 하세요.

효율이 가장 큰 활동에 시간을 충분히 투자할 수 있도록 실천 가능한 정보 루틴을 찾아 설정해 보세요. 주의력은 마치 근력과 같아서, 꾸준한 연습으로 강화할 수 있습니다. 앞서 설명한 다양한 기법과 전략을 선택하고 적용하여 주의력 근육을 길러보길 바랍니다.

5장에서는 인간 고유의 능력인 종합 역량을 어떻게 확장할지 알아봅니다. 이 역량은 지금까지 설명한 네 역량의 각 측면을 종합하여, 이를 기반으로 계발됩니다. 6가지 집중 모드 중 적합한 것을 선택하고 집중 모드를 전환할 수 있는 능력이, 이 종합 역량을 뒷받침하게 될 것입니다.

나의 정보 루틴

유용한 정보 루틴 스케줄을 만들기 위해 브레인스토밍을 해봅시다. 아래 계획표의 빈칸에 일주일 중 각 집중 모드를 실행할 시각과 지속 시간, 빈도와 구체적 활동을 기록합니다.

집중 모드	실행 시각	지속 시간	빈도 및 구체적 활동
탐지하기 Scanning			
탐색하기 Seeking			
동화하기 Assimilating			
파고들기 Deep-diving			
탐험하기 Exploring			
회복하기 Regenerating			

이 같은 일정을 어떻게 하면 일상 활동에 통합해 실천할 수 있을까요?

집중력 강화 연습

집중력을 어떻게 향상시킬 계획인가요? 어떤 방법을 택할 것이며, 하루 일과 중 언제 연습할 예정인가요?

네 번째 퍼즐 엿보기

나의 정보 루틴

집중 모드	실행 시각	지속 시간	빈도 및 구체적 활동
탐지하기 Scanning	아침(월요일부터 금요일까지	15분	매일 (관련 뉴스, 업계 소식, 뉴스레터 헤드라인을 훑어보는 등 시사 및 트렌드 정보를 파악.)
탐색하기 Seeking	한 블록은 오전, 다른 블록은 오후	각 30분	매일 (진행 중인 프로젝트나 학습 목표에 부합하는 특정 주제, 연구 논문, 보고서 또는 기타 관련 정보를 적극적으로 검색.)
동화하기 Assimilating	오후	1시간	평일 (노트를 검토 및 정리하고, 주요 결과를 요약하고, 관여한 정보에서 얻은 통찰력을 되돌아보는 데 사용.)
파고들기 Deep-diving	저녁 식사 후	2시간	일주일 두 번 (특정 주제 및 프로젝트에 대한 심도 있는 연구, 분석, 학습에 몰입. 실행일은 그 주의 업무량과 우선순위에 따라 달라질 수 있음.)
탐험하기 Exploring	출퇴근(월요일부터 금요일까지)	30분	매일 (기사를 읽거나, 동영상을 보거나, 지식을 넓히고 창의력을 자극하는 콘텐츠를 소비.)
회복하기 Regenerating	취침 전	1시간	매일 (취미, 운동, 사랑하는 사람과의 좋은 시간 등 업무와 무관한 활동을 통해 긴장을 풀고 재충전.)

*일상 활동에 통합할 방안

1. 시간 차단: 달력이나 플래너에 집중 모드별 전용 색으로 시간 블록 표시를 만들어 구분해둠. 포레스트(forest) 앱을 이용해 휴대폰 사용 시간을 제어.

2. 알림 설정: 집중 모드를 전환할 때에 맞춰 미리 알림과 정각 알림을 설정. 이렇게 하면 각 활동에 대해 지정된 시간 슬롯을 준수하고 계획을 유지하게 됨 구글 캘린더나 마이크로소프트 태스크(MS tasks), 타임블락(Timeblock), 틱틱(TickTick) 같은 앱을 활용.

3. 우선순위를 정하고 집중하기: 주의가 산만해지거나, 멀티태스킹을 하거나, 상충되는 활동을 하지 않도록 노력.

4. 자기 절제 연습: 정해진 일정을 지키고 불필요한 일탈의 유혹을 뿌리칠 수 있도록 자제력을 기름.

5. 진행 상황 모니터링 및 조정: 정기적으로 진행 상황을 평가하고, 현재 루틴의 효과를 평가함. 특정 시간대나 집중 모드가 최적으로 작동하지 않는 경우, 개방적으로 조정하고 접근 방식을 개선함.

집중력 강화 연습

1. 마음챙김 명상: 현재에 집중하는 능력을 향상시키고, 산만함을 줄이며, 전반적인 주의력 조절 능력을 향상하고 싶음. 매일 아침 10~15분 동안 마음챙김 명상을 할 것. 김주환 교수님 사이트 joohankim.com에서 명상에 대해 배우고 있으며, 유튜브 @joohankim의 짧은 영상을 따라 하며 연습 중임.

2. 단일 작업: 하루 종일 싱글태스킹을 의식적으로 실천할 예정. 집중력, 생산성, 업무의 질 향상 기대.

3. 포모도로 기법 사용: 집중된 시간(25분) 동안 작업 후 짧은 휴식(5분)을 취함. 몇 주기를 완료한 후에는 더 긴 휴식 시간(15~30분)을 가짐. 집중력을 유지하고 정신적 피로를 예방하려 함.

4. 디지털 디톡스: 디지털 디톡스를 위한 전용 시간을 정함. 알림 끄기, 이메일 및 소셜 미디어를 볼 시간도 분리함. 스마트폰 프리 존도 지정해봄. 의식적으로 디지털 방해 요소를 제한함으로써 더욱 집중하고 세심한 사고방식을 기름.

5. 신체 운동: 점심 후 산책, 저녁 요가 등 일상 스케줄에 운동만을 위한 시간을 정할 것. 신체 활동은 뇌로 가는 혈류를 촉진하고 주의력을 높이며 전반적인 정신 선명도를 개선해줌.

6. 편안한 수면: 규칙적인 취침과 기상 시간으로 매일 7~8시간 양질의 수면을 목표로 함. 푹 자면 하루 종일 정신력을 유지하는 능력이 향상됨.

7. 성찰 일기: 자기 전 몇 분 동안 하루를 되돌아보고 경험, 성취, 도전에 대해 쓸 예정. 자기 인식을 강화하며, 다음 날 더 나은 집중력과 주의력을 발휘하게 해줄 것임.

5장

종합의 힘

창의적 통합 능력을 키워라

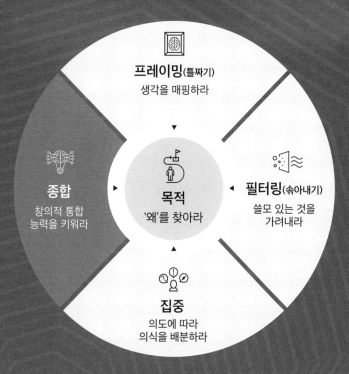

컴퓨터와 인간 두뇌의 능력을 서로 비교해 보면서, 저는 인류의 성공이 어디서 비롯되었는지 궁금해하곤 했습니다. 답은 바로 종합 능력이었습니다. 그건 창의력과 계산력을, 예술과 과학을 결합하되, 개별 요소의 단순 합을 넘어 훨씬 거대한 통합체로 만드는 능력입니다.[1]

— 가리 카스파로프Garry Kasparov, 전(前) 세계 체스 챔피언

정보의 풍부함에 기반을 둔 경제 체제에서 큰 가치를 창출하는 사람은 누구일까요? 바로 다양한 요소를 종합할 수 있는 능력을 갖춘 개인입니다. 다시 말해 전체 상황을 파악하고, 전문지식을 구축하며, 정보에 입각해 더 나은 결정을 내리고, 기회를 포착하며, 기계보다 앞서 나갈 수 있는 사람입니다.

종합 역량의 원천을 마련하려면, 먼저 새로운 정보에 대해 열린 마음으로 접근하는 자세를 확립해야 합니다. 창의적으로 정보를 연결하는 역량, 이질적이며 때로는 역설적인 아이디어를 통합할 수 있는 역량은 그러한 개방성을 토대로 계발됩니다. 이 과정을 통해 우리는 멘탈 모델을 지속적으로 개선하여 더욱 정교하고 유용하게 만들 수 있으며, 종합적 사고가 가능한 인지 상태를 함양하는 법을 배울 수 있습니다.

종합 역량이 빛을 발하는 궁극적인 순간은 더 나은 의사 결정을 할 때입니다. 배움을 촉진하고, 가능성에 대한 판단을 수정해 나가며, 상반되는 사상을 견뎌낼 수 있게 하는 결정이야말로, 불확실성이 극도로 높은 이 시대에 가장 큰 성과를 거두는 길입니다.

‧
‧
‧

아이가 자랄 때, 부모님들은 인지 발달에 도움이 되는 책을 사주곤 합니다. 그런 책에는 아마 점을 차례로 연결해서 숨겨진 이미지가 나타나도록 하는 점 잇기 그림이 있었을 겁니다. 연속되는 번호가 매겨진 점 사이를 선으로 연결하는 활동은 아이에게 꽤 쉽지요. 우리는 이어지는 선을 그리며 그 이미지가 무엇을 나타내는지 알아내려 하다가, 어느 순간 패턴이 형성되고 있음을 마침내 알아챌 수 있습니다.

성인들을 위한 점 잇기를 경험하고 싶다면 그림 5.1에서 해볼 수 있습니다. 점을 연결하면서 패턴이 무엇인지 알아내려 노력해 보고, 연결된 점이 묘사하는 개념이 떠오르는 찰나를 포착해 보세요.

추상적인 관점에서 '점 연결하기connecting the dots'란 서로 다른 일련의 정보와 현상, 문제, 사건을 한데 모으는 행위로, 숨겨진 패턴을 드러내고 처음엔 무관해 보이던 것을 이해하는 과정입니다. 이는 종종 요소 간 관계가 불현듯 뚜렷해지고 전체 그림에 초점이 맞춰지면서, 순간적으로 통찰과 명쾌함을 경험하게 되는 순간으로 나타납니다.

정보를 다루는 궁극적인 목적은 주변 세상을 더 깊이 이해하고, 그리하여 우리가 바라는 바를 가장 잘 실현하는 법을 배우기 위함입니다. 단순히 많은 사실을 아는 것은 부질없습니다. 유의미한 연결의 격자를 구축한 다음, 우리가 접하는 정보를 한데 모아 총체적 관점으로 바라보아야만 비로소 매우 생산적인 행동을 취할 수 있습니다.

종합적 사고는 분석적 사고와 정반대에 있습니다. 전체를 하나로 인식하려면 복잡한 개념을 하위 요소로 세분화해 정의하려는 환원주의, 즉

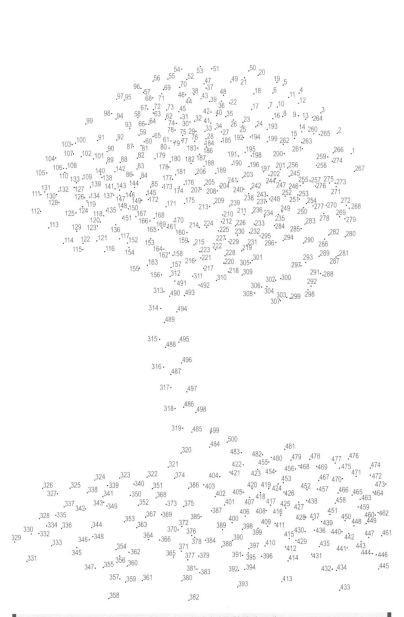

그림 5.1 점을 이어서 이미지를 확인해 보세요.

지나치게 합리적인 사고방식을 극복해야 합니다. 믿을 수 없을 정도로 복잡한 요즘의 정보를 종합하는 능력은 섬세하고 미묘해 의식 수준에서 금방 사라질 수 있기 때문에, 의도적으로 계발할 필요가 있습니다. 그러려면 의식적 사고뿐 아니라, 표면으로 드러나지 않은 자신의 마음에도 주의를 기울여야 합니다.

종합 역량과 인간 발달

인간은 타고난 발명가입니다. 인류가 누대에 걸쳐 쌓아온 노력은 석기 시대에서 시작하여 오늘날의 경이로운 문명을 일구어냈습니다. 그 특별한 여정을 이끌어온 모든 발명과 발전은 우연이나 운으로 뚝 떨어진 것이 아니라, 이전 사람들의 아이디어와 연구, 통찰을 기반으로 지속적으로 노력한 과정의 결과물입니다.

모든 혁신은 기존 아이디어를 새로운 방식으로 연결하는 데서 비롯됩니다.

괴짜 화학자 캐리 멀리스Kary Mullis는 중합효소 연쇄반응PCR 기술이라는 획기적인 발명으로 1993년 노벨상을 받았습니다. 이 아이디어를 어떻게 떠올렸는지에 관해 멀리스는 이렇게 설명했습니다. "이미 존재하는 요소를 조합했을 뿐이에요. 발명가들이 으레 하는 것처럼요. 새로운 요소를 만들기란 보통 불가능하잖아요. 새로운 무언가가 나타난다고 해도, 늘 그렇듯 조합을 통해 만들어진 것일 겁니다."[2] PCR을 발명한 멀리스의 종합적 사고는 코로나19의 매우 정확한 진단에 적용되었고, 매일 수백만 명의 사람들이 그 혜택을 받고 있습니다.

다니엘 핑크Daniel Pink는 저서 《새로운 미래가 온다A Whole New Mind》에서, 우리는 이미 정보화 시대를 넘어 개념의 시대로 옮겨가고 있으므로 인간의 능력도 진화해야 한다고 주장합니다. "미래는 독특한 유형의 정신을 가진 매우 다른 종류의 사람들, 즉 패턴을 인식하고 의미를 만들어내는 데 능숙한 창조자와 공감자의 것"이라면서 말이지요.[3]

핑크는 현 시대에서 성공하기 위한 핵심 능력 중 하나로 '조화적 사고symphonic thinking' 즉 '종합적 사고'를 꼽았습니다. "조화symphony란 (…) 조각들을 하나로 모으는 힘입니다. 그것은 정보를 분석하기보다는 종합하고, 언뜻 서로 관련 없어 보이는 분야 간의 연관성을 파악하며, 구체적인 답을 제공하기보다 광범위한 패턴을 감지해, 아무도 짝지어 생각하지 못한 요소를 창의적으로 결합함으로써 새로운 것을 발명하는 능력입니다.[4]

조화적 사고란?

세상이 점점 복잡해짐에 따라, 우리를 둘러싼 끊임없는 잡음의 불협화음을 아름다운 화음으로 바꾸어내기는 더 어려워지고 있습니다. 다시 말해, 이질적인 정보를 한데 묶어 가치를 창출할 수 있는 종합의 중요성이 커지고 있습니다. 이 역량은 우리가 적극적으로 계발할 수 있는 것입니다. 아니, 반드시 계발해야만 합니다.

▌종합적 사고로 얻는 이점

많은 사람이 세부 사항에만 집중하며 큰 그림을 알아차리지 못하는 경향이 있는데, 이를 두고 흔히 "나무만 보고 숲을 못 본다."라고 말하지요. 글로벌 경쟁이 치열해지고 기계 성능이 좋아지면서 사소한 세부 사항에만 집중하는 사람의 가치는 감소하는 반면, 더 높은 수준의 시스템을 이해하는 사람의 가치는 증가하고 있습니다. 종합 역량을 갖춘 사람이 세상을 주도하게 될 것입니다. 종합 역량을 강화하면 크게 5가지 이점을 얻게 됩니다.

1. **이해력**: 인생이야말로 이해하는 과정 그 자체지요. 세상이 어떻게 돌아가는지, 우리가 세상에서 어떤 위치에 있는지 그리고 사물이 의미하는 바는 무엇인지를 알아가는 겁니다. 삶과 일의 길을 묵묵히 걸어가면서, 우리는 세상의 본질과 자기 전문 분야를 이해하는 것을 목적으로 살아가야 합니다. 그럼 다른 모든 일들은 자연스럽게 이루어집니다.

2. **진정한 전문성**: 전문가가 된다는 것은 전문 분야와 관련된 자세한 내용을 아는 데서 그치는 게 아닙니다. 해당 분야의 다양한 요소를 통합하고, 여러 각도에서 살펴 어떻게 전체적인 조화를 이루는지 인식하는 능력이 핵심이지요. 이런 의미에서 다년간의 현장 경험을 하지 않고서는 어떤 주제에서도 진정한 전문가가 될 수 없는 겁니다. 전체를 조망하는 능력은 전문성의 전제 조건입니다.

3. **더 나은 결정**: 모름지기 중요한 의사 결정에는 고려할 요인이 많고, 복잡하게 얽혀 있기 일쑤지요. 개중에는 파악조차 안 되는 것도 많습니다. 개별 요인만을 근거로 결정한 후 행동하면 실수로 이어질 확률이 높습니다. 반면 가능한 한 다양한 요인을 아주 광범위한 맥락에서 고려한 후 내린 결정은 성공으로 이어질 개연성이 훨씬 높습니다.

4. **기회 포착**: 기회는 끊임없이 생겨납니다. 오늘날의 엄청난 변화 속도를 감안할 때, 이전의 어느 때보다 더 많은 기회가 있을 터입니다. 하지만 변수와 불확실성 역시 증가했기 때문에, 기회를 인식하고 평가하는 일은 훨씬 더 어려워지고 있습니다. 전체를 파악할 수 있다면 기회를 포착하는 능력이 생겨나, 그 가치를 평가하고 추진하기 쉬워집니다.

5. **인공지능 앞서기**: 인공지능은 이미지 인식과 각종 질병 진단, 거의 모든 게임 플레이 등 여러 영역에서 인간의 전문성을 뛰어넘었습니다. 그러나 서로 다른 분야의 단절된 정보를 종합해 이해하고, 새로운 관점을 갖고 개선

된 결정을 내리는 인간만의 역량을 우리가 상상할 수 있는 어떤 인공지능 시스템의 성능도 당분간은 능가하지 못할 것입니다.

'다윈의 후계자'로 일컬어지는 생물학자 E. O. 윌슨E. O. Wilson은, "정보는 넘쳐나지만 지혜는 희박하다."라고 단언했습니다.[5] 윌슨에 따르면, "적절한 시간에 올바른 정보를 모으고, 비판적으로 생각하며, 현명한 결정을 내릴 수 있는 사람, 곧 '신시사이저synthesizer'가 미래를 이끌어 갈 것입니다." 세상을 움직이고 싶나요? 신시사이저가 되세요.

종합적 사고의 결과는 궁극적으로 여러분의 멘탈 모델에 반영됩니다. 세상이 어떻게 돌아가는지에 대한 각자의 머릿속 개념이, 우리의 모든 생각과 행동을 낳게 됩니다.[6]

여러분의 멘탈 모델

버크셔 해서웨이Berkshire Hathaway는 '오마하의 현자' 워런 버핏Warren Buffet이 대표로 있는 회사로, 신중한 투자를 통해 지난 40년 동안 시장을 능가하는 성과를 꾸준히 거두며 가치가 1,000배 이상 성장한 것으로 유명한 지주회사입니다. 이 기업의 연례 주주 총회는 '자본가들의 우드스탁Woodstock(권위 있는 음악 페스티벌)'이라 불리며 4만 명의 투자자가 참석하곤 하는데, 이 행사의 공동 주최자인 찰리 멍거Charlie Munger는 회사 창립 초기부터 버핏의 신뢰를 받아온 파트너입니다.

멍거는 투자 결정을 내리기 전 모든 관점에서 정보를 고려하는 신중한 사람입니다. 또 자신의 삶과 의사 결정을 현명하게 이끌 수 있는 건전한 '멘탈 모델'을 개발해야 한다고 금융 투자자들에게 목소리를 높이는 인물이기도 하지요. 투자자들은 멍거의 정신과 통찰을 엿보고자 그의 생각을 정리한 저서 《가난한 찰리 연감Poor Charlie's Almanack》을 열심히 읽곤 합니다.

나는 인간의 두뇌가 멘탈 모델을 기반으로 작동한다는 사실은 부인할 여지가 없다고 생각한다. (성공의) 비결은 바로 당신의 두뇌가 다른 사람보다 더 잘 돌아 가게 하는 것이다. 그러려면 가장 기본적인 모델을 이해해야 한다. 그것은 단위 당 가장 많은 계산과 판단을 수행해 가장 높은 생산성을 발휘하는 모델이다.[7]

— 찰리 멍거Charlie Munger

인지 심리학자들은 우리가 어떻게 생각하는지 이해하기 위해, 오랫동안 멘탈 모델(세상이 어떻게 작동하는지에 관한 머릿속 그림)이라는 아이디어를 사용해 왔습니다.[8] 우리가 멘탈 모델을 만드는 것은 태어나는 순간부터입니다. 복잡한 세상을 만나기 훨씬 전, 부모님이 우리나 세상일에 관해 보여주는 반응으로부터 시작되는 것이지요. 우리가 하는 모든 행동과 결정은 우리가 구축해온 다수의 멘탈 모델을 기반으로 하며, 자기 행동이나 결정이 어떤 결과를 낳게 될지도 바로 그 멘탈 모델로 알 수 있습니다.

▌암묵적 지혜

'멘탈 모델'이라는 용어는 우리의 사고와 의사 결정을 돕는 간단한 틀이나 경험칙을 설명할 때 사용되곤 합니다. 이런 멘탈 모델의 좋은 예로 '오컴의 면도날Occam's razor'을 들 수 있는데, 이는 여러 해결 방안 중 필요한 요소나 전제하는 가정이 적은 쪽이 보다 진실일 가능성이 높다는 원리입니다. 오컴의 면도날 원리는 많은 음모론을 반박하는 데 효과적으로 적용할 수 있습니다. '평평한 지구론'을 믿는 일부 사람들은 호주가 실제로 존재하지 않으며, 우리를 속이기 위해 정교하게 조작된 것이라 주장합니다. 호주는 거대한 사기극이고 호주 사람들은 나사NASA에서 고용한 배우라고들 하더군요. 호주에 살지 않는 사람은 이 주장을 진실이라 생각할지 모르지만, 그런 영화 같은 일을 유지하려면 무지막지하게 많은 사람과 일이 필요하므로 거의 불가능하다고 봐야겠습니다.

오컴의 면도날과 같은 사고도구(멘탈 모델)는 분명 쓰임새가 있지만, 우리가 실제로 어떻게 생각하는지는 설명하지 못합니다. 사실 우리가 하는 의사 결정은 각자의 인생 경험 전체와 그것을 해석하는 방식에 따라 달라집니다. 자신의 의식적인 의사 결정을 보조하기 위해 도구나 틀을 사용할 수는 있지만, 우리의 멘탈 모델은 결코 완전히 규명될 수 없으며, 자기 자신조차 충분히 이해하지 못한다는 것이 진실입니다.

우리는 항상 말이나 글로 표현할 수 있는 것 이상의 지식을 갖고 있습니다.[9] 생각을 말이나 글로 표현해낸다면, 비로소 다른 사람들이 접근할 수 있는 정보가 됩니다. 그렇지만 우리 생각을 소프트웨어에 기록하거나 담아낸다고 해서 우리가 불필요한 존재가 되는 건 아닙니다. '나'라는 사람은 내 인생 경험의 총합으로, 낯선 상황에서도 통찰력을 발휘하며 효과적으로 행동할 수 있습니다. 그런 사고 행위를 도우려면 단순하고 축소 지향적인 규칙을 제정하기보다는, 멘탈 모델에 총체적으로 집중해야 합니다. 멘탈 모델은 우리가 가진 세계관 전체와 생각하고 행동하는 방식 전반의 표현입니다. 각자의 멘탈 모델을 완전히 밝혀내거나 이해하는 것은 불가능하지만, 이를 개선해서 더 유용하게 만들 수는 있습니다. 마지막으로 가장 중요한 사실은, 새로운 정보를 더하여 멘탈 모델을 진화시킬 수도 있다는 것입니다.

종합 역량의 5가지 원천

'아이디어에 대한 개방성', '창의적 연결', '통합적 사고', '더 풍부한 멘탈 모델', '통찰력에 적합한 인지 상태'는 뛰어난 종합 역량을 뒷받침하는 5가지 기본 요소입니다. 그림 5.2는 이러한 요소들이 어떻게 기본 원칙부터 단계적으로 축적되어 종합 역량의 원천을 풍부하게 형성하는지를 보여줍니다. 그림에 있는 각 기능은 피드백을 통해 순차적으로 하위 기능의 자양분이 됩니다. 이런 과정을 통해 발현되는 종합 역량은 우리의

그림 5.2 종합 역량의 원천

최종 성과, 즉 원하는 목표를 달성할 확률을 높이는 의사 결정과 행동을 지원해 줍니다.

우리는 가장 하위에 있는 '아이디어에 대한 개방성'부터 시작해 각 요소를 차례차례 자세히 살펴볼 것입니다. 종합 역량의 원천은 새로운 가능성과 아이디어에 열려 있는 자세입니다. 하루하루가 전날과 다르고 내일 역시 오늘과 다를 것이므로, 과거의 아이디어와 경험에만 의존해서는 안 되며, 끊임없이 진화하는 사고에 대해 수용적 태도를 지녀야 합니다.

▌1. 아이디어에 대한 개방성

성격 유형의 과학은 1917년 캐서린 브릭스Katharine Briggs가 딸 이사벨Isabel과 젊은 변호사 클라렌스 게이츠 마이어스Clarence Gates Myers 사이에서 벌어지는 뜻밖의 로맨스에 흥미를 느끼면서 시작되었습니다. 브릭스는 두 사람의 궁합을 이해하고 딸과의 관계를 망치지 않을 방법을 찾던 중, 우연히 칼 구스타프 융Carl Gustav Jung의 저서 《심리 유형Psychological Types》을 접하게 되었습니다. 브릭스는 딸과 함께 마이어스-브릭스 유형 지표Myers-Briggs Type Indicator, 통칭 MBTI를 고안해냈으며, 이는 다른 우수한 모델이 여럿 등장했음에도 한 세기가 지난 지금까지 널리 사용되고 있습니다.[10]

그 이후 연구자들은 인간의 심리적 다양성 전반을 철저하게 탐구하여, 빅 5Big Five라는 5개 성격 요인으로 통합했습니다. 이 5요인은 차례로 경험에 대한 개방성Openness to experience, 성실성Conscientiousness, 외향성Extroversion, 우호성Agreeableness, 신경증Neuroticism으로, 각 머리글자를 따 'OCEAN'이라고 불립니다.[11]

이 중 우리가 관심 있게 살펴볼 요인은 '경험에 대한 개방성'입니다.

이는 새로운 정보에 대한 개방적 태도로도 간주될 수 있지요. 세상이 변했음을 인식하고, 변화와 관련된 신호를 무시하지 않고 받아들인 후, 최종적으로 관점과 의견, 행동을 수정함으로써 적응하는 능력을 일컫습니다. 빠르게 진화하는 세상에서 새로운 정보를 잘 받아들이지 못하는 사람들은 경직된 사고에 갇혀 상당한 불이익을 감수해야 합니다. 반대로 새로운 아이디어에 열려 있고 이를 사용하여 자신의 멘탈 모델을 개선하는 사람들은 성공하게 됩니다.

점점 더 빠르게 변화하는 세상에서는
열린 마음을 가진 사람들이 상당한 우위에 설 것입니다.

우리는 높은 개방성의 엄청난 가치를 경험적으로 알고 있습니다. 새로운 경험에 개방적일수록 업무 성과 증대나 승진, 창업 성공 등의 가능성이 높습니다.[12] 개방적인 사람들은 삶의 만족도가 높으며, 노화로 인한 인지 능력 저하 위험이 낮다는 연구 결과도 있지요.[13] 무엇보다 개방적 태도는 혼란스러운 환경에서 두드러지는 패턴을 알아차리게 합니다.[14]

사람들은 보통 스스로 개방적인 사람이라 여겨, 본인이 평균보다 더 개방적이라고 평가하는 비율이 95%나 된다고 합니다만,[15] 이는 안타깝게도 사실이 아니랍니다. 진정한 리더와 전문가를 보통 사람들과 차별화하는 지점은 그들이 내재된 편견을 극복하고 사고를 발전시키기 위해 끊임없이 노력한다는 것입니다. 사람의 성격 특성은 대개 시간이 지나도 거의 변하지 않는다는 것이 심리학자들의 오래된 설명이지요. 그러나 성격을 개선하려고 의도적으로 노력하는 사람들을 살펴본 최근의 몇몇 연구에서는, 우리가 의지를 갖고 신중하게 설계한 전략을 활용한다면 세상과 소통하는 방식을 개선할 수 있다는 사실을 알아냈습니다.[16] 만일 선택할 의지만 있다면, 환경에 더 잘 적응하고 더 나은 삶을 영위할 수 있도록 우리 스스로 성격을 바꿀 수 있다는 것이지요.

개방적 태도를 기를 수 있는 여러 검증된 방법이 있습니다. 7천명 이상을 대상으로 한 네덜란드 연구에 따르면, 미술관과 박물관, 라이브 음악 공연 같은 문화 경험에의 노출이 경험에 대한 개방성을 증대시킨다고 합니다. 이런 개방적 성향은 한번 생겨나면 자연스레 점점 자라나, 문화 경험에 대한 더 큰 욕구로 이어집니다.[17] 개방적 태도를 함양하는 교육 과정 또한 다양하게 개발되었습니다.[18] 하지만 무엇보다도 단순히 개방적 태도의 이로움을 알고, 스스로 그러기로 결심하고 실천하는 방법이 가장 효과적일지도 모릅니다.

요는, 개방적 태도가 성공의 근본적인 원동력이라는 것입니다. 특히 세계의 변화 속도가 점점 빨라짐에 따라 더욱 중요해지고 있지요. 분명 우리는 스스로 개방성을 기르기로 선택할 수 있습니다. 물론 지나치게 개방적이어도 문제가 될 수 있으므로 충분히 유의해야 할 겁니다.

개방성과 맹신의 균형

여러분은 달에 사는 토끼를 본 적 있나요? 오랫동안 동아시아에서는 달 내부 자성 용암 활동으로 형성된 표면의 특정 지형을 토끼로 보아 왔습니다. 한편 유럽 문화권에서는 달 표면의 같은 지형에서 남자의 얼굴을 본다고 합니다. 다음 번 보름달이 뜨면, 남자를 한번 찾아보세요. 일단 남자의 얼굴을 발견했다면, 이제 보름달을 볼 때마다 토끼가 아닌 남자가 보일지도 모릅니다.

이는 실제 존재하지 않는 패턴을 식별하려는 인간의 깊은 성향인 아포

페니아apophenia의 간단한 예입니다. 2장에서 보았듯 인간은 본질적으로 패턴을 인식하는 동물이며, 그럼으로써 주변 세상에 효과적으로 대응하게 됩니다. 그러나 단점도 존재합니다. 서양 속담 중 "손에 든 것이 망치밖에 없다면 모든 것이 못으로 보인다."라는 말이 있습니다. 고도로 발달된 패턴 인식 능력 때문에 인간은 진실 여부와 관계없이 모든 것에서 패턴을 보는 경향이 있다는 뜻입니다. 이는 음모론이나 이상한 감기 치료법뿐 아니라, 대인 관계, 비즈니스 전략에 이르기까지 인간 사회의 모든 측면에서 분명히 드러납니다.

의식적이든 무의식적이든 우리가 추론하는 패턴은 삶을 이끄는 멘탈 모델의 일부가 되므로, 우리가 인식하는 것이 현실에 근거하고 있는지를 항상 신중하게 판단해야 합니다. 우리는 모든 가능성에는 열린 태도를 지녀야 하지만, 자신의 인식과 아이디어를 비판적으로 평가하는 것도 마찬가지로 중요합니다. 이 역설은 복잡한 세상에서 번영하기 위해 우리가 조화로운 해결책으로써 균형을 잡아야 할 수많은 모순 중 가장 핵심적인 것이라고 할 수 있습니다. "새로운 사고의 틀에 대해 매우 개방적인 태도를 갖는 것과 강한 의심의 눈초리를 던지는 것 사이에 균형을 유지하라."라는 칼 세이건의 충고를 매일 실천하는 일은 우리 각자에게 달려 있습니다.

새로운 정보에 분별력 있게 접근하되 열린 태도를 취하는 것이 종합적 사고의 출발점입니다. 새로운 아이디어와 기존 사고구조 사이에 연결고리를 생성하는 것이 그 다음 단계이지요. 서로 뚜렷한 관계가 보이지 않더라도 유용한 관계성을 찾아낼 수 있어야 하며, 즉각적으로 드러나지 않더라도 미묘한 연관에서 영감을 얻을 수 있어야 합니다.

2. 창의적 연결

과학자들이 창의성을 평가할 때는 보통 발산적 사고 테스트나 원격연상 시험remote association test, RTA 등을 사용합니다. 이들 테스트는 피험자가 제시 단어에서 연상해낸 개념이 얼마나 원관념과 가깝고 분명한지, 혹은 예상치 못하거나 다양한 것인지를 평가합니다. 어떤 사람들은 안타깝게도 뻔한 사고를 하는 반면, 또 어떤 사람들은 매우 독창적이고 혁신적 연상을 해내기도 합니다. 후자가 바로 우리 사회에 창의적으로 공헌하는 창조자들입니다.

> 모든 종합 행위는 창의적이며,
> 모든 창의성은 종합적 사고를 수반합니다.

이질적인 아이디어 간의 모호한 연결 관계를 인식하는 것은 매우 창의적인 행위입니다. 2장에서 구축한 개념틀의 지식 역시, 아이디어 간의 관련성을 식별함으로써 생성될 수 있었지요. 사고의 질을 향상시키려면 뚜렷한 연결고리는 물론이고, 이상하지만 분명 의미 있는 연관성까지 알아차리는 성향이 중요합니다. 다행히도 이런 연결고리를 파악하는 재능은 계발할 수 있다고 합니다.

즉흥극의 대부로 널리 인정받는 키스 존스톤Keith Johnstone은 성인을 가리켜 "쇠약한 어린이"라 일컬으며, 직접적인 의사소통과 놀이 능력이 저하된 존재로 보았습니다. 존스톤은 우리 모두는 놀라운 창의성을 지녔으나, 성장 과정에서 사회적 조건화로 인해 억눌렸을 뿐이라고 주장합니다.[19]

즉흥극에는 자연스럽고 지속적인 즉흥성이 필요하고, 극은 어디로 튀든 중단 없이 계속 펼쳐집니다. 즉흥극을 배우면 자기 검열 습관을 극복할 수 있으며, 영감을 주는 연결고리를 만드는 능력에 엄청난 배가 효과도 얻을 수 있습니다. 저 역시 20대에 즉흥극 수업을 들었는데, 스스로를 표현하고 아이디어를 자유롭게 표출하는 데 확실히 큰 도움을 받았습니다. 수업까진 아니더라도 존스톤의 저서 《즉흥연기Impro》에서 친구나 자녀와 함께 할 만한 재미있으며 성격 형성에 유익한 게임을 찾아봐도 좋을 겁니다. 한 예로, 여러 사람이 한 번에 하나씩 제시한 단어를 가지고 다음 이야기를 만들어가는 단어 게임word-at-a-time이 있습니다.[20]

트위터의 전 CEO 딕 코스톨로Dick Costolo는 스티브 카렐Steve Carell과 티나 페이Tina Fey 같은 배우가 훈련하던 시카고의 유명 즉흥 연극단 세컨드 시티Second City에서 공부했고, 그 내용을 기업 리더십 스타일에 적용했습니다.[21] 저명한 하버드 경영대학원 교수 로자베스 모스 캔터Rosabeth Moss Kanter는 성과 높은 기업이 전략에 접근하는 방식을 즉흥극에 비유해 설명하기도 했습니다.[22]

사고의 폭을 넓혀 잠재적 연관성에 눈을 뜨는 방법은 다양합니다. 여러분과 전혀 다른 복장이나 태도, 행동을 하는 사람들에 대해 생각해보거나, 그들 주변에 머물러보세요. 이 방법은 연구자들이 '일탈 신호deviancy cues'라 부르는 것으로, 보다 창의적인 사고를 자극하는 것으로 나타났습니다.[23] 마찬가지로 업무 환경에서도 가시적 다양성이 뚜렷해질수록, 혁신에 대한 자극이 커진다고 합니다.

심리적 거리감은 사고의 폭을 좌우합니다. 멀리 있는 장소나 먼 미래에 일어날 가능성이 있는 일을 생각해 보면 큰 그림을 그리게 되고, 무엇이 중요한지 분별하는 데 도움이 됩니다.[24] 퍼실리테이션facilitation 과정과 같이, 의도적으로 발산적 사고를 연습하는 방법도 있습니다. 집단 구성원들이 해결책을 찾도록 돕는 퍼실리테이터facilitator는, 다양한 개념 카드를 늘어놓고 사람들이 현재 씨름하고 있는 문제들과 서로 연결해 보도록 유도합니다. 그러면서 때로는 획기적인 아이디어가 만들어지기도 하지요. 이와 같이, 여러분도 발산적 사고를 발휘해서 더 광범위한 정신적 연상작용을 연습해볼 수 있습니다.

가변성 강화하기

행동주의 심리학자 스키너B. F. Skinner는 모든 인간의 행동이 조건화에서 비롯되며, 일관된 보상작용이 예측 가능한 행동을 조건화한다고 주장했습니다. 인간을 종소리에 침 흘리는 파블로프의 개로 취급하는 듯한 이런 사고방식에 대한 반발로, 인간의 행동 강화를 꺼리는 경향이 한동안 계속되기도 했지요.

하버드에서 스키너의 제자였던 앨런 뉴링거Allen Neuringer는 강화가 일관된 반응이 아닌 가변적 반응을 유도할 수 있는지 궁금해했습니다. 그는 오랜 연구 끝에, 동물과 인간 모두 강화를 통해 예측할 수 없는 반응을 생성하도록 훈련할 수 있음을 알아냈습니다. 초기 연구에서는 돌고래들이 '공중 코르크 따개'와 같이, 이전에 관찰된 적 없는 여러 행동을 하도록 유도해 보이기도 했지요.[25] 자신에게도 모질게 실험했던 뉴링거는 조건화 피드백을 이용해 임의의 숫자를 생성해내기도 했는데, 역시 이전에는 불가능하다고 여겨졌던 일이었습니다. 그는 창의적이고 다양한 반응을 스스로 강화할 수 있음을 광범위한 실험을 통해 증명한 것입니다.[26] 이처럼 우리는 사고 패턴을 스스로 긍정적인 방향으로 형성할 수 있습니다.

최고 수준의 창의력은 서로 연관성이 없거나 심지어 모순되어 보이는 아이디어를 연결하면서 발휘됩니다. 소설가 F. 스콧 피츠제럴드F. Scott Fitzgerald가 관찰한 바와 같이, "최고 수준의 지능은 두 가지 상반된 사고를 머릿속에 동시에 떠올리면서도 효과적으로 생각하고 행동하는 기능을 유지하는 능력"입니다.[27] 점점 더 복잡해지는 세상을 살아가기 위해 우리는 그에 상응하는, 역설적 아이디어들을 포괄할 만큼 정교한 멘탈 모델이 필요합니다.

3. 통합적 사고

반대 방향을 바라보는 두 얼굴을 가진 돌연변이 야누스Janus는 시작과 끝, 현관, 전환, 양극을 상징하는 로마의 신입니다. 야누스의 이름을 딴 달인 1월January의 첫날은 지난해의 끝이자 새해의 시작이며, 반대되는 둘이 하나로 합쳐진 이중성을 상징합니다. 종합 역량의 핵심인 통합적 사고는 역설과 양극단의 요소들을 결합할 때 가장 창의적이고 강력해집니다.

최고의 삶은 상반된 요소들이 조화롭고 유익한 방식으로
창의적 종합을 이룬 삶입니다.
ー마틴 루터 킹 주니어Martin Luther King Jr.

상반된 두 가지 생각이 동시에 참일 수 있음을 인식하는 역설적 사고에는 다양한 이점이 있습니다. 루이스 캐럴Lewis Carroll의 《거울 나라의 앨리스Through the Looking Glass》에서, 붉은 여왕은 앨리스에게 비현실적이고 불가능한 것들을 연습을 통해 믿을 수 있음을 가르치지요. 심지어 "내가 네 나이였을 때는 하루 30분 동안 항상 연습했단다. 아침을 먹기도 전에 여섯 가지나 생각해낼 때도 있었지."라고 자랑하기도 합니다.[28]

프랑스에 위치한 세계적인 경영대학원 인시아드INSEAD 교수인 엘라 마이런-스펙터Ella Miron-Spektor는 연구를 통해 "역설적 사고방식이 창의성에 주는 긍정적인 영향"을 확인했으며, 역설적 사고를 지향하는 사람들은 "탐구심이 강하고, 특이한 연상 작용에 민감하며, 새로운 연관성을 더 많이 생성"하는 경향이 있다고 보고했습니다.[29] 또 미국 대기업에서 진행한 마이런-스펙터의 후속 연구는 역설적 사고방식을 가진 직원들이 상사로부터 "더 혁신적이며 다른 직원들보다 나은 성과를 낸다"고 평가받는 경향이 있음을 보여주었습니다.[30]

기업 경영에서 가장 유익한 혁신은 보통 역설적 목표를 추구하면서 비롯됩니다. 수익성을 높이는 동시에 환경에 더 좋은 제품을 만들거나, 품질을 개선하면서 가격을 낮추는 것처럼 말입니다. 테레사 수녀가 1984년 심장마비를 일으켜 생을 마감할 때까지 5년 동안 주치의였던 데비 셰티Devi Shetty 박사는, 테레사 수녀에게 영감을 받아 가난한 사람들을 위한 의술을 펼치게 되었습니다.[31] 셰티 박사는 지불 능력이 없더라도 보살핌이 필요한 사람들에게 최고의 의료 서비스를 최저 비용으로 제공하기 시작했지요. 2000년에는 콜카타Kolkata에 300개 병상 규모의 병원과 함께, 훗날 나라야나 헬스Narayana Health가 된 조직을 설립하기에 이르렀습니다. 현재 나라야나 헬스는 6,000개 이상의 병상을 갖춘 46개의 의료 기관 그룹으로 성장했으며, 시가총액은 10억 달러가 훌쩍 넘습니다. 이 곳의 심장 수술은 어떤 측면에서는 미국 병원보다도 수준이 높고, 비용은 미국의 2%(심장 우회술의 경우)에 불과합니다.[32]

노벨상 수상자 22명을 대상으로 한 어떤 연구는 모든 수상자가 "여러 가지 상반되는 아이디어나 개념을 동시에 적극적으로 고려하는 것"으로 정의되는 '야누스 사고Janus thinking'를 지녔다고 주장했습니다. 이런 사고 방식은 양자 물체가 파동이나 입자로 나타난다는 닐스 보어Niels Bohr의 깨달음, 앨버트 아인슈타인Albert Einstein이 "내 인생 가장 행복한 생각"이라 한 뉴턴의 중력과 상대성 이론의 조화 등, 주목할 만한 과학적 혁신에서 명백하게 드러납니다.[33] 혁신적인 과학 발전은 대개 과거에는 별개로 간주되었던 학문 영역을 대담하게 통합한 결과로 이루어집니다.

이 책의 원제인 "과부하에서 번영하기Thriving on Overload"라는 문구 자체가 역설적입니다. 여기서는 줄곧 개방성과 분별력을 함께 갖기, 세부 내용과 큰 그림을 모두 파악하기, 명확한 목표를 추구하는 한편 열린 자세로 탐색하기 등, 우리가 장차 성공적으로 통합해야 할 많은 역설 중 몇 가지를 살펴보고 있습니다. 혼란스러운 세상에서 성공하기 위해 필요한 역량을 계발하려면, 역설적 사고방식을 활용하는 것이 중요합니다.

즉흥극의 핵심 원칙은 주어진 상황을 거부하지 않고, 그것이 어디로 향하든 받아들이고 발전시키는 태도입니다. 절대 "아니"나 "그런데"라고 하지 않고, 매번 정확하게 "예, 그리고"라고 말하는 것입니다. 이러한 태도는 상반되는 아이디어조차 결합할 수 있음을 인식하는 것으로서, 창조적 통합 과정에 있어 필수적입니다. 가치 있어 보이는 아이디어라면 그것이 기존 지식에 일치하든 모순적이든 상관없이 모조리 우리 멘탈 모델로 통합하도록 노력해야 합니다. 간혹 오래된 아이디어를 그저 최신의 것으로 대체하고 싶을 때가 있겠지만, 두 가지의 상호 보완적 관점을 보태는 편이 나을 겁니다. 다양한 관점을 통합해 더욱 풍부하고 정교한 전체를 구성하는 능력은 점점 더 복잡해지는 세상에서 멘탈 모델을 지속적으로 개선하는 데 중요한 역할을 합니다.

▌4. 더 풍부한 멘탈 모델

저명한 통계학자 조지 박스George Box가 한 "모든 모델에는 결함이 있지만, 목적에 부합하기만 하면 충분하다."란 지적에는 일리가 있습니다.[34] 찰리 멍거의 성공에서 입증되었듯, 어떤 멘탈 모델은 확실히 유용합니다. 그러나 살면서 보셨겠지만, 어떤 사람들은 분명 세상에 역기능적인 모델, 즉 비효율적이거나 제대로 작동하지 않는 모델을 가지고 있습니다.

멘탈 모델의 유용성은 당면한 특정 상황에 따라 달라집니다. 외출할 때 우산을 챙길까 말까 고민하는 것처럼 간단한 의사 결정이라면, 기본적인 멘탈 모델이 복잡한 멘탈 모델보다 더 유용하겠지요. 반면 급변하는 산업에서의 전략적 결정, 2020년대의 진로 탐색, 정부 정책 수립 같은 까다로운 사안에서는 정교한 사고 과정이 유리한 결과로 이어질 것입니다.

우리의 멘탈 모델에는 결함이 내재되어 있으며, 세상은 끊임없이 변화하고 있습니다. 따라서 진화해야만 하지요. 다양한 요소들을 더 많이 통합함으로써 멘탈 모델을 한층 풍부하게 만들어가야 합니다. 우리 앞에 놓인 어려운 과제는 평생의 경험에서 얻은 소중한 교훈을 유지하면서 멘탈 모델을 지속적으로 개선하는 것입니다.

사고방식의 진화

영국의 유명한 경제학자 존 메이너드 케인스John Maynard Keynes는 자신의 견해를 서슴없이 바꾸는 것으로 유명합니다. 한번은 그런 변덕스러움을 탓하는 비평가에게, "정보가 바뀌면 내 생각도 바뀌는데, 당신은 안 그런 가요?"라고 반문한 적도 있다지요.[35] 확실히 경제학은 주어진 과거 정보가 불완전한 데다 새로운 데이터도 끊임없이 유입되는 까닭에, 신중하게 구축된 모델일지라도 미래에 적용되지 못할 수 있는 분야입니다. 의외로 물리학처럼 "변함없을 듯한" 과학 분야에서도 새로운 정보가 밝혀지면 전문가들은 자기 견해를 수정해야 하며, 때로는 관점까지 완전히 바꾸어야 합니다.

역사상 최고의 논픽션으로 손꼽히는 과학사학자 토마스 쿤Thomas Kuhn의 저서 《과학혁명의 구조The Structure of Science Revolutions》는 기존의 확고한 정통성이 여러 단계를 거친 끝에 결국 새로운 패러다임에 자리를 내어주는 과정의 본질을 설명합니다.[36] 기존 견해에 반하는 증거가 나타나면, 전통적인 틀의 옹호자들과 그에 맞서는 도전자들이 위기의 단계를 여럿 거치며 논쟁을 펼칩니다. 이 논쟁은 새로운 사고방식이 널리 채택되어 패러다임paradigm으로 부상할 때까지 계속됩니다.

지구가 우주의 중심이 아니라는 사실을 알게 된 코페르니쿠스 혁명, 뉴턴 물리학에서 일반 상대성 이론으로의 전환을 이룩한 아인슈타인적 사고와 같이, 기존 신념이 도전받고 변화한 사례는 역사에 엄연히 존재합니다.

이와 같은 과정을 우리는 세상을 이해하는 스스로의 멘탈 모델과 사고의 틀에 적용해야 합니다. 상반되는 정보를 인정하고 기존 사고의 틀과 조화시키고자 노력해야 하며, 필요하다면 모델을 발전시킴은 물론이고 가끔은 세상을 이해하는 더 유용한 사고방식을 채택하기 위해 완전히 버려야만 하지요.

틀린 것이 옳은 것

아마존 창업자 제프 베조스Jeff Bezos에 따르면, "가장 똑똑한 사람들은 이미 해결했다고 여겨지는 문제를 다시 살펴보며 자신의 이해 방식을 끊임없이 수정한다."라고 합니다. "그들은 새로운 관점과 정보, 아이디어, 모순에 개방적 태도를 지니며, 자기 사고방식이 도전받을 때 괘념치 않는 사람들이다."[37] 베조스는 자기 생각에 고착된 사람들을 낮게 평가하면서, "사고를 바꾸려 하지 않는 사람은 세상의 복잡성을 극심하게 과소평가하는 것"이라 덧붙입니다.[38]

학자들이 "적극적으로 열린 사고"라 일컫는 것은 새로운 정보에 개방적일 뿐 아니라 기존 사고방식에 도전하는 의견을 적극적으로 구하는 자세입니다. 이 기술을 발휘해 가치 있는 성과를 얻으려면 지식과 신념을 자신의 정체성에서 분리하는 태도가 필요합니다.

....

여러분의 지식과 정체성을 분리하여 사고력을 향상시키세요.

....

만일 여러분이 스스로를 매우 지식 있는 전문가로 여길 경우, 자기 견해에 대한 모든 반대 의견을 인신공격처럼 받아들일 가능성이 있습니다. 메타 기업가* 폴 그레이엄Paul Graham이 강조한 것처럼, "자기 정체성의 일부라 여기는 주제에 대해서는 유익한 논쟁을 하기 어렵습니다."[39]

---

* '메타 기업가'는 폴 그레이엄이 스스로 만든 용어로, 다른 기업가가 자신의 사업을 시작하고 성장하도록 돕는 회사를 만들거나 운영하는 사람을 말합니다. -역주

대조적으로, 만일 여러분이 자기 정체성을 "늘 배우려 하고, 이해력 향상에 노력하는 주체"로 정의한다면, 상반된 정보는 멘탈 모델을 개선할 기회로 보이게 될 것입니다. 일례로, 명망 있는 기술 분석가 벤 톰슨Ben Thompson은 이렇게 말합니다. "저는 늘 오류 투성이예요. 게다가 틀렸다고 말하는 것을 즐겨하지요." 그는 업계 발전 동향을 관찰하면서 새 정보를 상당히 고도화된 자신의 멘탈 모델에 비추어 보는데, 서로 일치하는 경우가 대부분이지만 그렇지 않더라도 그 순간을 매우 즐긴다고 합니다. 톰슨은 "확증 편향을 피하는 훈련"을 실천하며, 자기 생각이 틀렸다는 증거를 무시하지 않고 자기 세계관을 확장하는 일에 여념이 없습니다. 그는 조언합니다. "옳다고 말하고 싶다면, 먼저 틀렸다고 인정하세요."[40]

종합 역량의 기반이 되는 다섯 원천을 완성하는 마지막 단계는 그에 필요한 인지 상태를 갖추는 것입니다. 통찰력을 얻을 만한 인지적 조건을 갖추는 것은 충분히 배워 익힐 수 있는 일입니다.

▎5. 통찰력에 적합한 인지 상태

필로 판스워스Philo Farnsworth는 자연 경관이 아름다운 미국의 아이다호에서 자랐습니다. 부모와 선생님은 어린 판스워스의 천재성을 알아차렸지만, 그는 여전히 감자 밭 가는 것을 도와야 했지요. 열네 살이 되던 1920년, 판스워스는 줄줄이 감자가 심긴 밭고랑을 바라보다가 이미지를 원거리로 전송하는 방법을 떠올렸습니다. 각각의 감자가 밝기의 정도를 나타낸다면, 각 밭고랑을 차례로 스캔해 전송함으로써 원거리에서 생생한 이미지를 재현할 수 있겠다고 생각한 것이지요. 판스워스는 이 깨달음을

실현하는 일에 바로 착수했고, 8년 후 최초의 실용 텔레비전이 등장하게 됩니다.[41]

애를 쓸 때가 아니라 여유로운 마음 상태에서 강력한 통찰력을 발휘한 사람들의 이야기는 많습니다. 목욕하는 도중 왕관 속 금의 순도를 확인할 방법을 떠올린 아르키메데스Archimedes나 공상을 하다가 벤젠의 고리 분자 구조를 깨달은 아우구스트 케쿨레August Kekule가 대표적이지요. 프리드리히 니체Friedrich Nietzche는 "걷다가 얻은 아이디어만이 가치 있다."라고 말하기도 했답니다.

통찰력은 종종 예고 없이 나타나므로 연구하기가 쉽지 않지요. 존 쿠니오스John Kounios와 마크 비만Mark Beeman은 처음 만났을 때, 서로가 신경영상법neuroimaging의 가능성에 매료되어 있음을 알았습니다. 그들은 통찰력의 순간적 경험을 함께 연구하자고 의기투합했습니다. 자원이 제한적이어서 가설 검증을 위한 실험은 단 한 번 실행할 수밖에 없었다고 합니다. 실험 결과를 본 두 사람은 그들의 직관이 옳았음을 증명받고 기뻐했습니다. 통찰력이 발현하는 "아하!"의 순간을 최초로 신경학적으로 입증해낸 것입니다.[42]

쿠니오스와 비만은 통찰력과 관련된 특정 뇌파 패턴을 발견해냈습니다. 인간 신경 활동에 저마다 일련의 고유 주파수가 있음은 한 세기 전 즈음에 이미 밝혀졌습니다. 그 범위는 수면 중 일부 단계에 나타나는 초당 1~4주기(0.25~1Hz)의 δ(델타)파에서부터 최대 150Hz의 γ(감마)파까지 다양합니다. 각 주파수는 서로 다른 인지 상태와 관련 있습니다. 예를 들어 4~8Hz의 θ(세타)파는 기억 형성 및 깊은 명상과 관련되고, 8~12Hz의 α(알파)파는 이완과 평온 상태에 나타나며, 18~20Hz의 고주파인 β(베타)파는 극도로 활발한 사고 과정에서 관찰된다고 하지요.

쿠니오스와 비만에 따르면, 통찰의 순간에는 감마파가 짧게 폭발합니다. 동시에 이마 뒤 전전두피질 아래에 위치한 전대상피질로 가는 혈류량이 증가합니다. 전대상피질은 유머와 은유를 이해하는 것 같이, 관련 없는 듯한 요소 사이를 연결짓는 행위와 관련이 있습니다.[43] 두뇌의 이 영역이 활성화되면 창의적 연상을 하게 될 가능성이 높아집니다.

두 사람이 특히 놀란 부분은 이렇듯 통찰력이 번쩍이기 직전에 항상 짧은 알파파 상태가 선행된다는 사실이었습니다. 그 기능을 이해하게 된 후, 쿠니오스와 비만은 이것을 "뇌 깜박임brain blink"이라고 불렀습니다. 뇌 깜빡임 동안 두뇌는 유휴 상태에 들어가, 주의를 뺏기지 않고자 시각 정보 입력을 약화시킵니다.[44] 사람들이 생각을 떠올리려고 종종 눈을 감거나 시야의 초점을 흐리게 하는 것처럼, 우리 두뇌 또한 자발적으로 통찰력 있는 연상을 얻기 위한 환경을 조성하는 셈입니다.

통찰력 발현의 조건 조성하기

탁월한 종합 역량을 발휘하려면 적절한 인지 상태로 진입해야 합니다. 두뇌가 알파 또는 세타 상태에 있을 때 가장 값진 통찰을 얻을 가능성이 높지만, 바쁘게 움직이는 세상에서 이런 일은 흔치 않으므로 의도적 훈련이 필요합니다. 우리는 종합 역량을 배양하기 위해 직접 행동할 수 있습니다.

"샤워를 해본 사람이라면 누구나 아이디어를 떠올리기 마련이지요." 게임 산업의 선구자이자 아타리Atari 설립자인 놀런 부쉬넬Nolan Bushnell의 말입니다. 이어서 그는 강조합니다. "하지만 변화를 이뤄내는 자는 바로 샤워를 끝내고 몸을 말린 후 그 아이디어를 행동으로 옮기는 사람입니다." 실제로 모든 성공적인 창업에는 참신한 발상뿐 아니라, 그에 일치하는 행동이 뒤따랐습니다.

샤워나 목욕을 할 때 아이디어가 떠오른다고들 하지요. 우리는 따뜻한 물을 즐기면서 보통 이완 상태에 접어드는데, 그러면 자연스럽게 중간 알파파와 함께 생각이 자유롭게 떠돌아다니게 됩니다. 이렇게 흥미진진한 아이디어가 가장 많이 떠오르는 곳에서 메모하라고, 어떤 회사에서는 방수 메모장과 연필을 판매하기도 하더군요.

쿠니오스와 비만은 샤워가 통찰력에 도움이 되는 이유를 이렇게 설명했습니다. "흐르는 물소리는 그 자체에 집중하지 못하게 하면서도 다른 소리는 차단하는 백색소음입니다. 따뜻한 물이 몸을 감싸면 몸 안팎의 구분이 모호해져 촉각의 예민함은 줄어들고, 의식은 육체에서 멀어져 정신적 과정에 집중하게 되지요. 샤워할 때 보이는 주변 환경은 평소와 다름없지만 습기로 흐릿해져 편안함을 더합니다. 비눗물이 들어가지 않도록 눈을 감을지도 모르지요. 샤워는 주변 환경을 차단하고 생각을 내면으로 집중시켜, 깨달음을 얻을 수 있는 훌륭한 방법입니다."[45]

자연 속 산책은 4장의 카플란 부부가 설명한 '부드러운 매혹'을 경험하는 데 도움이 됩니다. 집중력을 회복하고 종합적 사고에 적합한 인지 상태를 갖게 해주지요. 달리기나 수영, 자전거 타기와 같이 격렬한 운동을 장시간 하는 사람들은 명상할 때와 유사한 마음 상태를 경험하기도 합니다. 마라톤 주자들은 약 42km를 달리는 동안 통찰력과 밀접하게 관련된 세타파와 알파파 활성도가 더 높아지기도 한답니다.[46]

20세기의 가장 중요한 철학서로 꼽히는 《철학적 탐구Philosophical Investigations》의 저자 루트비히 비트겐슈타인Ludwig Wittgenstein은 창의적 사고가 침대bed, 목욕bath 그리고 버스bus, 즉 '3B'에서 나온다고 했습니다.[47] 버스와 기차는 최상의 상태에서 샤워나 목욕과 유사한 특징을 가지고 있는데, 바로 잔잔한 주변 소리와 마음이 자유로운 탈집중 주의, 마지막으로 편안한 상태입니다. 침대에 쏙 들어가 아늑하게 눕는 것도 마찬가지입니다. 수면 환경의 편안함과 친숙함이 마음을 자유롭게 풀어주고 이리저리 돌아다니게 합니다. 그러다 예상치 못한 연결고리를 만나는 기회가 생기는 것이지요.

최면술은 각성과 수면 사이의 중간 지대로, 꿈꾸는 상태의 파편이 의식에 들어오는 시작점입니다. 최면 상태에 있는 사람은 아이디어가 떠오르면 깜짝 놀라 갑자기 깨어납니다. 그 생각이 사라지기 전에 메모하는 경우도 많지요. 몽환적인 화풍으로 유명한 초현실주의 화가 살바도르 달리Salvador Dali는 "수면과 각성 사이에 있는 팽팽하고 보이지 않는 줄 위에서 평형을 유지하며 걷는 듯한 휴식"에서 큰 영감을 받았다고 합니다. 기술 미래학자인 캐시 해클Cathy Hackl도 잠들기 전 예상치 못한 통찰력을 경험했다며, "갑자기 '펑' 하는 소리와 함께 연상 작용이 이루어지고, 이전에 보지 못했던 것을 완전히 이해하게 되었다."라고 전합니다.[48]

발명가 토머스 에디슨Thomas Edision은 밤 늦게까지 오래 일하기도 했지만, 거의 매일 낮잠을 자며 기발한 아이디어가 또다시 떠오를 때까지 기다리기도 했습니다. 달리는 강철 공을 쥔 손을 철판 위에 늘어뜨리고 휴식을 취했다지요. 그러다 공이 떨어지는 순간 잠이 깨면, 떠오르는 아이디어를 즉시 적어두곤 했다고 합니다.[49] 미국의 케네디 대통령은 이러한 기법 중 몇 가지를 결합해 주로 오후에 낮잠을 자고, 뜨거운 물에 매일 두 번씩 목욕을 했다는군요.

씨뿌리기와 품고 있기
병아리가 알 껍데기 안에서 아무리 쪼아댄데도 불쑥 알을 깨고 나올 순

없습니다. 세상에 나올 준비가 될 때까지 좋은 조건 안에서 충분히 자라나야 하지요. 창조적 종합 역시 대개 갑작스러운 순간에 일어나지만, 사실 이것은 잠재의식 속에서 장기간 품고 있은 후에야 나타나는 현상입니다. 오랜 시간 어려운 문제와 씨름하고 있다가, 전혀 다른 활동을 하고 있을 때 문득 해결책을 떠올리는 건 드문 일이 아닙니다. 우리가 다른 일에 신경쓰는 동안에도 두뇌는 당면한 문제와 관련된 관점 및 아이디어를 가지고 조용히 "기회를 엿보는 동화 활동"을 하고 있기 때문입니다.[50]

종합적 사고에 이르는 과정에 **인큐베이션**incubation, 즉 품고 있는 시간이 필요함을 알게 되면, 아이디어의 씨앗을 조심스레 심고 가꾸어 가장 아름다운 열매를 맺게끔 하는 데 도움이 될 겁니다. 씨름하고 있는 문제를 당장 그 자리에서 해결할 수 없다면, 그 문제를 둘러싼 다양한 관점과 문제점이 눈에 띄게 만드는 것을 목표로 하세요. 그렇게 무의식이 품고 있을 생각거리를 주고, 그동안 다른 일을 하는 거지요.

니콜라 테슬라Nikola Tesla는 품고 있는 시간의 중요성을 암묵적으로 파악한 발명가입니다. 테슬라는 증언합니다. "저는 머릿속 아이디어를 몇 달에서 몇 년 동안 곱씹어볼 수 있습니다. 내킬 때마다 상상 속을 헤매다가, 어떤 문제나 아이디어에 대해 별 집중 없이 생각해 보지요. 일종의 '품고 있는 시간'인 셈입니다."[51]

집중적 사고를 통해 씨를 뿌린 다음,
개방적인 마음을 갖고 가꾸는 단계가 필요합니다.

'씨뿌리기'와 '품고 있기'라는 두 가지 상태는 서로 연결되어 있으며, 둘이 결합할 때 비로소 진정한 가치가 나타나게 됩니다. 서로 다른 인지

의 틀을 불러내 전환하는 능력은 종합 행위를 촉발하는 데 효과적입니다. 쿠니오스와 비만은 "내부 세계와 외부 세계를 번갈아 오가는 것이 창의성 향상에 가장 좋은 방법"이라고 제안합니다.[52]

정보를 종합하고 멘탈 모델을 개선하는 역량의 궁극적 가치는 그것을 행동으로 옮길 때 드러납니다. 따라서 지금까지 계발한 통찰력을 더 나은 의사 결정을 하는 데 오롯이 발휘해야 합니다.

불확실한 세계의 정보에 입각한 결정

존 보이드John Boyd는 제2차 세계 대전이 끝나던 해, 17세의 나이로 육군 항공대에 입대해 조종사 훈련을 받고 F-86 조종사로 한국에서 복무했습니다. 군 복무를 마친 후에는 '탑건Top Gun'이라 알려진 공군전투기무기학교Fighter Weapon School에 입학해 최고 점수를 받았고, 교관으로 근무해 달라는 요청도 받았습니다.

보이드의 자신감은 전설적이었습니다. 그는 모의 공대공 전투에서 40초 내로 어떤 참가자든 제압하겠다며, 40달러를 걸고 내기를 제안했다고 합니다. 많은 사람이 도전했지만 보이드는 지갑을 꺼낼 필요가 없었다지요.[53] 이런 그의 최상급 실력은 반사신경이 아니라, 훌륭한 멘탈 모델에 기반을 두고 있었습니다.

평생 동안 보이드는 긴장도 높은 환경에서 의사 결정을 할 수 있는 틀을 구축하고, 그것을 가르치고 학습할 수 있게 만들고자 애썼습니다. 그는 'OODA 루프', 즉 관찰하기Observe, 목표 지향하기Orient, 결정하기Decide, 행동하기Act의 4단계를 선순환으로 연결하는 학습 모델을 선보였지요.

애초 이 아이디어는 전투기 조종사가 적을 물리치는 데 도움을 주려는 것이었지만, 수십 년 뒤에는 경영과 공학 분야에서 널리 채택되었습니다. 특히 실리콘 밸리를 비롯한 모든 스타트업에서 사용하는 린 스타트업Lean Startup 루프의 핵심 영감이 되었지요.[54] 효과적인 의사 결정을 내리려면 행동뿐만 아니라 지속적인 학습이 필요함을, 보이드는 강조했습니다.

의사 결정은 주어진 정보를 종합할 것을 요구하지만, 거기에는 늘 불확실성이 따릅니다. 예를 들어, 신생 스타트업에 대한 투자를 고려하는 여러분에게 창업자는 입이 떡 벌어지는 수익 예측을 적어 깔끔하게 만든 발표 슬라이드를 보여줄 겁니다. 이때 여러분이 적절한 질문을 던져 창업자가 수익 목표를 예측한 근거를 제시하게 할 수 있다면 참 좋겠지요. 그렇더라도 어떤 대답을 하든 이 신생 회사의 전망은 매우 불확실해서, 여러분은 투자의 운명을 확신할 만큼 충분한 정보를 얻지 못할 것입니다. 하지만 이런 이유로 투자를 포기하거나 더 많은 근거를 제시받을 때까지 기다린다면, 판도를 바꿀 수 있는 성공 기회를 놓칠지도 모릅니다. 어떻게 결정을 내려야 할까요? 이제부터 도움이 될 의사 결정 틀을 몇 가지 살펴보겠습니다.

▌반복적인 결정하기

미국 사회과학자 허버트 사이먼Herbert Simon은 최선은 아니어도 최소한의 조건을 만족시키는 적정 상태를 설명하기 위해, 단어 '만족하다satisfy'와 '충분하다suffice'를 합해 '적정 만족satisfice'이란 신조어를 만들었습니다. 전통적으로 경제학자와 심리학자들은 인간이 완전히 합리적이며, 완

248

벽한 정보에 접근할 수 있다고 생각해 왔습니다. 다행스럽게도 이러한 관점은 더 이상 통용되지 않습니다. 대부분의 사람은 실제로 인간이 완벽하게 논리적인 경우는 드물며, 필요한 정보를 모두 확보할 때가 거의 없다는 것을 인정하기에 이르렀습니다.

게다가 정보가 더 많다고 해서 더 나은 의사 결정으로 이어지는 것도 아닙니다. 콜린 파월Colin Powell 전 미국 국무장관은 "저는 30%의 정보로 결정을 내릴 수 있습니다. 80% 이상의 정보라면 너무 많은 편입니다."라고 단언하기도 했습니다.

정보를 수집해 평가하는 데는 실질적 비용이 듭니다. 적어도 시간과 인지적 노력이라는 측면에서 그렇지요. 모든 의사 결정권자가 내려야 할 필수 결단은 '이미 수집된 정보로 결정할 것인지, 아니면 더 많은 정보를 수집할 것인지'입니다. 불확실한 환경일 때 가장 좋은 방법은 가능한 작은 범위의 결정을 내리는 것입니다. 작은 결정은 차후의 더 큰 결정을 잘하기 위한 정보가 됩니다. 변화의 속도가 빠를수록 의사 결정 지연으로 인한 비용은 커지고, 신속한 조치의 가치는 높아집니다.

의사 결정 과정을 공식화하면 향후
더 나은 결정을 내릴 수 있는 정보와 통찰을 얻게 됩니다.

이것이 보이드가 세계 최고 전투기 조종사를 훈련시킨 경험에서 얻은 교훈으로, 그림 5.3에서 설명하는 OODA 루프의 핵심입니다. 이 루프는 여러분이 의사 결정과 행동을 통해 학습하는 과정을 나타냅니다. 성과를 높이려면 의사 결정이 관찰 가능한 결과와 가치 있는 학습 경험으로 이어지도록 하는 것이 중요합니다. 즉 의사 결정의 설계는 향후 선택에 가

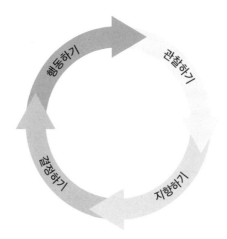

그림 5.3 반복적인 의사 결정에 유용한 OODA 루프

장 유용한 정보를 추출해내는 데 우선순위를 두어야 합니다. 과거의 의사 결정에서 배운 교훈을 바탕으로 새로운 의사 결정을 내리는 반복적인 절차를 갖추도록 노력하세요.

▌베팅, 내기 걸고 결정하기

3장에서 우리는 확률로 사고하는 베이지안 접근법이 정보를 솎아내는 데 매우 유용함을 배웠습니다. 이 접근 방식은 새로운 정보가 우리 믿음을 확증하는지 아니면 무효화하는지를 고민하는 기존 접근 방식을 넘어서게 해줍니다. 그 대신 우리는 우리의 멘탈 모델과 정보 평가 행위를 어떻게 수정해 나갈지 진단해볼 수 있습니다.

이러한 사고방식은 의사 결정에도 중요하게 적용될 수 있습니다. 베이지안 접근법의 정의에 따르면 모든 결정은 불확실성을 내포하므로, 유일한 대응 방법은 확률적 측면에서 명시적으로 생각하는 것입니다.

의사 결정에 관한 여러 책을 집필한 애니 듀크Annie Duke는 인지심리학 박사 학위 논문을 마치기 직전 병을 얻어 휴학하고, 결혼하여 미국 중부의 한적한 몬태나로 이사했습니다. 돈이 부족해지자, 그녀는 생계를 유지할 생각으로 동네 술집 지하실에서 포커를 치는 법을 배웠습니다. 비록 대학원으로 돌아가진 않았지만, 듀크는 포커판을 "사람들이 어떻게 학습하고 결정을 내리는지 연구하는 새로운 종류의 실험실"이라고 생각했습니다. 이후 듀크는 전문 포커 플레이어로서 4백만 달러가 넘는 상금을 벌었으며, 월드시리즈 포커 대회WSOP를 비롯해 여러 주요 대회에서 우승을 차지했습니다. 포커판 밖에서는 의사 결정 개선 방안에 대해 여러 고위 경영진에게 조언하기도 했지요.[55]

현실 세상에서의 의사 결정 상황은 포커로 비유되는 경우가 많습니다. 카드를 들고 포커판에 뛰어들면 상당한 위험과 부족한 정보, 예측할 수 없고 때로는 기만적인 행동을 하는 다른 참가자를 상대해야 합니다. 돈을 걸 때, 카드를 받을 때, 포기할 때, 매순간마다 확률로 판단하고 행동해야 하지요. 듀크는 "'확실치 않아'라고 말하는 일에 익숙해지는 것이 더 나은 의사 결정자가 되기 위한 중요한 단계"라며, "모르는 상황에 익숙해져야 함"을 강조합니다.[56] 결코 쉽지 않겠지만, 예측이 점점 더 불가능해지는 세상에서 우리는 불확실한 현실을 인정해야 합니다.

> 지금은 그 어느 때보다 리더와 의사 결정권자가 모호성을 인정하는 데
> 그치지 말고, 적극적으로 포착하고 이용해야 할 때입니다.

2020년대의 교훈을 통해 우리는 세상을 완전히 이해하려는 노력이 부질없다는 현실을 알게 되었습니다. 불확실성의 존재를 인정한다면 제한

된 정보로도 우리가 할 수 있는 조치를 다양한 각도로 살펴 판단할 수 있습니다. 확률을 신중하게 평가하는 데서 시작한다면, 더 현명하게 선택하게 될 것입니다.

듀크는 "베팅, 즉 내기를 걸고 생각하는 전략을 취하면 여러 가설 및 반론의 근거에 열린 자세를 갖게 되어, 일상의 편견에 편향되지 않고 탐구할 수 있다."라면서, "자기 주장과 반대쪽을 더 자주 그리고 진지하게 탐구할 가능성이 높아지고, 진실에 더 가까이 다가가게 될 것"[57]이라고 역설합니다.

▌반대 입장 생각하기

듀크 대학교의 릭 레릭Rick Larrick 교수는 인간 행동의 미묘한 차이를 예리하게 이해하고, 편견을 극복하도록 돕는 까다로운 기술인 '편견 해소debiasing' 전문가입니다. 레릭은 수십 년간 진행한 광범위한 연구를 바탕으로, 가장 효과적인 접근 방식이 바로 "반대 입장 생각하기"라는 단순하지만 확실한 전략임을 확인했습니다. 즉 "성급하게 내린 첫 판단이 틀릴 수 있는 이유를 몇 가지 찾아보자."라고 자문해 보는 것이지요.[58]

평범해 보이는 이 연습 방법은 과신을 포함한 여러 가지 편향을 줄이는 것으로 나타났습니다. 대니얼 카너먼이 강조했듯이, 과신은 수많은 편향 중 "가장 해롭게" 우리를 괴롭히는 것입니다.

19세기 프로이센 군대는 프랑스, 오스트리아, 덴마크를 물리치는 과정에서 분열된 독일을 통합해냈습니다. 프로이센의 성공에는 전략을 조정하기 위해 사용한 '전쟁 게임'이라는 혁신적 도구가 어느 정도 영향을 미쳤을 겁니다. 게임 보드에서 파란색 블록은 프로이센 병사들이 입는 그 유명한 프로이센 청색 군복을 상징했습니다. 빨간색 블록은 적군을 상징했기 때문에, 전략의 결함과 문제점을 찾는 임무를 맡은 그룹을 "레드팀red teams"이라고 부르게 되었지요. 이런 레드팀 훈련을 오랫동안 해왔던 미군은 9.11 테러 이후 훈련량을 더 늘리기도 했다고 합니다.[59]

프로이센군의 전쟁 게임 전술과 유사한 전략은 이제 대규모 투자 관리 회사에서 일반적으로 볼 수 있습니다. 잘못된 투자 결정으로 인한 비용은 막대할 수 있으므로, 예상치 못한 상황에 대비한 의사 결정을 테스트해 봐야 합니다. 유명 벤처캐피털 회사 앤드리슨 호로위츠Andreessen Horowitz 공동 설립자 마크 앤드리슨Marc Andreessen은, "의사 결정 과정에서 이의를 제기하고 테스트하는 것은 회의실 내 모든 사람들의 책임"이라고 말합니다. "필요하다면 레드팀을 조직합니다. 대항 세력을 공식적으로 만들어서, 반박을 제시하는 임무를 정식으로 맡기는 겁니다."[60]

레이 달리오Ray Dalio가 이끄는 헤지펀드 브리지워터Bridgewater는 세계에서 가장 성공적인 투자사로, 1,600억 달러를 관리하여 28년간 S&P 500 평균의 두 배 수익률을 달성했습니다. 브리지워터 직원들이 투자 제안이나 타인의 의견에 대해 강하게 이의를 제기하는 것은 허용되는 수준을 넘어 적극 권장됩니다. 조직의 견고한 결정을 보장하기 위함이지요. 기업 업무 프로세스를 연구한 애덤 그랜트Adam Grant는 브리지워터에 대해 "직원들은 상사에게 기꺼이 도전할 수 있는지, 동의하는 사람들이 없더라도 옳다고 생각하는 바를 옹호하기 위해 언쟁을 벌일 의지가 있는지에 따라 평가받는다."라고 설명합니다.[61]

넷플릭스Netflix 직원들은 중요한 결정을 내리기 전 다양한 의견을 적극적으로 모색해야 하는데, 이 과정을 전(前) CEO 리드 해이스팅스Reed

Hastings는 "이의 제기 장려farming for dissent"*라고 불렀습니다.[62]

　이제 앞서 소개했던 초기 스타트업에 대한 투자 여부를 결정하는 상황에, 이런 전략들을 어떻게 적용할 수 있는지 살펴봅시다. 우선 여러분의 투자는 성공과 실패의 가능성이 모두 있는 베팅이라는 점을 인정해야 합니다. 이제 할 일은 활용 가능한 모든 정보를 토대로 성공 가능성을 평가하는 것이지요. 업계 전문가에게 이 스타트업의 잠재적 실패 원인을 파악해 달라고 요청해도 좋습니다. 더 중요한 단계는 스타트업 대표가 이러한 문제점을 이미 인지하고 있는지, 개방적 태도를 입증했는지, 적절한 대응 방안이 있는지 확인하는 것입니다. 아니면 초기 투자금은 적게 책정해 1차 투자를 집행한 다음, 기업 보고서를 열람하여 후속 투자 결정에 필요한 양질의 정보를 수집하길 선택할 수도 있습니다.

　점점 더 복잡하고 불확실해지는 세상에서, 종합적 사고는 개인의 삶과 경력, 창업 등에 필수적인 기술입니다. 또한 종합 역량은 개인의 성공 그 이상이기도 합니다. 우리는 더 나은 의사 결정을 위해 정보를 종합하고 다양한 관점을 고려하는 종합 능력을 개인적·집단적으로 향상시켜, 공동체를 위해 더 나은 미래를 만들어가야 할 것입니다.

종합 역량과 인류의 미래

미래학자로서 제가 강조하고 싶은 바는 일자리, 상거래, 가정, 의료, 미디

---

* 헤이스팅스는 각 개인이 반대 의견을 편안하게 표현하고, 기존 사고에 도전하며, 대안적인 관점을 제시할 수 있는 환경을 조성하는 것을 농사 짓는 일에 비유해, 'farming'이란 표현을 사용했습니다. -역주

어, 도시, 환경, 그 밖의 어떤 영역이든 여러분이 그 분야의 미래를 충분히 들여다보는 행위가 본질적으로 인류의 미래를 고민하는 일이라는 점입니다. 세상의 모든 사물과 이치는 서로 깊고 복잡하게 얽혀 있어서, 여러분이 떠올리는 주제가 무엇이든 간에 다른 모든 것들과 분리해서 이해할 수는 없습니다.

종합은 고도로 창의적인 행위입니다. 다양한 요소를 신선한 방식으로 결합하여 새로운 현실을 만들어가는 것이지요. 이런 생성의 과정에는 여러분의 자아와 세상에 대한 인식이 온전히 작용할 수밖에 없습니다.

종합 역량은 관련된 모든 것을 포괄적으로 염두에 두고 전체를 온전히 인식하는 능력입니다. 여기에는 사람들이 수행하는 각자의 역할, 세상의 다양한 측면과 상호 작용하고 영향을 미치는 방식과 그 의미가 모두 포함됩니다. 종합 역량에서 인간이 기계를 능가하는 까닭은, 알고리즘이 결코 할 수 없는 방식으로 문제에 공감하고 거기 존재하는 인간적 함의를 이해하기 때문입니다. 전체를 보고 이해하는 능력은 가능성을 이해하고 그 가능성으로 이어지는 경로를 알아차리는 데 매우 중요합니다.

종합 역량은 우리 자신과 인류를 위해
더 나은 미래를 창조할 수 있는 능력의 핵심입니다.

저는 더 많은 사람이 종합 역량을 향상시킬수록, 인류 공동의 미래가 보다 긍정적인 방향으로 펼쳐질 가능성이 극대화되리라고 믿습니다. 여러분이 자신의 종합 역량을 계발한다면, 그것은 곧 우리 모두를 위해 더 나은 미래를 만들어가는 데 일조하는 것이기도 합니다.

종합 역량 통합하기

종합 역량은 다섯 역량의 중추로서 나머지 4가지 힘에 내재된 잠재력을 발현하게 하는 마스터키입니다. 종합 역량을 통해 다른 네 역량을 결합함으로써, 이해력과 통찰력 그리고 점점 더 복잡해지는 세상에서 효과적으로 움직이게 해줄 행동력을 기를 수 있습니다. 세상의 변화 속도가 그 어느 때보다 급격히 빨라짐에 따라, 종합 역량은 미래 사회의 필수 기술이 될 것입니다.

종합 역량의 원천을 이루는 각 단계는 우리가 개발할 수 있는 기술을 나타냅니다. 미래는 마음과 생각을 지속적으로 개선하려는 열린 태도를 지닌 사람들의 것입니다. 여러분은 스스로 변화하기로 선택했기에 21세기 시대가 요구하는 바에 잘 적응하게 될 것입니다. 물론 정신 건강과 행복, 수명 연장과 같은 장점도 함께 누릴 수 있겠지요.

종합 능력을 배양함으로써 여러분은 드디어 5가지 힘을 자신에게 딱 맞는 방식으로 통합해 정보 문해력의 완전체를 이루게 되었습니다. 이 통합된 역량으로 여러분은 정보가 놀랍도록 빠르게 불어나는 세상에서도 자신의 능력을 거침없이 배가하여, 진정으로 정보 과부하 속에서 성공하게 될 것입니다.

다섯 번째 퍼즐 만들기

반대로 생각하기

직장에서의 문제를 생각해 봅시다. 여러분은 확고한 의견을 가졌지만, 몇몇 동료들이 동의하지 않는 문제가 있나요? 여러분의 의견을 더 명확하게 표현해 보세요. 그런 다음 반대 입장을 조사해 그 주장을 강력하게 발전시켜보세요.

더 어려운 과제를 해볼까요? 사회 문제 또는 정치 문제를 찾아 그에 대한 자신의 주장을 명료하게 한 다음, 반대 주장을 세워봅시다.

적극적으로 열린 자세 갖기

새로운 아이디어와 색다른 사고에 대해 열린 자세를 함양하려면 무엇을 할 수 있을까요? 이에 도움이 될 만한 사고 습관은 무엇일까요? 새로운 경험에 대해 긍정적이고 개방적인 태도 전환을 이끌어내는 활동으로 어떤 것이 있을까요?

통찰 모드

통찰 모드에 진입하게 하는 활동이나 행동은 무엇일까요? 여러분의 일과에 그런 활동이나 행동을 포함하도록 계획을 세워보세요.

아이디어 품기

중요하게 결정할 사안이나 어려운 개념을 골라 인큐베이션을 준비해 봅시다. 굳이 해결책을 찾으려 하지 말고, 가능한 한 여러 각도에서 살펴보는 것입니다. 시간이 지나 다시 살펴보며 통찰 모드로 전환할 방도를 찾아보세요. 이 과정을 꾸준히 실천하면서 어떤 접근 방식이 여러분에게 가장 적합한지 알아봅니다.

다섯 번째 퍼즐 엿보기

반대로 생각하기

*사회문제 : 보편적 기본소득(UBI)에 대한 찬성 혹은 반대

*나의 의견: 저는 보편적 기본소득을 시행하는 것이 소득 불평등, 빈곤, 자동화와 기술 발전으로 인한 잠재적 일자리 대체 문제를 해결할 수 있는 실행 가능한 해결책이 될 것이라고 굳게 믿습니다. UBI는 고용 상태와 관계없이 모든 개인에게 보장된 소득을 제공하여 기본적인 필요를 충족하고 재정적 안정과 사회 보장을 위한 기반을 제공할 수 있습니다.

*반대 의견: UBI 도입은 근로 의욕을 떨어뜨리고 생산성 저하로 이어질 수 있습니다. 항상 소득이 보장되면 적극적인 구직을 하거나 고임금 일자리를 추구할 동기가 부족해져 경제가 침체되고 혁신이 감소할 수 있습니다.

*반대 근거:

1. 비용 및 자금 문제: UBI를 전국적인 규모로 시행하려면 상당한 재원이 필요합니다. UBI 비용이 세금 인상이나 정부 예산 부담으로 이어져 잠재적으로 경제에 부하를 주고 성장을 저해할 수 있습니다.

2. 경제적 비효율성: UBI가 양질의 교육, 의료 서비스, 일자리 기회에 대한 접근성 격차 같은 경제의 근본적인 구조적 문제를 해결하지는 못합니다. 이러한 시스템 개선에 자원을 투입하는 것이 더 효과적인 접근입니다.

3. 노동력 인센티브: 고용 상태에 관계없이 모든 개인에게 소득을 보장하면 노동 참여를 저해할 수 있습니다. 일자리를 구할 필요 없이 안정적인 수입이 보장된다면, 사람들이 일하거나 새로운 기술을 습득하려는 동기가 떨어질 것입니다.

4. 인플레이션 우려: UBI의 잠재적 인플레이션 효과가 우려됩니다. 생산성이나 생산량의 증가 없이 경제에 막대한 자금을 투입하면 물가 상승과 통화 평가절하로 이어져 궁극적으로 개인의 구매력에 해를 끼칠 수 있습니다.

5. 불평등한 분배: 이미 부유한 개인도 기본소득을 받게 되어 소득 격차가 더욱 벌어지고 부의 불평등이 악화될 수 있기 때문에, UBI는 사회 갈등을 불러일으킬 수 있습니다.

*결론: 저는 기본소득 도입의 이점에 대해 확고한 믿음을 가지고 있지만, 이에 동의하지 않는 사람들을 이해하는 것이 중요합니다. 반대의 논거를 살펴보면 더 넓은 관점을 가질 수 있고, UBI 구현과 관련된 복잡성과 잠재적 도전에 대한 보다 포괄적인 이해를 촉진할 수 있습니다. 이는 정보에 입각한 토론과 소득 불평등과 사회 경제적 문제를 해결하기 위한 효과적인 정책 개발에 긍정적인 도움이 됩니다.

적극적으로 열린 자세 갖기

*열린 자세 함양을 위한 사고 습관

1. 다양성 포용: 다양한 관점, 문화, 경험에 적극적으로 나를 노출할 것. 다양한 배경을 가진 사람들과 교류하고, 다양한 커뮤니티에 가입해 이해의 폭을 넓히고 선입견에 도전.

2. 적극적인 경청: 대화에 참여하거나 토론에 참여할 때 다른 사람에게 온전히 주의를 기울여 더 나은 경청자가 되기 위해 노력. 다른 이에게 공감함으로써 더 깊이 이해하고 열린 마음을 키움.

3. 반성적 사고: 정기적으로 성찰의 시간을 따로 마련해 새로운 아이디어와 경험을 처리하고 숙고함. 일기를 쓰거나 명상하면 도움이 됨.

4. 피드백과 비평을 구함: 다른 의견을 받아들이고 피드백을 받는 데 개방적이어야 내 생각의 사각지대를 파악하고, 가정을 재고하며, 지속적인 학습을 추구할 수 있음.

5. 지적 겸손: 내 지식과 이해에 한계가 있음을 인정함으로써 지적 겸손을 기르려고 함. 항상 배울 것이 더 많고 다른 사람들이 귀중한 통찰을 가지고 있을 수 있음을 인식하면, 다양한 아이디어와 사고에 대해 열린 마음과 수용적인 태도를 기를 수 있음.

*경험에 대한 개방성을 긍정적으로 변화시키는 활동

1. 다양한 문학 작품 읽기: 다양한 장르, 문화, 관점의 책, 기사, 에세이를 접하면 다양한 생각에 노출되고 시야가 넓어짐.

2. 다른 문화권 국가로 여행 가기: 다른 나라를 탐험하고, 새로운 문화를 경험하고, 다양한 배경을 가진 사람들과 교류하면 새로운 아이디어에 대한 개방성이 높아짐.

3. 예술 분야 취미 갖기: 그림 그리기, 악기 연주, 글쓰기 등 창의적, 예술적인 취미 시도.

통찰 모드

1. 고독과 성찰: 조용히 사색하거나 일기를 쓰거나 자연 속에서 산책을 하는 등 하루 중 짧은 휴식 시간을 정해 외부의 방해 요소를 차단해봄.
2. 마음챙김 연습: 심호흡 운동이나 명상과 같은 마음챙김 기법을 연습하면서 마음을 고요하게 할 수 있음. 아침이나 업무 전환 시간에 따로 시간을 할애하여 마음챙김 연습을 하면 좋겠음.
3. 지적으로 자극적인 콘텐츠에 노출: 생각을 자극하는 책을 읽거나, 유튜브에서 내셔널 지오그래픽 다큐멘터리나 팟캐스트, TED 강연 중 뇌가 어떻게 작동하는지 (How does my brain work?) 시리즈를 보며 새로운 관점에 대한 인사이트를 얻을 수 있음. 점심시간, 출퇴근 시간 또는 저녁 시간에 시간을 할애하여 지적으로 자극적인 콘텐츠를 탐색하는 활동을 일상에 통합함.
4. 창의적 탐구를 위한 비정형 시간: 특정 목표나 제약 없이 스케치, 브레인스토밍, 자유 글쓰기 등의 활동에 참여할 수 있는 시간을 계획함. 이러한 개방적인 탐구는 편안하고 유쾌한 사고방식을 길러주어 새로운 인사이트를 창출하는 데 도움이 됨.
5. 다양한 관점에 노출: 대화, 독서, 강연 참석 등을 통해 다양한 관점을 적극적으로 추구하면 사고의 레퍼토리가 넓어지고 통찰을 얻을 가능성이 높아짐. 온라인 포럼에 참여하거나 관심사 기반 그룹에 가입하여 다양한 관점과 아이디어를 접할 수 있는 기회를 마련해볼 것.

아이디어 품기

*고민: 현재 업계 안에서 이직할 것인지, 새로운 산업으로 전환할 것인지에 대한 결정

먼저 인큐베이션을 위해 적극적으로 해결책을 정하기보다 다양한 각도에서 문제를 탐구해 봅니다.

1. 동기 부여와 열정: 현재 업계에 대한 동기부여와 열정의 현재 수준을 되돌아보고 경력 변화가 장기적인 목표와 열망에 부합하는지 생각할 것.
2. 이전 가능한 기술 및 지식: 목표 업계에서 가치를 발휘할 수 있는 내가 보유한 이전 가능한 기술, 경험, 지식을 분별할 것. 추가 학습이나 훈련이 필요할 수 있는 영역도 파악해 두어야 함.
3. 취업 시장과 기회: 원하는 산업의 고용 시장을 조사하고, 나와 같은 기술과 역량을 가진 전문가에 대한 수요를 파악해볼 것.
4. 재정적 영향: 기대 연봉, 추가 교육 또는 훈련 비용, 단기적인 수입 조정 가능성 등의 요소를 고려하여 경력 변경이 재정적으로 미칠 수 있는 영향을 평가할 것.
5. 일과 삶의 균형과 직무 만족도: 현재 직업과 비교하여 새로운 산업에서의 일과 삶의 균형, 직업 만족도를 고려해볼 것.
6. 네트워킹 및 업계 인맥: 목표 업계 전문가들과 연락할 기회를 모색하고, 인터뷰를 통해 새로운 분야에서 일하는 데 따르는 어려움, 보람, 현실에 대한 정보를 얻어볼 것.

이렇게 여러 각도에서 고려한 후에는 잠재의식이 얻은 정보와 통찰을 처리할 수 있도록 잠복 상태로 둡니다. 나중에 다시 결정을 내릴 때는 제게 맞는 접근 방식을 사용하여 통찰 모드로 전환합니다.

1. 마음챙김 연습과 명상으로써 차분하고 집중된 마음 상태를 길러 새로운 인사이트가 떠오를 수 있는 여지를 마련할 것.
2. 결정에 대한 적극적인 생각에서 잠시 벗어나 걷기, 음악 감상, 취미 활동 등 이완을 촉진하는 활동을 할 것. 이러한 활동은 정신적 휴식을 제공하고 아이디어가 배경에 스며들게 함.
3. 신뢰할 수 있는 멘토나 목표 산업에 종사한 경험이 있는 개인에게 조언을 구함. 그들의 관점과 통찰은 신선한 관점을 제공하고 새로운 아이디어를 촉발할 수 있음.
4. 개방형 브레인스토밍 세션에 참여하여 구체적인 해결책을 찾지 않고 결정의 다양한 측면을 탐구해볼 것. 이를 통해 새로운 인사이트로 이어질 수 있는 숨겨진 연관성이나 패턴을 발견할 수 있음.

6장

과잉에서 풍요로

정보 문해력의 다섯 역량을 통합하라

프레이밍(틀짜기)
생각을 매핑하라

종합
창의적 통합
능력을 키워라

목적
'왜'를 찾아라

필터링(솎아내기)
쓸모 있는 것을
가려내라

집중
의도에 따라
의식을 배분하라

우리는 다가올 변화에 휘말리는 희생자가 아니라,
미래를 창조하는 설계자가 되도록 태어났습니다.[1]
— 리처드 벅민스터 풀러R. Buckminster Fuller, 디자이너, 발명가,
《우주선 지구호 사용설명서Operating Manual for Spaceship Earth》 저자

지금까지 배운 5가지 역량은 그 자체만으로는 의미가 없습니다. 여러분 각자의 고유한 사고방식, 생각, 목표에 맞게 조화롭게 통합되어 하나의 완전체로서 작용할 때 비로소 성공으로 가는 길에 도움이 될 것입니다.

정보 포화 사회인 인류의 미래에는 점점 골이 깊어지는 사회 양극화 같은 심각한 위험이 도사릴 테지만, 한편으로는 이런 격차를 정보 문해력 교육으로 해소할 절호의 기회 역시 존재합니다.

우리 두뇌는 신경가소성이 있어, 정보 집약적 환경에서 인지 능력이 진화할 수밖에 없습니다. 어쩌면 부정적 결과를 초래할 것처럼 보이기도 하지만, 지금 살고 있는 세상에 최대한 적응하기 위해 인지 능력을 계발하기로 선택하는 힘은 우리에게 있습니다.

우리가 정보가 이토록 넘쳐나는 시대에 태어나겠다고 스스로 선택하지는 않았습니다. 그러나 이 세상에서 번영하기로 선택할 권한은 우리에게 있으며, 이제 실행에 필요한 도구도 갖추게 되었습니다.

：

　여기까지 읽으신 것을 축하드립니다. 이제 여러분은 우리가 살고 있는 숨 막히는 정보 세상에서 효과적으로 대처하는 능력뿐만 아니라, 그 속에서 성공할 수 있는 능력도 갖추게 되었습니다.

　태어날 때부터 무한한 정보의 세계에 살게 된 것을 (저처럼) 축복이라 여길 수도 있고, 저주라고 생각할 수도 있습니다. 만약 우리가 이 방대한 정보 네트워크에 연결되어 있지 않다면, 전 세계 혁신가들의 비범한 성과와 아이디어, 통찰력을 배우고, 그것을 바탕으로 발전해 나갈 수는 없었겠지요. 사실 몇 년 전만 하더라도 상상도 못 했던 광범위한 정보 자원에 이제는 누구나 접근할 수 있게 되었습니다. 이는 분명 엄청난 기회입니다.

　그러나 이러한 '특권'은 동시에 큰 어려움으로 다가왔습니다. 방대한 정보에 접근한다는 것은, 우리 삶에 관련되고, 유용하며, 가치 있는 정보를 찾기 위해 그만큼 많은 데이터를 샅샅이 뒤져야 한다는 뜻이기 때문이지요. 정보 과부하가 기회인지, 아니면 고통인지는 주로 여러분이 정보를 다루는 방법에, 다시 말해 여러분에게 달려 있습니다.

> 정보 과잉의 세상에서 압도당하느냐 성공하느냐는
> 다름 아닌 선택의 문제입니다.

　용기 있게 번영하기로 선택했더라도, 막상 그리 간단한 일은 아닙니다. 이 책에서 밝힌 전략과 습관을 익히고 실천하면서 여러분 일상의 일부로 만들어야 합니다. 문제는 정보 약탈자들의 희생양이 되어 눈에 띄는 것은 무엇이든 받아들이며, 끝없이 쏟아지는 오늘날의 정보 홍수가 여러분을 휩쓸게 내버려 두는 선택지가 있다는 겁니다. 이 쉬운 방법, 저항이 가장 적은 길과 비교할 때 '정보 과부하 속에서 번영하기'는 큰 도전으로 다가옵니다.

여러분에게 어떤 포부나 목표가 있다면, 2020년대 이후로 그 성공 여부는 의심할 여지 없이 무한한 정보로부터 가치와 통찰, 더 나은 의사 결정을 이끌어낼 수 있는 탁월한 능력에 따라 결정될 것입니다. 오늘날 뛰어난 성과를 거두는 사람들은 스스로 의식하든 못 하든 간에, 삶의 기반이 되는 기술을 꾸준히 갈고닦고 있습니다.

5가지 역량 통합하기

이 책에서 다룬 5가지 역량은 서로 독립된 것이 아니라, '정보 문해력'이라는 통합된 전체를 구성하는 부분들입니다. 이들 역량은 목표 달성이나 성공만을 위한 것이 아니며, 궁극적으로는 이 광란의 세상에서 균형과 건강, 행복을 추구하는 데 초점을 맞추고 있습니다. 정보 과부하가 늘 숨 막히는 압도감으로 이어지는 것은 아니지만, 만일 그렇게 된다면 그 특성상 여러분의 웰빙과 효능감을 짓밟게 될 겁니다. 그러기 전에 5가지 역량을 성공적으로 계발한다면, 요즘의 가혹한 상황을 극복하고 자기 삶을 직접 통제할 수 있다는 자신감을 가질 수 있습니다.

여러분이 가질 능력의 핵심은 정보를 다루는 **목적**purpose을 이해하는 것입니다. 목적이 나머지 4가지 역량을 어떻게 계발하고 적용할지를 결정하기 때문이지요. **프레이밍**framing은 종합적 사고의 토대를 마련하고, 정보를 솎아내기 위한 기준점을 세워줍니다. 잡음으로부터 신호를 포착하는 **필터링**filtering은 정보 문해력의 중심이 되는 정보 활동이자 집중을 위한 틀 중 하나입니다. 끝없는 정보와 자극으로 여러분의 주의를 산만하게 하는 세상에서 어디에 어떻게 **집중**attention할 것인지 의식하는 것은 자기 결정적 태도에 꼭 필요하지요. **종합**synthesis은 다른 모든 요소를 한데 모아 이해력과 통찰력, 더 나은 의사 결정과 같은 진정한 가치를 창출합니다.

각 역량은 단독으로도 굉장한 의미를 지니지만, 진정한 잠재력은 다섯 역량이 합쳐져 하나로서 작용할 때 비로소 발휘됩니다. 이 정보 문해력이 우리가 살고 있는 이 특별한 세상에 어울리도록 여러분의 능력을 재구성해줄 것입니다. 여러분은 다섯 역량과 각각의 근본적인 행동 및 태도를 여러분의 정체성과 상호 작용 방식에 통합해 나가야 합니다.

▌번영을 향한 발걸음

이 책을 읽는 것만으로 탁월한 능력을 얻을 순 없겠죠. 책의 개념과 기술을 실행에 옮겨야 하며, 배운 것을 바탕으로 매일의 일상을 바꾸어야 합니다.

각 장의 마지막에 있는 [퍼즐 만들기] 코너는 여러분이 정보 과부하를 극복하고 성공할 수 있도록, 자신의 정보 생활과 여정을 계획하는 데 도움을 드리고자 고안한 것입니다. 앞 장들을 읽을 때 답변 작성을 건너뛰었다면, 돌아가서 완성해볼 것을 강력히 권합니다. 최소한 여러분에게 가장 유용해 보이는 질문만큼은 답해 보시길 바랍니다. 별도의 노트 앱

thrivingonoverload.com
자료실 바로가기

이나 온라인 문서에 여러분의 답을 기록해 두어, 책이 없어도 쉽게 참조할 수 있도록 해보세요.

이 책의 웹사이트 thrivingonoverload.com에서 내려 받을 수 있는 [퍼즐 만들기Exercises] 사본(영문)과 온라인 심화 과정을 찾아볼 수 있습니다. 또 이 장에 이어지는 [부록. 정보 문해력 자료실]에는 지금껏 소개한 주요 개념들을 깊이 있게 다룬 훌륭한 책들을 추천해 두었으니, 꼭 살펴보세요.

정보 과부하 미래에서의 기회

정보 사회는 인류 역사를 거듭하며 변곡점에 이르렀고, 이제 우리는 정보에 완전히 휩싸여 있는 일상을 보내고 있습니다. 다음 단계는 무엇일까요? 제가 보수적으로 예측해 보자면 이렇습니다.

정보 과잉은 이 순간에도 그 이후에도 거침없이 증가할 것입니다.

'과도한 정보'는 이미 우리의 삶과 시대를 특징짓는 말이 되었지만, 아직은 시작에 불과합니다. 이렇게 장담하는 근거는 부분적으로 점점 더 빨라지는 네트워크 연결 및 데이터 생성에 있습니다. 더 중요한 이유는 인간의 태생적인 정보 소유욕이 멈추지 않는다는 것입니다. 우리는 결코 이 욕구를 초월할 수 없고, 심지어 더 많이 원하게 될지도 모릅니다. 경제 체제는 이미 유형에서 무형으로 전환되었습니다. 이처럼 경제적 가치와 일자리가 정보 기반 산업으로 이동함에 따라, 지식과 지적 자본의 중요성 증대 추세는 불가피하게 지속될 것입니다.

정보 증가는 기회와 함께 거대한 도전도 가져옵니다. 정보가 넘쳐난다는 사실 자체가 큰 문제는 아닙니다. 문제는 우리에게 영향을 미치는 정보가 그 사용자인 우리에게 최선인 방향이 아니라, 엉뚱한 사람들에게 유리하게 설계되곤 한다는 겁니다(그 인센티브가 대단하거든요!). 더욱이 개개인의 화면 터치 방식, 음성 강세 패턴, 표정에서 드러나는 감정적 신호 등을 포함한 막대한 양의 개인정보로 학습한 인공지능의 조작 능력이 날로 커지고 있는 것도 매우 우려스러운 지점입니다.

이러한 문제가 우리 삶과 사회 전반의 중심에 놓여 있습니다. 우리는 이 상황이 어떤 시사점을 갖는지 신중하게 고려하고, 그것을 최대한 활용할 수 있는 방법을 모색해야 합니다.

▎더 나은 도구

1998년 중반 가장 많이 사용된 웹 검색 엔진은 야후Yahoo와 알타비스타AltaVista, 룩스마트LookSmart, 익사이트Excite 등이었습니다. 이들 검색 엔진은 주로 웹 페이지의 검색어 빈도에 의존하여 결과를 보여주었기 때문에, 인터넷 기업이 '키워드 스터핑keyword stuffing(웹페이지에 같은 키워드를 반복적으로 삽입하는 행위)'으로 검색 순위에 들기는 아주 쉬웠던 반면, 사용자 입장에서는 질문에 가장 관련된 정보를 찾기가 어려웠지요.

그러다 구글Google이 1998년 9월에 출시되었는데, 초기 웹 사이트에는 미완성임을 알리는 "베타Beta" 표시가 크게 붙어 있어 엉성해 보였습니다. 창립자 세르게이 브린Sergey Brin과 래리 페이지Larry Page는 해당 웹 페이지가 검색자에게 얼마나 유용하고 관련 있는지 나타내는 지표를 개발

했고, 구글은 불과 5년 만에 미국에서 가장 많이 사용되는 검색 엔진이 되었습니다.[2]

문제는 발명을 낳는 원동력입니다. 인간은 관련 높은 정보는 찾아내고 관련 낮은 정보나 그릇된 콘텐츠는 피하는 능력이 심각하게 부족하다 해도 과언이 아닙니다. 우리에게는 지금보다 더 나은 도구가 필요합니다.

이런 현상의 원인으로 인터넷 경제에 내재된 창조적 파괴를 들 수 있습니다. 한때 유용하게 사용되던 딜리셔스Delicious 나 프렌드피드FriendFeed 같은 플랫폼은 조기에 사라져 버렸습니다. 또한 야심 찬 뉴스 애그리게이터가 급증하고 저마다 광고 수익을 놓고 다투면서 많은 노력이 곡해되는 등, 뉴스 산업 경제가 빠르게 변하는 것도 한몫했지요. 사용자를 위한 가치 창출보다 행동 데이터를 적용한 광고 판매를 우선하는 기업이 늘었고, 대중이 (상당히 정당한) 불신을 갖게 되면서, 개인화된 뉴스피드가 지녔던 잠재적 가치는 훼손되고 말았습니다.

그러나 가장 유용한 정보를 필터링하고 찾아내는 데 도움이 될 더 좋은 서비스를 만들 엄청난 기회가 아직 남아 있습니다. 유용한 정보를 발견하고, 옳거나, 의심스럽거나, 아예 가짜인 정보를 구별하는 교육에 투입되는 재능과 아이디어, 자본이 점점 많아지고 있음은 매우 가슴 벅찬 일입니다. 저는 현재 이 분야에 뛰어든 경쟁자들 가운데, 분명 가치 있는 서비스들이 등장하여 번창해 나갈 것이라 낙관하고 있습니다.

▌양극화의 위험

미래학자로서 감당해야 할 유쾌하지 않은 일은 바로 소득과 정치, 의료, 가치, 부, 권력, 개방성, 사생활 등 사회 전반에 걸쳐 양극화를 야기하는 뿌리깊은 힘에 대해 꾸준히 지적하는 것입니다. 정보 접근성이 부족한 사람들이 배제되는 '디지털 격차' 문제도 여전히 심각하지만, 더 큰 위협은 점점 커지는 개개인의 행동 격차에 도사리고 있습니다.

이 책의 핵심 주제는 '정보 과잉 사회에서 번영할 것인지, 아니면 압도당할 것인지'의 선택권이 우리 자신에게 있다는 것입니다. 어떤 이는 정보 과부하의 어려움 속에서 번영의 길을 택하는 반면, 다른 이는 노력이 거의 필요치 않은 쉬운 길을 택하지요. 그렇게 일부는 신흥 세계의 성공 원천에 훌륭하게 적응하는 데 비해, 다른 일부는 전쟁통 같은 정보 사회의 소모품으로 전락하면서 사회 전반의 양극화가 심화될 것입니다.

이런 현상을 두고 교사이자 작가인 데이비드 페렐David Perell은 다음과 같이 설명합니다. "정보가 풍부한 상황은 여타 공급초과 시장과 마찬가지로 많은 이에게는 어려운 상황일지 모르지만, 어떤 사람들에게는 이득이 될 것입니다. 이 상황은 마치 비만율이 증가할 때, 아주 건강한 사람의 비율도 함께 늘어나는 현상과 닮았죠."[3]

사회적 압력, 또는 규제를 통해 정보 제공자의 약탈 행위가 감소하고 정보 도구가 개선된다면, 정보 생활은 분명 나아질 것입니다. 그러나 가장 시급하며 근본적인 해결책은 가능한 한 많은 사람에게 그들 스스로 선택할 권한과 기술을 가르치는 것입니다. 더 나은 정보 문해력 교육이 절실한 시점입니다.

▌정보 문해력 교육 과정

개인 정보 기술 개발에 주력해온 지난 25년 동안, 저는 명시적인 정보 문해력 교육 과정이 거의 존재하지 않는다는 사실에 놀라움을 금치 못했습니다. 학교나 대학은 물론, 심지어 생산성과 효율성이 직원들의 정보 활용 능력에 좌우되는 기업에도 말이지요. 몇몇 프로그램이 간혹 보이긴 하지만, 대부분 우리가 살고 있는 세상에 필수적인 기술 향상 교육이 아니라 단순히 특이한 경우로 간주되고 있었습니다.

우선 정보 문해력이 인간 만사의 기본이며, 업무와 삶의 많은 영역에서 성공하기 위한 필수 역량임을 인식해야 합니다. 이러한 인식을 바탕으로 교육자와 리더는 정보 문해력을 향상시키는 교육과 업무 환경에 우선순위를 부여하고 시스템을 설계해야 합니다. 주변의 성공한 사람들을 보세요. 가장 성공한 사람들은 사실 정보 과잉 현상을 최대한 활용하는 방법을 스스로 터득한 이들입니다. 그런 사람들조차도 교육을 통해 일상 정보 습관을 개선하는 데 확실하게 집중함으로써 혜택을 얻을 수 있었습니다. 하물며 보통 사람들은 말할 나위도 없겠지요.

인지 진화

인터넷과 스마트폰은 눈 깜짝할 사이에 우리 일상의 중심에 자리 잡았습니다. 많은 사상가와 작가, 특히 니콜라스 카Nicholas Carr나 수전 그린필드Susan Greenfield, 제이슨 래니어Jason Lanier 등이 이러한 현대 기술 사용에 대한 비판을 맹렬히 제기한 바 있습니다.

그린필드가 말했듯이, "인간 두뇌는 환경에 적응하고 환경은 전례 없는 방식으로 변화하고 있으므로, 두뇌 역시 전례 없는 방식으로 변화하고 있을 수 있습니다."[4] 저도 이에 동의합니다. 인간 두뇌가 매우 유연하고 신경가소성이 있으며, 주변 환경에 놀라울 정도로 잘 적응한다는 것은 명백합니다. 급변하는 세상에서 우리 두뇌가 진화하고 있다는 데는 의심의 여지가 없습니다. 성인의 두뇌는 다양한 자극에 반응하여 변화하고 있으며, 요즘 어린이의 두뇌는 불과 10~20년 전의 어린 아이들과는 다른 방식으로 발달하고 있습니다.

물론 여기에는 위험도 존재합니다. 그린필드의 논쟁적인 저서《마인드 체인지Mind Change》는 디지털 기술이 뇌에 미치는 영향을 기후 변화에 비유합니다.[5] 비평가들이 지적했듯이 그린필드의 주장을 뒷받침하는 증거는 희박하거나 모순적입니다만,[6] 부정적 영향의 가능성과 이에 대한 더 많은 연구의 필요성을 지적한 것은 옳다고 봐야겠지요. 그린필드는 디지털 기술의 잠재적 영향(확인되지 않았지만)으로 주의력 유지 시간과 대인 관계 기술, 심층 지식 축적 능력의 감퇴를 들었습니다.

하지만 오롯이 좋거나 나쁜 변화란 없습니다. 우리의 인지 능력이 변화하는 환경에 대응하여 진화하고 있다면, 오히려 더 잘 적응할 가능성도 높겠지요. 예를 들어 1970년대 환경에 최적으로 적응한 뇌라면, 오늘날 환경에서는 아무래도 잘 사고하고 활동하기 힘들 터입니다. 하지만 70년대 당시 직장 생활을 시작한 사람 중에도 일부는 완연히 다른 요즘 환경에 능숙하게 적응하여 그 유능함을 인정받고 있습니다.

모든 기술 주도적 변화가 그렇듯이, 발생할 수 있는 문제점은 예리하게 인식하고 긍정적인 가능성에는 섬세하게 반응해야 합니다. 전례 없는 정보 몰입 시대에 살고 있음으로 인해, 우리는 2번의 큰 기회를 얻게 됩니다.

첫 번째 기회는 인지적 활동을 디지털 기술로 옮겨 수행하는
'인지 오프로딩'을 현명하게 구현하는 능력입니다.

인지 오프로딩cognitive offloading의 예로, 오래전 일상에서 셈을 하기 위해 계산기를 사용하기 시작했던 일을 들 수 있습니다. 당시 많은 사람이 계산기를 사용하면 산수 능력을 잃을 것이라고 주장했었지요. 그런데 여기서 더 적절한 질문은, "계산기의 도움을 받으면 우리 두뇌가 훨씬 더 재미있는 작업을 할 수 있는데, 왜 굳이 산수 계산에 시간을 할애해야 하는가?"입니다.

만약 암산 능력이 떨어져 다른 인지 기능에 영향을 미친다면, 그야 걱정할 만도 할 겁니다. 그러나 실제로 중·고등학교 및 대학 수학 교과에서 계산기 사용과 관련해 진행된 42건의 실험을 메타 분석한 연구 결과, 계산기 사용이 도리어 개념 이해력과 수학 성취도를 향상시킨다는 사

인지 오프로딩 알아보기

실이 밝혀졌습니다.[7] 이제 우리는 기술이 우리의 인지 작업을 대신하도록 할 수 있습니다. 이런 오프로딩 offloading(부하 경감)은 X선 이미지로부터 암세포를 알아내는 것 같이 복잡한 결정부터, 이메일의 중요도를 판단하는 단순한 일까지 다양하게 적용될 수 있겠지요.

의사 결정조차 기계에 맡기게 되는 오프로딩의 새로운 국면에 서 있는 우리는 심각하고 혼란스러운 실제적, 윤리적 문제에도 직면해 있습니다. 충분한 감독하에 인공지능에 위임할 수 있는 의사 결정 사항이 몇 가지 있겠죠. 하지만 중요한 사안인 경우, 자연지능(인간)과 인공지능이 최고 수준으로 협력하여, 각각 단독으로 결정하는 것보다 더 나은 성과를 낼 필요가 있습니다. 빠르게 발전하는 인공지능의 성능으로 자신의 고차원 인지 능력을 보완함으로써, 더 나은 '사이보그'가 된 사람들이 경쟁의 선두로 나서게 될 것입니다.

오로지 정보 처리 관점에서 인지 오프로딩을 고려하면, 기술이 (때로

인간과 협업하여) 유용한 콘텐츠를 식별하고, 정보와 뉴스의 진실성을 평가하며, 심지어 벤처 투자 이론에 날카로운 반론을 제기하는 등, 다양한 업무를 지금보다 훨씬 더 나은 수준으로 해낼 것으로 기대할 수 있고, 또 기대해야 합니다.

두 번째이자 더 거대한 기회는 여러분이 의식적으로
인지적 진화를 긍정적인 방향으로 이끌 수 있다는 것입니다.

여러분의 두뇌는 피할 수 없는 진화를 겪을 수밖에 없습니다. 향후 10년 동안만 해도 크게 달라지겠지요. 이런 변화는 여러분의 정보 몰입 가능성이 커짐에 따라, 더 중요하게는 일상의 정보 습관을 포함해 그 환경에 여러분이 어떻게 대응하기로 했느냐에 따라 달라집니다. 효과적인 행동을 취할 때 여러분의 두뇌는 풍요로운 정보 세상에 더 잘 적응하도록 성장할 수 있습니다. 이 책에서 권하는 전략, 특히 4장에 제시된 주의집중 전략을 실천한다면, 그 도움으로 여러분의 인지 능력은 성공적으로 정보 과잉 세상에 연착륙할 수 있을 것입니다.

새롭게 떠오르는 학문인 후성유전학은 인간 유전자가 환경과 행동에 따라 다르게 발현된다는 사실을 밝혀냈습니다.[8] 즉 현대의 과잉 정보 현상에 어떻게 대응하느냐에 따라 앞으로 여러분이 어떤 사람이 될지가 달라진다는 이야기입니다. 만약 여러분의 행동이 변화하는 환경에 적합하다면, 여러분은 더 잘 적응하게 될 겁니다. 세대 간 후성유전학 연구에 의하면 이러한 변화는 자손에게 유전될 수 있습니다.[9] 그러니 여러분의 개인적인 진화가 자녀에게 직접적인 혜택이 되어줄지 모릅니다.

오늘의 번영이 내일로

정보 과잉은 우리 시대를 정의(定義)하는 말입니다. 개인적으로 저는 정보에 사실상 무제한으로 접근할 수 있는 편이, 정보가 제한되거나 접근이 어려운 것보다 훨씬 낫다고 봅니다. 우리 모두에게 엄청난 선물이 되지요. 다만 이 선물에는 과잉 정보 처리라는 곤란함이 묶음으로 딸려옵니다. 이런 어려움은 정보 기반 경제가 소비자들을 이롭게 하는 대신, 주의산만을 악용해 이익 창출을 노리는 못마땅한 방식으로 발전함에 따라 점점 악화되고 있습니다.

이러한 현실에서도 우리 모두가 잠재력을 극대화하고 부정적 측면을 최소화하는 방법을 배울 수 있다는 사실은 정말 다행스럽습니다. 바로 이런 배움에 최선을 다하는 사람들이 어떤 일이든 성공하게 될 것입니다. 그 성공은 때로 자신을 위한 것일 뿐 아니라, 어리석은 행동과 부정적 결과로부터 많은 인류를 구하는 일이기도 합니다.

인간은 본질적으로 항상 배우고 성장하며 발명하여 진보하려는 욕구를 가집니다. 빨라지는 정보의 흐름은 이런 성장 속도에 채찍질을 더합니다. 더 많이 나눌수록, 더 많이 성취할 수 있습니다. 가지고 있는 풍부한 정보 자원의 잠재력을 최대한 활용하는 길은 우리 각자에게 달려 있습니다. 현 상황의 해결책은 정보 탐색과 활용 능력을 향상시키는 것이지, 미래학자 라메즈 남Ramez Naam이 "무한한 자원"이라고 평한 '아이디어'가 발전하는 속도를 제한하는 것이 아닙니다.[10]

네트워크 사회학자이자 교수인 클레이 셔키Clay Shirky도 이에 동의합니다. "무슨 일이 일어나고 있는지 이해 못 하는 사람들을 위해 세상이 느려져야 한다는 주장은, 저로서는 매우 받아들이기 어렵습니다."[11]

이 책을 읽은 여러분은 이제 정보의 풍요 위에 번영할 준비가 되었습니다. 목적, 프레이밍, 필터링, 집중, 종합. 이 5가지 힘 그리고 '정보 문해력'과 함께라면, 급격한 가속과 기하급수적 성장으로 정의되는 이 놀라운 시대를 최대한 구가할 수 있을 겁니다. 맞습니다. 다음은 여러분 차례입니다. 무한한 가능성이 열려 있는 극히 흥미진진한 이 시대에, 결정을 내리고, 일하며, 필요한 기술을 쌓을 사람, 그리하여 성공을 거둘 사람은 다름 아닌 여러분입니다.

여섯 번째 퍼즐 만들기

행동 계획

단도직입적으로, 여러분은 정보 과부하 시대에 성공하기 위해서 어떤 행동을 취하시겠습니까?

	정보 과부하 사회에서 성공하기 위해서 어떤 행동을 취하시겠습니까?
단기 계획	
중기 계획	
장기 계획	

여섯 번째 퍼즐 엿보기

	행동 계획

	정보 과부하 사회에서 성공하기 위해서 어떤 행동을 취하시겠습니까?
단기 계획	- 우선순위 정하기와 필터링: 정보 원천의 우선순위를 정하고 관련성이 없거나 가치가 낮은 콘텐츠를 필터링하여 즉각적인 과부하를 관리하겠습니다. 관련성에 대한 구체적인 기준을 설정하고 이메일 필터나 콘텐츠 애그리게이터와 같은 도구를 사용하면 소비하는 정보를 간소화할 수 있습니다. - 시간 관리 기법: 포모도로 기법이나 타임박싱과 같은 시간 관리 기법을 사용하여 집중 업무, 정보 참여, 휴식을 위한 전용 시간을 마련하겠습니다. 이러한 조치는 생산성을 최적화하고 번아웃을 예방하는 데 도움이 됩니다. - 효과적인 노트 필기 전략 개발: 중요한 정보를 포착하고 정리하기 위해 효율적인 노트 필기 전략을 모색하겠습니다. 노트 필기 앱과 같은 디지털 도구를 활용하거나, 구조화된 개요를 작성하거나, 제텔카스텐 방법을 사용하면 정보를 쉽게 종합할 수 있을 겁니다.
중기 계획	- 정보 다이어트 및 큐레이션: 신뢰할 수 있는 양질의 출처를 선별적으로 선택하고 과도하거나 가치가 낮은 콘텐츠에 대한 노출을 줄임으로써 정보를 큐레이션하겠습니다. 정기적으로 정보원을 정리하면 정보 과부하를 관리하는 데 도움이 됩니다. - 지속적인 학습과 기술 개발: 정보 관리 및 비판적 사고에 대한 지식과 기술을 향상시키기 위해 지속적인 학습에 참여하겠습니다. 워크숍 참석이나 정보 활용에 중점을 둔 카페, 커뮤니티 가입이 도움이 될 겁니다. - 인지적 민첩성 계발: 변화하는 정보 환경에 적응하기 위해 인지적 유연성과 민첩성을 기르려고 합니다. 다양한 관점을 수용하고 열린 마음을 키우면 복잡하고 빠르게 진화하는 정보 환경을 탐색하는 데 성공할 수 있습니다.
장기 계획	- 개인 정보 네트워크 구축: 전문 분야 전반에 걸쳐 고부가가치 개인 정보 네트워크를 구축하고 육성하는 데 투자할 것입니다. 전문가, 멘토, 동료와의 네트워크를 구축하면 지식 교환과 협업이 용이해질 뿐더러, 신뢰할 수 있고 다양한 정보 포트폴리오를 만들 수 있습니다. - 디지털 웰빙: 건강한 경계와 습관을 확립하여 디지털 웰빙을 우선시하겠습니다. 스마트 기기 사용 시간 제한, 디지털 디톡스 등이 도움이 됩니다. - 정보 평가 기술 개발: 정보 출처의 신뢰성, 편향성, 정확성을 비판적으로 평가하기 위해 정보 평가 기술을 지속적으로 개선할 것입니다. 잘못된 정보나 허위 정보를 피해 양질의 정보에 입각한 결정을 내릴 수 있으리라 기대합니다.

더 살필거리

이 책에 담긴 내용을 보다 더 깊이 탐색하고자 하는 독자들을 위해, 읽을 만한 책과 기사, 뉴스레터, 팟캐스트 등을 모아두었습니다.

도서

서문

- 《인포메이션: 인간과 우주에 담긴 정보의 빅히스토리The Information》, 제임스 글릭 (박래선, 김태훈 역), 동아시아(2017) : 우리가 정보를 생각하는 방식의 역사와 현재에 관한 뛰어난 개괄을 제공함.

1장

- 《뉴스의 시대: 뉴스에 대해 우리가 알아야 할 모든 것The News》, 알랭 드 보통 (최민우 역), 문학동네(2014) : 뉴스와 우리의 관계에 관한 철학적 고찰.

- 《에센셜리즘: 본질에 집중하는 힘Essentialism》, 그렉 맥커운 (김원호 역), 알에이치코리아(2014) :꼭 필요한 일만 하는 것이 얼마나 좋은 결과를 가져오는지에 관한 이야기.

2장

- 《왓츠 더 퓨처: 4차 산업혁명과 우리의 미래WTF》, 팀 오라일리 (김진희, 이윤진, 김정아 역), 와이즈베리(2018) : 오라일리가 설명하는 기술 발전을 이해하기 위해 지도를 만드는 방법.

- 《제텔카스텐: 글 쓰는 인간을 위한 두 번째 뇌How to Take Smart Notes》, 숀케 아렌스 (김수진 역), 인간희극(2021) : 제텔카스텐 방식의 연결 노트(커넥티드 노트) 만들기를 대중화한 실용서.

- 《바바라 민토, 논리의 기술: 논리적으로 글쓰기, 생각하기, 문제 해결하기, 표현하기The Pyramid Principle》, 바바라 민토 (이진원 역), 더난출판사(2019) : 컨설턴트들이 생각을 구조화하기 위해 널리 사용하는 기술을 소개함.

- 《괴델, 에셔, 바흐: 영원한 황금 노끈Gödel Escher Bach》, 더글라스 호프스태터 (박여성, 안병서 역), 까치(2017) : 생각의 가장 깊은 토대를 탐구하며 마음을 확장하는

방대한 한 권.

3장

- 《정리하는 뇌: 디지털 시대, 정보와 선택 과부하로 뒤엉킨 머릿속와 일상을 정리하는 기술The Organized Mind》, 대니얼 J. 레비틴 (김성훈 역), 와이즈베리(2015) : 정보 과부화에 대한 인지적 접근. 정보를 어떻게 조직화하면 좋을지에 초점을 맞추고 있음.
- 《똑똑하게 생존하기: 거짓과 기만 속에서 살아가는 현대인을 위한 헛소리 까발리기의 기술Calling Bullshit》, 칼 벅스트롬, 제빈 웨스트 (박선령 역), 안드로메디안(2021) : 주목할 가치가 있는 정보를 구분하기 위한 유용한 도구와 접근 방식을 소개함.
- 《생각에 관한 생각: 300년 전통경제학의 프레임을 뒤엎은 행동경제학의 바이블Thinking, Fast and Slow》, 대니얼 카너먼 (이창신 역), 김영사(2018) : 인지 편향의 신경학과 그 함의에 관한 광범위한 연구를 집대성한 명저.

4장

- 《딥 워크: 강렬한 몰입, 최고의 성과Deep Work》, 칼 뉴포트 (김태훈 역), 민음사(2017) : 고도의 집중력으로 산만하지 않게 작업하기 위한 강력한 사례와 실용적인 지침. (《열정의 배신》,《하이브 마인드》 등 뉴포트의 다른 저서도 추천)
- 《초집중: 집중력을 지배하고 원하는 인생을 사는 비결Indistractable》, 니르 이얄, 줄리 리 (김고명 역), 안드로메디안(2020) : 산만함을 집중으로 바꾸는 방법에 관한 실용적인 지침서.
- 《포커스: 당신의 잠재된 탁월함을 깨우는 열쇠Focus》, 대니얼 골먼 (박세연 역), 리더스북(2014) : 집중된 관심의 가치와 그 실천 방안에 대한 매력적인 탐구.
- 《독서의 기술How to Read a Book》, 모티머 J.애들러, 찰스 밴 도런 (민병덕 역), 범우사(2011) : 읽기에서 가치를 얻는 방법에 대한 고전, 유연성의 필요를 강조.
- 《나를 넘다: 뇌과학과 명상, 지성과 영성의 만남Beyond the Self》, 마티유 리카르, 볼프 싱어 (임영신 역), 쌤앤파커스(2017) : 명상수행자와 뇌신경과학자가 8년간 '뇌, 명상, 인간의 의식'에 대해 나눈 대화를 묶은 한 권.
- 《명상하는 뇌: 뇌를 재구성하는 과학적 마음 훈련Altered Traits》 대니얼 골먼, 리처드 J. 데이비드슨 (김완두, 김은미 역), 김영사(2022) : 명상과학 분야의 연구 논문 6천여 편을 검토하고, 그중 가장 과학적 타당성이 높은 60여 편을 추려내어 살펴봄.

- 《내면소통》, 김주환, 인플루엔셜(2023) : 마음근력을 키우는 명상의 효과를 뇌과학적으로 풀어내는 한 권.

5장

- 《싱크 어게인: 모르는 것을 아는 힘Think Again》, 애덤 그랜트 (이경식 역), 한국경제신문(2021) : 우리가 마음을 바꿀 수 있다는 강력하고 근거 있는 사례를 제시함.
- 《결정, 흔들리지 말고 마음먹은 대로: 그들에겐 이미 습관이 되어버린 결정에 관한 실전 수업Thinking in Bets》, 애니 듀크 (구세희 역), 8.0(2018) : 포커 게임에서 파생된 올바른 의사 결정 및 사고에 대한 유용한 교훈.
- 《통섭: 지식의 대통합Consilience》, 에드워드 윌슨 (최재천 역), 사이언스북스(2005) : 통섭이 어떻게 과학, 진보 그리고 인류의 발전에서 핵심 역할을 했는지에 대한 획기적인 저서.

6장

- 《익스텐드 마인드: 창조성은 어떻게 뇌 바깥에서 탄생하는가The Extended Mind》, 애니 머피 폴 (이정미 역), 알에이치코리아(2022) : 우리가 우리의 뇌, 몸, 환경 그리고 관계를 넘어서 생각할 수 있는 방법에 대한 통찰.

기사 및 뉴스레터

기사

국내에서 이용 가능한, 각 언론사의 뉴스를 한눈에 모아볼 수 있는 웹·앱 서비스를 소개합니다.

- 빅카인즈 (bigkinds.or.kr) : 뉴스 빅데이터 분석서비스. 전국일간지, 경제일간지, 지역일간지, 방송사, 전문지 54곳의 기사를 수집·분석하여 '오늘의 이슈', '오늘의 키워드' 등으로 정리해 제공.
- 네이버 뉴스스탠드 (newsstand.naver.com) : 각 언론사가 직접 한 페이지로 편집한 기사를 제공하는 네이버 서비스. 버튼 클릭으로 쉽게 이동하며 볼 수 있음. 원하는 언론사만 선별해서 확인 가능.
- 딥서치 (deepsearch.com) : 특정 기업과 관련된 뉴스를 한눈에 모아보고, 분석할 수 있는 웹사이트.
- 헤드라잇 : 개인 맞춤 피드로 주요 뉴스를 제공하는 앱. TTS(음성 읽기) 기능 지원.
- 실검 뉴스 : AI가 추천하는 최신 속보와 헤드라인을 제공하는 앱.

뉴스레터

신문, 방송을 막론하고 언론사는 대부분 자체 뉴스레터 서비스를 제공합니다. 원한다면 해당 언론사의 홈페이지에서 구독할 수 있습니다. 여기서는 그 밖의 자체 큐레이션을 진행하는 다양한 분야의 한국어 뉴스레터 서비스를 일부 소개합니다. 국내의 경우, 주로 젊은층을 대상으로 주제를 쉽게 풀어주는 톤의 뉴스레터가 많은 편입니다.

- 뉴닉 (newneek.co) : 주5일 발송되는 종합 뉴스레터. 정치, 경제, 세계, 테크, 노동, 환경, 인권, 사회, 문화, 라이프 등의 영역을 다룸. 앱으로도 제공.
- 더슬랭 (theslang.co) : 일상과 밀접한 시사 뉴스를 메인 1건, 서브 2~4건을 묶어 주3회 제공.
- 롱블랙 (m.longblack.co/note) : 매일 깊이 있는 콘텐츠를 표방하는 인문 사회 분야 뉴스레터. 다양한 분야의 필진이 기고. 유료 서비스.
- 북저널리즘 (bookjournalism.com/talks) : 다양한 분야의 사람들과 직접 진행한 독점 인터뷰를 주1회 제공.
- 어피티 (uppity.co.kr/moneyletter) : '머니레터'란 이름으로 2030을 타겟팅한 경제 뉴스를 주5일 제공.
- 커피팟 (coffeepot.me) : 해외 비즈니스 뉴스레터 서비스. 흥미로운 읽을거리 위주의 본 서비스는 무료. 원한다면 보다 전문적인 월스트리트, 실리콘 밸리에 관한 뉴스레터를 유료로 받아볼 수 있음.
- KOTRA (kotra.or.kr/subList/20000005978) : 대한무역투자진흥공사가 전 세계 주재원들로부터 취재받아 제공하는 신뢰도 높은 전 세계의 산업 소식 및 자료.
- 낭만투자파트너스 (romanceip.xyz) : 투자 업계 현직자 에디터들이 운영하는 벤처 투자 블로그로, 뉴스레터 서비스를 제공.
- 부딩 (booding.co) : 부동산을 잘 모르는 밀레니얼을 위해 관련 정보를 쉽게 풀어 전달하는 부동산 뉴스레터. 주2회 발행.
- 데일리트렌드 (dailytrend.co.kr) : 전 세계 리테일 분야의 최신 뉴스 제공. 특히 중국, 일본의 동향을 빠르게 접할 수 있다는 것이 장점. 유료 서비스.
- 스요레터 (page.stibee.com/archives/3) : 주1회 발행되는 마케터와 크리에이터를 위한 꿀팁 및 읽을거리 모음.
- 어거스트 (august.stibee.com) : 미디어 산업 종사자들이 주2회 전하는 현재의 핫이슈.

- 캐릿 (careet.net) : Z세대의 취향과 트렌드를 전하는 인사이트 뉴스레터. 주1회 발행.
- 까탈로그 (the-edit.co.kr/newsletter) : '까탈스럽게 고른 취향 뉴스레터'란 표어 아래, 신상품 위주로 최신 트렌드에 관해 전하는 뉴스레터.
- 주말랭이 (onemoreweekend.co.kr) : 여행, 전시, 맛집 투어, 집콕 취미 등 주말에 할 만한 다양한 활동을 소개하는 주간 뉴스레터.

멀티미디어

팟캐스트

이 책과 밀접히 관련된 팟캐스트 목록입니다. 전부 영어로 서비스됩니다.

- Thriving on Overload (thrivingonoverload.com/episodes) : 이 책에 도움이 되고, 영감을 준 정보 대가들과의 모든 인터뷰.
- 지식 프로젝트Knowledge Project (fs.blog) : 셰인 패리시의 팟캐스트. 이 책의 주제와 상당히 유사함.
- 팀 페리스 쇼The Tim Ferriss Show (tim.blog) : 팀의 인터뷰는 종종 매력적인 게스트의 정보 습관을 전해줌.
- 후버먼 랩Huberman Lab (hubermanlab.com) : 스탠퍼드 대학 교수 앤드류 후버먼Andrew Huberman의 팟캐스트로, 많은 에피소드가 주의력 향상에 관한 신경과학적 내용을 다루고 있음.

유용할 만한 앱과 도구들

정보 문해력 향상과 관련하여 여러분에게 유용할 수 있는 대표적인 앱과 사이트, 디지털 도구 모음을 정리해 보았습니다. 이외에도 비슷한 도구가 수십 가지 더 있으므로, 이 목록에만 집착하지 말길 바랍니다. 자신에게 가장 적합한 도구를 찾으세요!

RSS 리더

가장 일반적으로 사용되는 다음 RSS 리더들은 세분화된 필터링과 추천을 포함, 고유 기능을 가지고 있습니다. (영문 사이트이지만, 국내 구독용으로도 사용 가능합니다.)

- 피들리 (feedly.com) : 가장 사용자가 많은 주류 서비스. 기본 인터페이스가 깔끔함.

- 이노리더 (inoreader.com) : 언론사, 구글 키워드, SNS 계정 등 다양한 매체를 구독해 나만의 뉴스 피드를 구축할 수 있음.

알고리즘 애그리게이터

알고리즘 기반으로 사용자 맞춤 콘텐츠를 제공하는 애그리게이터들입니다.

- 플립보드 (flipboard.com) : 관심사 기반 개인화 콘텐츠를 제공해 주는 인기 앱 기반 플랫폼.
- 뉴스360 (news360.com) : 사용자 피드백 기반으로 결과를 세분화하는 앱 기반 애그리게이터.

산업별 애그리게이터

다음은 몇몇 산업별 애그리게이터 목록입니다.

- 해커뉴스 (news.ycombinator.com) : IT 종사자들과 스타트업을 위한 웹 애그리게이터.
- 긱뉴스 (news.hada.io) : 해커 뉴스의 한국판 격인 웹 애그리게이터.
- 테크밈 (techmeme.com) : IT 분야의 뉴스를 선별해 소개하는 웹 애그리게이터.
- 미디어게이저 (mediagazer.com) : 미디어, 언론계 종사자를 위한 주요 뉴스 및 논평 웹 애그리게이터.
- 메모랜덤 (memeorandum.com) : 미국 정치 분야의 뉴스만 모으는 웹 애그리게이터.

읽기 앱

다음 앱들은 나중에 읽기, 읽기 형식 지정, 텍스트·오디오 변환 등 다양한 기능을 제공합니다.

- 포켓 (getpocket.com) : 북마크 및 콘텐츠 공유가 편리한 잘 개발된 플랫폼.
- 매터 (getmatter.app) : 향상된 읽기 및 큐레이션 검색을 위한 차세대 읽기 앱.
- 인스타페이퍼 (instapaper.com) : 교차 플랫폼에서 '나중에 읽기'를 할 수 있는 소셜 북마크 앱.
- 원노트 (onenote.com) : '몰입형 리더' 기능을 통해 디지털 문서의 가독성을 높이는 읽기 환경과 음성 변환(TTS) 기능 제공. 특히 언어를 배우는 중이거나 난독증이 있는 사람에게 큰 효과가 있음.
- 산책 : 구매한 도서를 등록해 나만의 서재를 만들 수 있음. 문장 수집 및 메모 기능을 지원하며, 엑셀과 호환되어 읽기 활동 기록에 적합함.

연결 노트 앱

각 플랫폼에는 열렬한 지지자들이 있습니다. 선호도와 평가는 저마다의 사고 방식에 따라 매우 개인적입니다.

- 롬 (roamresearch.com) : 노트를 만들고 연결하기 위한 인기 있는 온라인 플랫폼.
- 옵시디언 (obsidian.md) : '롬'의 오픈소스 기반 대안 앱.
- 더브레인 (thebrain.com) : 최초의 연결 노트 앱이며, 여전히 널리 사용됨.
- 노션 (notion.so) : 연결 노트를 위해 개발된 앱은 아니지만, 이 방식으로 사용 가능.

글쓰기 앱

일부 앱은 주의산만 요소를 배제하여 집중에 도움을 주는 쓰기 전용 앱입니다.

- 포커스라이터 (gottcode.org/focuswriter) : 무료 프로그램으로, 다른 기능 없이 오로지 '글 입력'만 지원해 주의산만 요소를 차단해 주는 워드 프로세서.
- 스크리브너 (literatureandlatte.com/scrivener) : 논문, 단행본 등 긴 글 작성에 최적화된 워드 프로세서로, 구조화에 강점을 지니고 있으며 다양한 참고 자료를 함께 보관하고 참조할 수 있음. 몰입을 돕는 입력 전용 기능(합성 모드 입력하기)도 지원.
- 타이포라 (typora.io) : 태그를 이용해 간단히 html 문서를 작성할 수 있는 마크다운 방식의 쓰기, 읽기 겸용 앱
- iA Writer : 깔끔한 인터페이스가 장점인 iOS 글쓰기 앱으로, '집중 글쓰기' 개념을 처음 도입했음.
- 퓨어 라이터Pure Writer : 다양한 기능을 갖춘 안드로이드용 글쓰기 앱

시각화 도구

기본적인 파워포인트도 있지만, 시각적 틀짜기 작업을 돕는 더 다양한 웹 도구들이 있습니다. 한번 사용해 보세요.

- 크리에이틀리 (creately.com/templates) : 마인드맵, 플로차트, 다이어그램 등 다양한 시각화 템플릿을 제공해 온라인으로 쉽게 시각화 작업을 할 수 있는 웹 사이트.
- 루시드차트 (lucidchart.com) : 다양한 차트와 다이어그램을 웹 기반으로 쉽게 작성할 수 있음.
- 미로 (miro.com) : 협업하는 온라인 화이트보드. 디지털 브레인스토밍 진행, 회의 문서화, 클래스 교육, 애자일 워크플로우 관리 등에 사용.
- 캔바 (canva.com) : 프레젠테이션, 포스터, 문서 및 기타 시각 콘텐츠를 제작하는

그래픽 디자인 플랫폼으로 저작권 걱정 없이 쉽게 사용 가능. 특히 교육 목적이라면 무료로 지원됨.

- 비지오 (microsoft365.com/launch/visio) : 마이크로소프트의 데이터 및 아이디어 시각화 도구. 바로 사용할 수 있는 다양한 템플릿을 제공하며, 효과적인 개별 작업과 공동 작업 가능.

집중 앱

PC와 스마트폰 모두를 위한 수십 가지 집중 앱이 있습니다. 다양한 범주의 몇 가지 앱을 추려서 보여드립니다.

- 콜드터키 (getcoldturkey.com) : 일정 시간 동안 선택한 콘텐츠 및 앱 액세스를 제한하는 데스크톱 앱.

- 프리덤 (freedom.to) : 모든 디바이스에서 주의산만 요소를 차단.

- 포커스메이트 (focusmate.com) : 파트너와 짝 지어 일정 기간 동안 집중력을 유지할 수 있는 책임감 부여.

- 클락와이즈 (getclockwise.com) : 일정을 최적화하여 시간대를 확보, 주의를 기울이도록 설계.

- 스페이스 (findyourphonelifebalance.com) : 사용자의 활동을 추적하고, 목표를 설정하고, 습관을 개선하는 스마트폰 앱.

- 뉴스 피드 제거기 (News Feed Eradicator) : 다양한 소셜 미디어 사이트의 뉴스 피드 광고를 영감을 주는 인용구로 대체하는 크롬 및 파이어폭스 브라우저 확장 프로그램.

시간 활용 및 일정 관리 도구

정보와 데이터는 무한정으로 쏟아지는데, 우리의 시간은 한정적이죠. 유한한 시간을 보다 짜임새 있게 활용하기 위한 여러 도구가 있습니다. 자신에게 잘 맞는 도구를 찾아 사용하면, 개인 비서보다도 유용할 겁니다.

- 트렐로 (trello.com) : 웹과 앱 모두 사용 가능한 일정 관리 협업 도구. 칸반 보드 시스템을 최대치로 활용한 가볍고 직관적인 인터페이스가 강점.

- 토글 (toggl.com) : 실시간으로 시간을 트래킹해 기록하고, 대시보드 형태로 기간별, 업무별 시간관리에 용이함. 앱과 웹앱, 크롬 확장 프로그램 등 다양한 포맷으로 지원됨.

감사의 글

이 책은 내 뛰어난 에이전트, 짐 레빈Jim Levine 덕에 탄생했습니다. 저는 '미래를 어떻게 생각하고 창조해 나갈 것인가'에 관한 방대한 책의 출간 제안을 궁리하느라 지나치게 많은 시간을 썼습니다. 어떻게 제안서를 몇몇 출판 에이전트에게 보낼 수는 있었지만, 그들은 모두 "이대론 팔 수 없다."라며 거절했습니다. 하지만 짐은 제안서를 주의 깊게 읽고는, 제게 서너 권의 책을 하나로 압축하려 들고 있다고 충고했습니다. 그는 제가 목차 가운데 '과부하 속에서 성공하기Thriving on Overload'란 장만 가져다가 책으로 만들면, 분명 좋은 출판사를 찾을 것이라고 말해 주었습니다.

이 책의 잠재력을 인정해 준 짐에게 깊이 감사합니다. 1997년 처음 아이디어를 구상하기 시작한 이래, 2009년 thrivingonoverload.com 도메인을 등록했을 때를 비롯해 오랫동안 이런 책을 쓰고자 했습니다. 그렇지만 여전히 확신은 없었고, 훗날 저술 경력 말미에나 가능하리라고 여겼지요. 그러나 짐은 이 책을 쓰기에 지금이 적기라고 강조했고, 덕택에 이렇게 처음 제안보다 더 나은 책, 《빅데이터 시대, 잘 먹고 잘 사는 현대인의 필수 교양 정보 문해력Thriving on Overload》을 펴내게 되어 매우 기쁘게 생각합니다. 짐에게 저를 소개해 준 제 오랜 친구 톰 스튜어트Tom Stewart에게도 큰 고마움을 전하고 싶습니다. 또 앤 그레이엄Ann Graham의 도움도 많이 받았습니다. 그녀는 저와 함께 두 권의 책 제안서를 작성했을 뿐 아니라, 원고 초안에 대해 언제나처럼 아낌없고 날카로운 피드백을 제공하여 신속하게 보완해 가는 데 도움을 주었습니다.

캐시 에브로Casey Ebro, 스콧 수웰Scott Sewell, 도냐 디커슨Donya Dickerson, 조나단 스펄링Jonathan Sperling을 비롯한 맥그로 힐McGraw Hill 출판사의 여러 유능한 팀과 일하게 되어 영광이었습니다. 그들의 경험과 관점이 이 책을 좋게 만드는 데 헤아릴 수 없을 정도로 큰 도움이 되었습니다. 케빈 커민스Kevin Commins는 원고의 최종 탈고 과정에 귀중한 피드백을 주었습니다. 제가 원고를 준비할 때, 유용한 관점을 공유해 준 미셸 마트리시아니Michele Matrisciani에게도 감사드립니다. 앨리슨 슐츠Alison Shurtz가 고안한 홍보 카피는 명료하고 통찰력이 있었습니다. 스티브 스트라우스Steve Straus는 책 제작을 매우 잘해냈고, 그와 함께 일하는 것은 즐거웠습니다. 포르티어 PRFortier PR의 마크 포르티어Mark Fortier, 레베카 프루Rebecca Proulx와 함께 책을 그 진가를 알아봐줄 독자에게 전하는 일은 매우 보람찹니다. 이들의 협업 방식은 아주 적합했습니다.

제가 이 책을 위해 인터뷰한 사람들은 모두 놀라운 통찰을 공유해 줄 수 있는 이들이고, 그중 많은 부분은 책에 담을 수 없었습니다. 그래서 저는 제 인터뷰를 '과부하 속에서 번영하기Thriving on Overload'라는 동명의 팟캐스트 시리즈로 기록했습니다. 팀 오라일리, 캐시 해클, 니르 이얄, 톰 스튜어트, 제리 미찰스키, 로버트 스코블, 레슬리 섀넌, 브렛 킹, 해롤드 자시, 애널리 킬리언Annalie Killian, 댄 길모어Dan Gillmor, R. 레이 왕, 로빈 애서Robin Athey, 미셸 자파Michell Zappa, 마셜 커크패트릭, 개리 스와트Gary Swart, 매들린 애슈비Madeline Ashby, 크리스토퍼 밈스Christopher Mims까지, 원고를 탈고하기 전에 인터뷰할 수 있었던 모든 분의 시간과 시각에 진심으로 깊이 감사드립니다. 책에 모두를 직접 인용할 순 없었지만, 분명 그들은 한 명도 빠짐없이 최종 원고에 기여했습니다.

이 책에 전문성과 선도적인 관점을 더한 다른 사람들로는 베르나르 발레린Bernard Balleine, 나피어 콜린스Napier Collyns, 크리스 댄시, 그레이엄 도슨, 페타 에스텐스Peta Estens, 올리버 프리먼Oliver Freeman, 크리스틴 갤러거Christine Gallagher, 조시 깁슨Josie Gibson, 테리 그리피스Terri Griffith, 존 하겔, 데이비드 케니David Kenney, 게르트 레온하르트Gerd Leonhard, 크리스 메이어Chris Meyer, 토니 모리스Tony Morriss, 라메즈 남, 카리스 팔머Charis Palmer, 마크 페스세Mark Pesce, 하워드 라인골드Howard Rheingold, 유안 셈플Euan Semple, 브라이언 솔리스Brian Solis, 마이크 월시Mike Walsh, 리처드 왓슨Richard Watson 등이 있습니다. 그 밖에도 지난 20년 동안 제 생각에 기여해 준 수많은 이가 있었습니다. 만일 제가 미처 언급하지 못한 분이 있다면 모쪼록 용서해 주십시오.

다니일 알렉산드로프Daniil Alexandrov와 다시 한번 다이어그램 디자인 작업을 할 수 있어서 기뻤습니다. 10년이 넘는 기간 동안 함께 일하면서, 그와는 세 번째 책 공동 작업이었네요. 또 Thriving on Overload 교육 플랫폼의 샘 바튼Sam Barton과 브라이언 소워즈Brian Sowards, 지오 카히아니Gio Kakhiani와 일하는 것은 흥미롭고 보람 있었습니다. 우리 프로젝트의 앞날이 한층 더 기대됩니다.

집필과 병행해 사업을 운영하기란 보통 일이 아닙니다. 다행히 적극적으로 도움을 준 많은 이가 있었습니다. 저는 어드밴스드 휴먼 테크놀로지스 그룹Advanced Human Technologies Group의 팀 전원에게 감사합니다. 특히 제나 오시아닉Jenna Owsianik, 제 관심이 다른 곳에 쏠린 동안 일을 진전시켜주어 고맙습니다. 코로나19로 때아닌 종료를 맞고 말았지만, 본디

이노베이션 허브Bondi Innovation Hub는 줄리아 도밍게즈Julia Dominguez와 니콜 맥케이Nicole McKay, 데이비드 왈윅David Warwick을 비롯한 많은 입주자의 고무적인 에너지가 가득 찬 곳이었습니다.

이 책과 관련된 기조연설과 기업 연계 활동을 맡아줄 프로보크 매니지먼트Provoke Management의 매우 재능 있는 제이 켐프Jay Kemp와 타냐 마코비치Tanja Markovic를 만나 정말 다행스럽게 생각합니다. 두 분과 함께 일하게 되어 기쁘고, 계속 함께 성공을 이뤄나가기를 기원합니다.

마지막으로 사랑하는 엘레나, 나와 함께 해주어서 감사합니다. 당신이 있어 내 인생은 축복받았습니다. 그리고 내 삶의 중심, 레다, 피비! 너희는 소중한 내 딸들이고, 기쁨과 영감을 주는 존재란다. 책 쓰느라 많은 시간을 보내는 아빠를 이해해 주어서 진심으로 고맙고, 항상 훌륭하고 의젓하게 있어주어서 감사하단다. 정말 사랑한다!

찾아보기